輿論《よろん》と世論《せろん》

日本的民意の系譜学

佐藤卓己

新潮選書

輿論と世論——日本的民意の系譜学　目次

第一章　輿論《よろん》は世論《せろん》にあらず

第二章　戦後世論の一九四〇年体制

第三章　輿論指導消えて、世論調査栄える

第四章　終戦記念日をめぐる世論調査

第五章　憲法世論調査とポリズム批判

第六章　「声なき声」の街頭公共性

第七章　東京オリンピック――世論の第二次聖戦

第八章　全共闘的世論のゆくえ

第九章　戦後政治のホンネとタテマエ

第十章　テレビ世論のテンポとリズム

【凡例】

①引用文は読み易さを重視して旧字体の漢字を新字体に改めたが、歴史的かな遣いは原文のままとした。明らかな誤字・誤植は訂正した。また、引用文中の算用数字も表記の統一のため、原則として漢数字に改めた。

②本書全体の註は引用文と輿（世）論調査データの典拠を中心に最小限に止めた。ただし、「輿論／世論」の定義とその変遷を論じた第一章から第三章までについては、読者の便を考えて参考文献も記載した。

③引用文中の省略についてのみ（略）と表記し、前略および後略は省いた。また、引用文中の改行は原則として省略した。引用文中の強調とルビは特記しない限り、引用者による。引用文中の語句解説は〔　〕内で行った。

④一九四六年当用漢字表により「輿」が制限漢字になって以後の引用文においては、意味の上では明らかに「輿論」であっても「世論」表記のママとし、史料に手を加えることはしなかった。ご理解を賜りたい。

輿《よ》論《ろん》と世《せ》論《ろん》

——日本的民意の系譜学

第一章　輿論《よろん》は世論《せろん》にあらず

輿論といふ概念が発見されたのはフランス大革命を機会としてゞあつた。この歴史的発生が輿論といふ概念の一定の色調と限界とを決定してゐる（略）所謂「輿論」といふものは、実は単に一般的な輿論なのではなく、正に「新興ブルジョアジーの有つ輿論」だつたのであり、それが又今日に迄そのまゝの規定を以て伝承されてゐるのである。（戸坂潤「輿論の考察」一九三二年（1））

日本的「世論」への不信

「世論」の来歴を自ら検証してみたいと思ったのは、二〇〇三年三月五日参議院予算委員会における小泉純一郎首相の世論批判をニュースで耳にしてからである。それまで新聞紙面で世論調査の結果を眺めることはあっても、その質問票とデータを十分に吟味することはなかった。

だが、世論の高い支持によって選出された小泉首相が、世論の正当性を公然と国会で否定したことは意外だった。五年の歳月が過ぎた今でも、私の脳裏に焼き付いている。

それは対イラク武力攻撃に対する民主党・直嶋正行議員の質問に対する小泉首相の答弁である。ややや長文になるが、そのやりとりを国会議事録から引用しておこう。

○直嶋正行君　それ〔武力行使〕に対して日本国民の大体世論調査を見ると七割から八割は反対

だと、こう言っているわけですね。もしこのままそういう事態に立ち至った場合、総理はこの世論とのギャップをどうやってお埋めになるんでしょうか。

○内閣総理大臣（小泉純一郎君）　世論は世論であります。尊重しなけりゃならないと思いますけれども、世論の動向と日本全体の利益を考えてどう判断すべきかというのは、政治の責任に当たる者として十分配慮しなきゃいけないと思っています。世論の動向に左右されて正しいかというのは、歴史の事実を見ればそうでない場合も多々あるわけであります。私は、そういう面におきまして、戦争か平和かと問われれば、だれだって平和を望みますよ。（略）世論が、ある場合は正しい場合もある、ある場合は世論に従って政治をすると間違う場合もある。それは歴史の事実が証明しているところであります。

○直嶋正行君　もちろん世論が間違っているケースもあると思うんです。しかし、最終的には総理が国民の皆さんにきちっと説明をして、そして納得をしてもらわなきゃいけないし、それでも国民の皆さんが納得しないということになると、やはり私はその政策はうまくいかないと思うんですよ、いいか悪いかは別にして。この点はやはり確認しておきたいと思うんですが、どうでしょうか。

○内閣総理大臣（小泉純一郎君）　民主主義の時代におきましては、世論の理解と協力を得なきゃならないというのは、これは当然のことであります。しかし、世論という場合に、それは戦争がいいか平和がいいかと言われれば、私だって平和がいいと言いますよ。みんな言いますよ。それを避けるために今努力をしておるんです。そこを理解いただきたいと思います。[2]〔以下特

写真１　第19回参議院選挙。小泉首相が大阪市で街頭演説。
2001年７月13日撮影（提供・毎日新聞社）

記しない限り強調は引用者）

小泉首相は「歴史の事実」を二度繰返し、「世論の動向に左右され」「世論に従って政治をする」ことを批判している。まさか、後述する明治天皇の「軍人勅諭」にある一節「世論に惑はず」が首相の脳裏をよぎったわけではあるまい。いずれにせよ、首相は国民世論に左右されることなくアメリカのイラク攻撃を支持し、自衛隊派遣に向け退路を断ったわけである。この政治的決断の評価は、とりあえず歴史の審判に委ねるべきだろう。それにしても、「歴史の事実」といったとき、小泉首相がどの事実を念頭に浮かべたかは興味深い。新聞やラジオが煽った「世論」に押された一九四一年の日米開戦だったのか、あるいは「世論」の反対を押し切って改定された一九六〇年の日米新安保条約だったのか。本書の目的は、小泉首相の真意はさておいて、「歴史の事実」から「世論」を検証することである。

世論（空気）の読み方

というのも、「世論に従って政治をすると間違う場合もある」という小泉発言だけが報道で注目されたが、議事録をよく読めば、質問した民主党の直嶋議員も「もちろん世論が間違っているケースもあると思う」と受けている。その意味では「民主主義なら世論に従うべきだ」という強い信念が野党の側にもあるわけではない。

戦後、こうした世論に対する不信感をいち早く表明したのは、一九六八年初代文化庁長官に就任する作家・今日出海《こんひでみ》である。日中戦争勃発時の世論を「空気」と呼んで批判する「日本的世論」を

『展望』一九六五年十月号に発表している。

> 石原〔莞爾〕作戦部長は不拡大方針を主張すると、いつの間にか首が飛び、予備役に編入されてしまったのだが、主戦論者は一体誰々なのか知る由もなく、それより強固な主戦論的空気が張り、それにどうしても抵抗出来ぬものがあって、つい国民は批判力を失ってしまう。実際批判しようにもデータがなく、軍部のつくった空気に押されて、却て和平論者を非難するという形が形成されていた(3)。

今日出海がこの論文を書いたのは、一九六五年当時日本国内で盛り上がっていたベトナム反戦運動に同じ「空気」を見て、それを批判するためであった。アメリカ軍の北爆を感情的に非難するばかりで、理性的にベトナム問題が議論されていないというのである。

> 私は戦争中の世論を知っている。竹槍練習がどんなに不条理でそしてデタラメかを一切考えてみない世論が出来上がり、それに従わぬと近所付き合いから疎外されたり、非国民呼ばわりをされる世論では、社会生活は脅かされ、堪え難いものになる。この筆法でベトナム問題でも、態度を明らかにせよと迫られるのも迷惑な話である(4)。

今日出海にとって、こうした「世論」とは誰が主張しているのかも判然としない「空気」であり、その息苦しさは戦中も戦後も変わりないというのである。周知のように、この日本的な「空気」については、後に山本七平が『「空気」の研究』（一九七七年）で全面的に批判している。山本も戦争末期に行われた戦艦大和の自殺的な「特別攻撃」が「空気」によって決定されたことから語り起こす。元軍令部次長・小沢治三郎中将の「全般の空気よりして、当時も今日も（大和の）特攻出撃は当然と思う」との発言が引用されている。山本は日本人が論理的判断と空気的判断のダブルスタンダードのもとに生きていることを次のように説明する。

われわれが通常口にするのは論理的判断の基準だが、本当の決断の基本となっているのは、「空気が許さない」という空気的判断の基準である。大和の出撃はそのほんの一例にすぎない、と言ってしまえば、実に単純なのだが、現実にはこの二つの基準は、そう截然《せつぜん》と分かれていない。ある種の論理的判断の積み重ねが空気的判断の基準を醸成していくという形で、両者は、一体となっているからである。いわば議論における論者の論理の内容よりも、議論における言葉の交換それ自体が一種の「空気」を醸成していき、最終的にはその「空気」が決断の基準となるという形をとっている場合が多いからである。(5)

もちろん、この「空気」という言葉は、現在でも若者言葉「KY」(空気 Kuki が読めない Yomenai)の中で生きている。二〇〇七年九月安倍晋三首相が行った突如の辞任表明へのコメントにおいて、一般メディアでも「KY」は広く使われた。そのため、この言葉は二〇〇七年流行語大賞にもノミネートされている。

もし、こうした「空気」が世論だとすれば、「世論に従って政治をすると間違う場合もある」との小泉発言はまさしく正論というべきだろう。とはいえ、「世論に基づく政治こそ民主主義だ」と小学校から教えられているので、世論への批判は民主主義の否定のごとく感じられる。だが、そもそも世論調査というシステムは民主的なものだろうか。社会学者P・ブルデューは「世論なんてない」(一九七二年)において、世論とはそれがあることで得をする人々が作り上げた意見であると定義している。ブルデューによれば、世論調査の正当性を支えるのは以下の公準である。それは「誰もが何らかの意見をもちうる」、「すべての意見はどれも優劣がない等価なものだ」、「それらの問題は質問されて当然だとする同意がある」の三つである。

確かに、この公準はいずれも極めて操作的である。そもそも、意見をつくりあげる能力は平等に配分されているだろうか。十分な情報を検討して熟考された「見識」と周囲の雰囲気に流される「性向」は数値で均質化されるべきだろうか。設問をつくる者が選択肢を規定し、政治が必要とする争点をつくりだしていないだろうか。ブルデューは文化資本と政治的能力の相関、あるいはその格差を次のように直視している。

こうした〔政治的〕能力は、誰にでも備わっているものではありません。この能力は、大まかに見ると、学歴水準に応じて異なっています。言い方を換えれば、ある人が政治的知識を前提とした一切の質問に対して何らかの意見をもつ確率は、その人が美術館に行く確率とほぼ同じと見ていいのです(6)。

さらにいえば、代議制民主主義は国民が自分の私事に直接関係しない公的問題にかかわらずに生活する方便である。たとえば憲法改正について意見を持つことよりも、家庭の団欒や仕事の計画を優先する国民は多い。そうした現状を否定するなら、争点ごとに国民投票を繰り返す直接民主主義が理想となる。突発的な事件に対する緊急世論調査を可能にした今日の情報テクノロジーを使えば、「日々の国民投票」を実施することも不可能ではない。しかし、そうした電子民主主義が実行されない理由は、国民が公的な問題を熟慮するだけの時間と労力を惜しんでいるからであり、すなわち雰囲気に流される世論そのものへの信頼度が低いためだろう。

私たちは本音のところでは政治判断を世論に委ねることを恐れているのではないだろうか。こうした世論に対するアンビヴァレントな状態を放置したままで、世論調査の数理統計を精緻化しても、世論を現実の政治に反映させることはできない、と私は考える。

忘れられた「輿論」

もちろん、小泉首相も「民主主義の時代におきましては、世論の理解と協力を得なきゃならないというのは、これは当然のことであります」と述べている。この場合の「世論」も、「空気」のことを意味していたのだろうか。そんなことは無いはずである。担い手のない「空気」に理解や協力を求めることはありえない。つまり、誰が主張しているのかも判然としない「空気」とは異なる、別の「ヨロン」が存在することを小泉首相も想定しているはずである。

実際、新聞は「世論」と表記しているが、小泉首相はそれを「セロン」ではなく「ヨロン」と発音していた。以来、注意してテレビを聴いているが、小泉首相は一貫して「ヨロン」と発音しており、「セロン」と言ったのを聞いたことがない。一方、共産党の志位和夫委員長が「セロン」と言っているのを耳にした。NHKが一九八〇年に行った有識者アンケートでは、「ヨロン」が四四%、「セロン」が五三%で「セロン」が優勢だった。これは「有識者」が「世論《ヨロン》」という奇妙な湯桶読みに違和感を抱いているというよりも、戦前の教育を受けた者の比率が多かったためだろう。一方、一九八九年NHK「第三回現代人の言語環境調査」によれば、東京圏の十六歳以上で世論を「ヨロン」と読む人は六三％、「セロン」と読む人は三四％と逆転している。[7]

つまり、戦前世代が人口の過半数を占めていた一九六〇年代まで、世論は「セロン」と読むのが普通だったが、現在では「ヨロン」が多数派となっている。その意味では、一九六六年に元朝日新聞社用語課長・宇野隆保がのべた予想は見事にはずれてしまった。

これは恐らく学校教育から来ているのでしょうが、セロンという読み方がふえる傾向にあるといわれますから、ヨロンの方は、やがて消えていくようになるのかもしれません。[8]

おそらく、一九七〇年前後が「せろん」から「よろん」への分水嶺だったのだろう。文部省国語課の広田栄太郎が編集した『新編用字用語辞典』（東京堂・一九六〇年）では、世論はまだ「せろん」に配列されており、「〝せいろん〟、〝よろん〟ともいう」と注記されている。一方、「よろん」は項目として立てられておらず、「輿論（よろん）→世論。公論。衆論。民論。」と書き換えが指示されていた。

この広田栄太郎も専門委員として編纂に加わった『NHK用字用語辞典』（日本放送出版協会・一九六五年）には「せろん　世論」、「よろん　世論（×輿論）」、「よろんちょうさ　世論調査」の三項目が採用されていた。しかし、一九七三年の第二版を最後に、NHKの用字用語辞典から「せろん」の項目は削除された。『NHKことばのハンドブック』（日本放送出版協会・一九九二年）は、「セロン」に「放送では、原則として使わない発音」と付記している。

その点は新聞社も同じであり、各社が現在刊行している用字用語集、『記者ハンドブック』（共同通信社）、『毎日新聞用語集』（毎日新聞社）、『朝日新聞の用語の手引』（朝日新聞社）などに「よろん」はあるが、「せろん」は存在しない。法令など公的機関の公用文の用字を解説する『注釈　公用文用字用語辞典』（新日本法規出版・二〇〇四年）にも「せろん」は無く、「よろん」の項に「文部省用字用語例（昭和五十六年十二月）」に基づく「輿論→世論」の書換え指示が付記されている。しかし、多くの学校では「世論」を「ヨロン」と読んでも「セロン」と読んでも正解と教えており、文化庁編『言葉に関する問答集2』（一九七六年）は「結局、『世論』は『セロン』とも『ヨロン』とも読まれてどちらとも決めかねることであろう[9]」としている。

だが、「世論」という言葉について少し調べてみると、すでに多くの識者が「セロンと書いてヨロンと読む」問題点を指摘している。例えば、中国文学者の高島俊男は『週刊文春』一九九六年四月十八日号の人気コラム「お言葉ですが…」で次のように書いている。

「世論」はどうしたってヨロンとは読めませんよね。もし読めるなら「世界」はヨカイで「二十世紀」はニジュウヨキだ。ヨロンは「輿論」。「輿」は「衆」と同じで「おおぜいの人」の意。（略）対して「世論」はセイロン。あまり使われることばではないが、かつての軍人勅諭には「世論に惑はず政治に拘らず」とあった。また福澤諭吉の『文明論之概略』に「古今の世論多端にして」、同じく『福翁自伝』にも「世論に頓着せず」云々とあり、これら諸例を見てもわかるように「世間の人たちがいろいろゴチャゴチャと言うこと」といった否定的な気分で用いられる。元来「輿論」とはニュアンスのことなる語である。世論をセロンと言う人もある。それでもよいが、しかし本来、「世」をセと読むのは仏教語である[10]。

また、こうした奇妙な湯桶読みが戦後に発生した理由を国語学者・米川明彦は次のように説明している。

一九四六年（昭二十一）に当用漢字表が出され、当用漢字一八五〇字が制定された。そのまえがきの「使用上の注意事項」に「この表の漢字で書きあらわせないことばは、別のことばにかえるか、または、かな書きにする」という項があったため、公用文をはじめ、学術用語、新聞用語などは言いかえ、書きかえをおこなった。（略）「輿論」の「輿」もなかったため、「世《よ》論」に書きかえられた。しかし、それ以前から「世《せ（い）》論」（世間一般の議論）という語があり、ここに混乱が生じ、「よろん」を「せいろん」「せろん」とも読むようになった[11]。

つまり、言葉の研究者にとって、世論（せろん・せいろん）とは異なる意味の輿論（よろん）が存在したこと、その混用が戦後に始まったことは常識なのである。では、なぜこの常識は広く世間に浸透しないのだろうか。

現在では輿論《よろん》と世論《せろん》は一般に同じものを指しているが、そもそも歴史的には別物である。なぜ「ヨロンの世論化」が生じたのか、まず、その問題から検討を始めたい。

万機公論に決すべし

輿論《よろん》と世論《せろん》は戦前まで別の言葉であった。両者の使い分けに関する書誌的研究には、宮武実知子「『世論』（せろん／よろん）概念の生成」[12]（二〇〇三年）があるので、ここでは要点だけを整理しておきたい。明治天皇の二つの詔書を比較するのが最もわかりやすい。

「輿論」とは、明治元年（一八六八年）明治天皇が新政府の施政方針を示した「五箇条の御誓文」の第一条「広ク会議ヲ興シ万機公論ニ決スヘシ」の公論である。福井藩出身の新政府参与・由利公正の草案では「万機公論に決し私に論ずるなかれ」とあり、由利が親交のあった坂本竜馬の「船中八策」の「万機宜しく公議に決すへし」から採用したとされている。すなわち、「公論」は「公議輿論」の略語であり、「公開討議された意見」を意味する。ちなみに、国会で「世論」批判を行った小泉純一郎は、首相就任の所信表明演説を『万機公論に決すべし』（二〇〇一年）のタイトルで出版している[13]。

一方の「世論」は明治十五年（一八八二年）発布の「陸海軍軍人に下し賜りたる勅諭」、いわゆる「軍人勅諭」に登場する。こちらも五ヶ条の筆頭に登場する。ちなみに、戦前の『軍隊手牒』で同勅諭には総ルビが付されていたが、世論は「セイロン」となっている。

> 一、軍人は忠節を尽すを本分とすべし。凡生を我国に稟くるもの、誰かは国に報ゆるの心なかるべき。況して軍人たらん者は、此心の固からでは物の用に立ち得べしとも思はれず。軍人にして報国の心堅固ならざるは、如何程技藝に熟し学術に長ずるも、猶偶人にひとしかるべし。抑其隊伍も整ひ節制も正くとも、忠節を存せざる軍隊は、事に臨みて烏合の衆に同かるべし。抑国家を保護し国権を維持するは兵力に在れば、兵力の消長は是国運の盛衰なることを弁へ、世論に惑はず、政治に拘らず、只々一途に己が本分の忠節を守り、義は山嶽よりも重く、死は鴻毛よりも軽しと覚悟せよ。其操を破りて不覚を取り、汚名を受くるなかれ。

「世論に惑はず、政治に拘らず」とあるように、世論とは「私に論ずること」であり、「公論」とは対極にあった。陸軍大臣・田中義一の序文をもつ原田政右衛門編『大日本兵語辞典』（一九一八年）に「輿論」は含まれないが、「世論」は次のように説明されていた。

「せろん【世論】世の中の人が国家又は軍隊の上に関して勝手気儘なる論説を試むること[14]」

先に紹介した宮武論文では、明治以降の代表的な漢語・国語辞書における「よろん」「せろん」「せいろん」の記載有無が確認されている（二十七頁表1）。「よろん」は慶応四年（一八六八年）の『新令字解』にも存在するが、「せいろん」は明治二十五年（一八九二年）の山田美妙編『日本大辞書』、「せろん」にいたっては明治四十一年（一九〇八年）の落合直文・直幸編『大増訂　ことばの泉』が初出となっている。

さかのぼれば、「輿論」は『梁書武帝記』（六二九年）にもある漢語で、日本でも『峨眉鴉臭集』（一四一五年）など古くからの使用例が確認できる。

一方、「世論」は惣郷正明・飛田良文編『明治のことば辞典』（一九八六年）によれば、明治に登場した新語である。もちろん、諸橋轍次『大漢和辞典』にも「世論」の項目が立てられている。「世間の議論」の意味では、南宋の詩人・陸游の文章から「世論何曾待百年」が引かれ、「世の中のはなし」という仏教用語では『神僧伝』の用例があるが、一般に使用される言葉ではなかった。ちなみに、同『大漢和辞典』の「輿論」の項には、「世上にひろく唱へられる議論。天下の公議。世論。国論」として『晋書王沈伝』（六四八年）から「古より聖賢、誹謗の言を聞き、輿人の論を聴くことを楽しむ」が挙げられている。輿とは貴人を乗せる古代中国の乗り物であり、輿人とはそれを担ぐ人を意味するので、この場合は世論と輿論はほぼ同義語である。これと同じ典拠を「輿論」

で取り上げている白川静『字通』は、「世論」の用例として『晋書庾冰伝』から「諸弟相ひ率ゐて、禮を好まざる莫《な》し。世論の重んずる所と為る」をあげている。それゆえ、「世論」が漢語としても存在したことは間違いないが、日本では主に仏教語として使われた（とすれば、セイロンより仏教語風にセロンと読むのが正しいか）。

さらに、宮武はオランダ語、英語、ドイツ語、フランス語など外国語辞書での訳例も検討している。それによれば、柴田昌吉・子安峻『附音插図　英和字彙』（一八七三年）に「public opinion＝衆意」が登場するが、「衆意」に代って「輿論＝public opinion」が定着するのは高橋五郎『漢英対照いろは辞典』（一八八八年）、ヘボン『改正増補・和英英和語林集成』（一八九四）以後である。外国語辞書で「せろん（世論）」が採用されたのは、『註解和独辞典』（一九一二年）以降であった。

そうした外国語の辞書のうち、「輿論」と「世論」をともに掲載した『漢英対照いろは辞典』（一八八八年）では、「よろん（輿論）＝public opinion」、「せいろん（よのひとのあげつらひ）＝opinions of the time」、F・ブリンクリー編『和英大辞典』（一八九六年）では、「よろん（輿論）＝public opinion」と「せいろん（世論）＝popular sentiments」などの訳語が付されていた。つまり、辞書的にも「輿論＝公論」、「世論＝民衆感情」というニュアンスが定着していたことが確認できる。

明治の新語である「世論」の初出例として、福澤諭吉『文明論之概略』（一八七五年）が挙げられることが多い。

唯世に多き者は、智愚の中間に居て世間と相移り罪もなく功もなく互に相雷同して一生を終る者なり。此輩を世間通常の人物と云ふ。所謂世論は此輩の間に生ずる議論にて、正に当世の

表1　漢語辞書・国語辞書にみる「よろん」「せいろん」「せろん」

刊行年	書　名	著者・編者	発行元	よろん	せいろん	せろん
1868(慶應4)	『新令字解』	荻田嘯	大阪大野木市兵衛	モロモロノギロン	×	×
1872(明治5)	『布令字辨』	佐野元恭		×	×	×
1889(明治22)	『言海』	大槻文彦	秀英舎	輿論［輿人之論，輿，多也衆也］世上ノ多人數ノ相同ズル論	×	×
1892(明治25)	『日本大辞書』	山田美妙	名著普及会	輿論：一般ノ論	世論：世上ノ論。	×
1894(明治27)	『日本大辭林』	物集高見	宮内省蔵版	輿論：よのなかのあまたのひとのろん。	世論：よのひとのすべてのろん。	×
1896(明治29)	『日本大辭典』	大和田建樹	博文館	輿論：多数の人の議論。公論。	×	×
1896(明治29)	『帝國大辭典』	藤井乙男・草野清民	三省堂	輿論：一般の論といふにおなじ。	世論：世上の論をいふ。輿論に同じ。	×
1898(明治31)＊	『増訂三版和漢雅俗いろは辞典』	高橋五郎	いろは辭典發行所	輿論：公議（人民一般の公論）	世論：よのひとのあげつらひ，せけんのひやうばん。	×
1908(明治41)	『大増訂　ことばの泉』	落合直文，落合直幸	大倉書店	×	世論：正しき議論。正議。	世論：世上の議論。
1917(大正6)	『大日本國語辭典』	松井簡治，上田万年	富山房	輿論：世上一般に唱へらるる議論。世論。公論。	世論：世間一般の議論。輿論。	世論：世上に行はるる議論。輿論。
1917(大正6)	『大字典』	上田万年，岡田正之，飯島忠夫，栄田猛猪，飯田伝一	講談社	輿論：世間一般の議論。公論。	×	世論：世上の議論
1918(大正7)	『大日本兵語辭典』	原田政右衛門	成武堂	×	×	世論：世の中の人が國家又は軍隊の上に關して勝手気儘なる論説を試むること。
1921(大正10)-1928(昭和3)	『改修言泉』	落合直文著，芳賀矢一改修	大倉書店	輿論：世間一般の人の唱ふる論。天下の公論	世論：世の中一般の人の議論。せろん。公論。輿論。	世論：1．せいろん（世論）に同じ。2．［佛］順世・外道の言論。悪論。
1935(昭和10)	『大言海』	大槻文彦	冨山房	輿論：世上ノ多人數ノ相同ズル論。公論。世論。	×	×
1935(昭和10)	『辭苑』	新村出	博文館	輿論：世間一般の人が唱へる論。社会大衆に共通な意見。世論。	世論：世間一般の議論。せろん。輿論。	世論：せいろん

宮武実知子「『世論』（せろん／よろん）概念の生成」より。
＊は1893年の増訂二版にも、すでに同じ記述がある。

有様を摸出《もしゅつ》し、前代を顧て退くこともなく、後世に向て先見もなく、恰も一処に止て動かざるが如きものなり。[15]

ここでも、世論とは世上の雰囲気であり、責任ある輿論とは異なるものとされている。福澤は、文明開化の原動力として「人民交通」、すなわちコミュニケーションの重要性を認識していたが、その暴走が「社会の騒擾」をもたらすことも熟知していた。[16] そのため、「人民交通」の促進をはかりながら、同時にその逆機能を制御する必要を痛感していた。こうした福澤のジレンマこそ、促進すべき「輿論」とは別に、警戒すべき「世論」を使用させたのではないだろうか。当然ながら明治・大正期に活躍した政治家たちは、なお輿論と世論の使い分けを意識的に行っていた。たとえば、住友陽文は、『原敬日記』で「輿論」が一八九四年の初出から三十九回、「世論」が一九一二年の初出から十二回登場することを確認し、その用語法を次のようにまとめている。

「輿論」とは、政治にとって背いてはならないもの、喚起すべきもの、代表されるべきもの、賛成を促すべきものとして捉えられている。（略）「世論」というものは「騒然」としていて「喧しき」ものであり、したがって時には「煽動」されたり、また逆に「鎮静」されるべきものとされていた。（略）「輿論」とは政治的正統性の根拠であって、したがって政治を規定すべきものであるが、「世論」はそれ自体が無軌道で、政治を「破壊」しうる可能性のあるものとして『原敬日記』では描かれていたのである。明らかに、「輿論」と「世論」とは異なる意味をもつ言語として政治社会に存在していたのである。[17]

これと同じ時代、三宅雪嶺は「曲学阿官と曲学阿民」（一九一三年）で「輿論」について次のように書いているが、この輿論も「世論に惑はず」の世論と置き換えると意味の通らない文章になる。

立憲政治は輿論を重んじ、之に従ふは事の当然なるが如くなれど、多数が知識の程度の低きと共に、謂ゆる輿論の愚論たることあり。愚論なりとて、為政家は之を利用するの道を知らざるべからざれど、単に従ふのみにては、男子の真骨頭を備ふる者ならず。輿論に従ふは、当然よりも寧ろ已むを得ざるに出で、得べくんば之を指導して誤る所なからしむべし。輿論に従ひさへせば善しとし、愚論に従ひ、之に唱和するは、御用学者の曲学と殆ど択ぶ所無し(18)。

とはいえ、この末尾の一文には「輿論の世論化」の徴候が見てとれる。すでに日露戦争期に「輿論の世論化」の動きが始まっていたことも、宮武実知子は一九〇三年の「帝大七博士事件」報道に関連して指摘している(19)。それでも帝大七博士の一人・金井延について女婿である河合栄次郎が一九四一年に記した文章には、なお「輿論」と「世論」の使分けが残っている。

〔所謂帝大七博士は〕日露関係の重大性を認識して、場合によりては戦争をも辞せずとして、当局を鞭撻し輿論を啓蒙したのであるが、東京大学の教授が政府の行政立法に参与することは、遠く明治十年代に始まつてゐたが、外交問題に就て而も七人の結合を以て、政府と世論の前に起つたことは、蓋し異例と云はざるを得ない(20)。

いずれにせよ、大衆の政治参加がもたらした「輿論の世論化」は新聞というメディアの変質、すなわちマス化にも確認できるはずである。明治初期の新聞は政論新聞たる「大新聞《おおしんぶん》」と読物新聞たる「小新聞《こしんぶん》」に分かれていたが、日露戦争を契機として『大阪朝日新聞』『大阪毎日新聞』など全国紙が台頭していった。政論新聞と読物新聞の並立はちょうど輿論と世論の分立に対応していたが、

「輿論の世論化」は報道中心の大量発行を背景に大阪資本の「中新聞」が覇権を確立する過程と見事に重なる。その意味では、中立公正主義、新聞商品主義を掲げた朝日新聞や毎日新聞が株式会社化し、読売新聞が警察官僚出身の正力松太郎によって買収された一九二〇年代に「輿論の世論化」の流れが決定的になったと見ることも可能だろう。だが、ここでは「輿論の世論化」の視点から日本新聞史を読み直す必要性を指摘するにとどめて、議論を先にすすめたい。

世論に惑わず

いずれにせよ、輿論と世論の区別は一九二五年普通選挙法成立にいたる「政治の大衆化」の中で曖昧になっていった。一九二三年の関東大震災を挟んで書かれた芥川龍之介の作品の中で「輿論」がどう変化したかを見ておこう。寓話「猿蟹合戦」（『婦人公論』一九二三年三月号）では、「輿論」は私憤を抑えた公論の意味、つまり「理性的な多数意見」として使用されている。

その上新聞雑誌の輿論も、蟹に同情を寄せたものは殆ど一つもなかつたやうである。蟹の猿を殺したのは私憤《しふん》の結果に外ならない。しかもその私憤たるや、己《おのれ》の無知と軽卒とから猿に利益を占められたのを忌忌《いまいま》しがつただけではないか？(21)

しかし、流言蜚語によって朝鮮人虐殺などを引き起こした関東大震災の後に書かれた「侏儒の言葉」（『文藝春秋』一九二四年四月号）で、輿論は私憤の集合形態とされている。今日のメディア報道被害を想起させる文章である。

輿論は常に私刑であり、私刑は又常に娯楽である。たとひピストルを用ふる代りに新聞の記事を用ひたとしても。

又／輿論の存在に価する理由は唯輿論を蹂躪する興味を与へることばかりである。[22]

もちろん、このアフォリズムの毒は輿論と世論を無意識に混同している現代よりも、芥川が意識的に混同した当時において強烈に作用したはずである。だとすれば、芥川は「輿論の世論化」を意図的に戯画化してみせたと見ることも可能だろう。ウォルター・リップマン『輿論』は、この「侏儒の言葉」とほぼ同時に早稲田大学教授・浮田和民の指示で大日本文明協会（会長・大隈信常）から翻訳刊行された。訳者は巻頭でこう述べている。

之を観念的に見れば、輿論とは政治の根本を為すものである。如何なる政治も、輿論を無視しては持続性を有し得ない。従つてそれは一つの瞬間的遊戯であつて、本質としての政治の価値を有しない。君主専制の下に於てすら、其盛衰の跡を顧みれば、時間を超越した本体的考察に於て輿論が政治の窮極の死命権を握つて居ることを首肯し得るであらう。況や君主専制が既に時代のものに非ずとせば、之が哲人主義に依るも、民本主義に依るも、或は社会主義に依るも、輿論は政治の基底を為すものでなければならない[23]。

時はまさしく大正デモクラシー、民本主義の時代である。同書は戦前・戦中を通じて思想戦や戦時検閲の実践的参考書として読まれ続けたが、注目すべきことは、リップマンが『輿論』――戦後の翻訳では『世論』[24]――において、小文字複数形 public opinions と大文字単数形 Public Opinion を、個人の認知心理学的ミクロレベルと集合的な社会学的マクロレベルとで区別していたことである。大文字「輿論」について、戦前版は次のように訳している。

　他の人間の行為と関係を有すべき是等の外界の事態を、若し、其行為が吾等の行為と相関し、或は吾々に依存し、或は吾々に取つて興味のある場合には、吾々は之を漠然と公の出来事と呼ぶ。是等の人間共の頭の中にある映象、即ち、彼等自身の、或は他人の、或は彼等の必要物の目的の、関係の映象が『彼等の輿論』であり、人間の関係、或は団体の名に依つて活動して居る個人の行為の基礎たる映象が、本来の意味の「輿論」である(25)。

リップマンと類似した立場から輿論／世論を訳しわける習慣も、戦前には存在していた。早稲田大学教授・喜多壮一郎「輿論とヂヤーナリズム」（一九三〇年）は、次のように述べている。

　輿論が公衆的意識として個人がある媒介的手段を透して自己の採る判断と他の個人が抱持する判断との類似を暗示的作用によつて共通に意識することであると概念的に説明したが、ヂヤーナリズムが公開された現実的事実に関して読者なる公衆の社会的意識を統制して始めてヂヤーナリズムと輿論との関係が成立する。しかし、茲で問題となるのは、読者の心理状態で、社会的認識の対象とならんとしつゝあるもいまだ読者の共同関心の域にまで到達しない心理状態がある。即ち輿論に対する世論であり評論であり会話の変形である(26)。

　つまり、輿論は公衆の社会的意識が組織化されたものであり、世論とはまだ認識の対象となっていない心理状態、つまり気分や雰囲気の表出である。このように一九三〇年当時であれば、なお「輿論」と「世論」は使い分けられており、学術論文でその区別は自明であった。それは、リップマン『輿論』と同じく一九二二年に刊行されたフェルディナンド・テンニース『世論批判』がよく知られていたからである。テンニースによる輿論の三類型、すなわち「固体状―液体状―気体状」が「輿論―輿論の世論化―世論」とイメージされたのは自然である。テンニースも大文字 die Öffentliche Meinung（輿論）と小文字 öffentliche Meinung（世論）を使い分けており、この用法であれば「世論」は「気体状の輿論」と理解できた(27)。

しかし、満州事変以後の戦時体制の中では、理性的「輿論」は感情的「世論」の中に飲み込まれていった。だが、「世論」を「輿論」と対置させる戦中の文章も残っている。「狂信的ファシスト」として悪名高い蓑田胸喜の『学術維新』（原理日本社・一九四一年）にさえ、それは確認できる。

> 国家国防国民の重大なる公共問題のためには、『政治に拘らず世論に惑はず』一般国民輿論に対しては勿論、政府に対してたると将また軍政当局に対してたるとを問はず、大学と新聞雑誌とは権威を冒して公義を公論しなければならぬ。それが『天壌無窮ノ皇運』を扶翼し奉る『忠節』臣道を実践する所以であつて、時代の盲目輿論や政府当局の臨機政策に無批判に追従する如きは、世論に惑はず政治に拘らざるべき軍人精神に背くと同時に学術の蘊奥を究むべき大学の使命や新聞雑誌の国家的公論の任務にも反するのである(28)。

この行文を追えば自明だが、蓑田は「世論」を「時代の盲目輿論」とみなしている。その意味では、「輿論の世論化」を批判する蓑田は反動的であっても、ファッショ的とは呼べない。蓑田率いる原理日本社は一九三〇年代に自由主義知識人に対して行った激烈な言論攻撃で有名だが、彼らが近衛内閣の新体制運動や大政翼賛会を「ファシズム」として批判し続けたことは忘れてはならない。ファシズムとは輿論を世論化する運動である。

その意味でいえば、「輿論」と「世論」を峻別する伝統は、戦後も反ファシズムの側に残っていたのかもしれない。戦後の国会議事録を見る限り、「輿論」と「世論」を意識的に使い分けた発言は社会党議員によって少なくとも二回行なわれている。一つは一九四七年より社会党委員長として初の首相を務めた片山哲が一九四八年十一月二十八日衆議院本会議で行った「平和会議促進懇請に関する決議案」の趣旨説明である。

　われわれは、いたずらに海外の好意ある輿論に甘えることなくして、対日平和条約促進の意見に並行いたしまして、いなむしろ、それと相表裏いたしまして、日本の民主化、精神的非武装化がいまだ十分でないという見解が有力であることを、見のがしてはならないと思うのであります。連合国側の圧力がなければ、日本は再び極右反動、軍国主義、封建的財閥の支配に復帰するか、または極左の全体主義の巣窟になるのではないかという危惧の念が相当根深いという、厳粛な事実を忘れてはならないのであります。われわれは、民族の独立、自主性の回復等々をスローガンとする右、左の両極端分子の世論に対する呼びかけに対しまして、その裏に何がひそんでいるかを見抜き、その実体を十分に監視していかなければならないと思うのであります。極右、極左に偏せず、真に日本国民が民主主義の正道を歩むことが事実の上において立証せられない限り、われわれの熱望する平和条約の早期締結は、とうてい実現し得るものではないと信ずるものであります[29]。

片山は対日講和に対する「理性的意見」と「国民感情」を「輿論」と「世論」に分けて発言している。同年十二月七日、同じく社会党議員・内村清次は参議院本会議で吉田首相の反共主義路線を次のように批判している。

若し或る特定の政党が常識を逸脱した行動を執つたといたしましても、それに対して政府がその基本的人権を妨害するごとき非民主的措置を執ることは、納得と輿論によつて世論を動かす民主主義の原則からいたしまして、行うべきことではないと信ずるものであります。例えば毒を制するに毒を以てするがごときナチス的手法は断じて採るべきものでないと思います[30]。

「納得と輿論によつて世論を動かす民主主義の原則」という言い回しは、まさに古典的というべきだろう。意見（輿論）によって感情（世論）を制御することが「民主主義の原則」である。しかし、こうした言い回しは「よろん」と「せろん」が区別されなくなった現在では、ほとんど耳にすることはない。

市民的公共性とファシスト的公共性

こうした「輿論の世論化」に戦後生まれの私がなぜ関心をもったか、その経緯についてふれておいた方がよいかもしれない。すでに二十年も昔のことである。私はドイツ史研究者として博士論文『大衆宣伝の神話――マルクスからヒトラーへのメディア史』（弘文堂・一九九二年）を執筆中だった。同書の冒頭には「いずれが〝世論〟を形成するのか？」とキャプションをつけた二枚の挿絵が掲げられている（三十七頁図1）。ドイツ三月革命前夜、一八四七年の「ベルリンの珈琲ハウス」（上）と「シュテッティンの食糧暴動」（下）の版画である。ほぼ同時期の二枚の図版で私が示そうとしたのは、コーヒーハウスでの理性的討議を中核とする市民的公共圏より、街頭での情緒的共感から生れる大衆的公共圏こそが歴史を動かしたのではないかという問いである。それは「文筆家」マルクスでなく「演説家」ラサールを起点にドイツ社会民主主義のメディア史を書き改める試みだった。こうした思考の中で、私の関心は「脱文筆の公共性」postliterarische Öffentlichkeit、すなわち二十世紀の大衆的公共圏における世論形成に向かった。

大衆の政治参加をあらかじめ排除していた十九世紀市民的公共圏の歴史的宿命については、戸坂潤がすでに「輿論の考察」（一九三二年）で鋭く批判している。

輿論としての輿論（所謂「輿論」）がブルジョア公衆の一般的意見であるとすれば、之に対立した、輿論でないものとしての輿論は、プロレタリア大衆の一般的意見だといふこと。だが輿論といふ民主々義的なこの概念の、歴史的宿命は、このプロレタリア大衆の一般的意見としての輿論を、輿論として把握することを不可能としてゐる。プロレタリアートは輿論を有たず又有つてはならず、更に又輿論に与《あずか》つてもならない(31)〔ゴチックは原文の強調〕。

「世論」が否定的な意味を帯びていた戦前において、労働者の「輿論でないものとしての輿論」を「世論」と呼ぶことは戸坂にはできなかった。しかし、街頭の公共圏で生れる一般的意見は「世論」と呼ぶべきだろう。ここにおいて、プロレタリア運動は「輿論に向けたプロパガンダ」とは別に「世論へのアジテーション」を主張することになる。

私は比較メディア史の研究を続けるうちに、市民社会から大衆社会への展開と並行した「輿論の世論化」は、日本、ドイツ、イタリアのファシズム体制に特有な現象ではないことに気がついた。

図1　いずれが「世論」を形成するのか？　三月革命前夜（1847年）の二つの公共圏。
（上）「ベルリンの珈琲ハウス」と（下）「シュテッティンの食糧暴動」
拙著『大衆宣伝の神話――マルクスからヒトラーへのメディア史』弘文堂より。

むしろ、第一次大戦に始まる総力戦体制のグローバル化において、アメリカ、イギリス、あるいはソビエトでさえ同じような世論形成の傾向が見られた。この輿論／世論を形成する社会関係を、十九世紀的「ブルジョア的（市民的とも訳される）公共性」モデルに対して二十世紀的「ファシスト的公共性」としてモデル化した論文を『岩波講座　現代社会学』に執筆した。[32]公共性の形容として、「ブルジョア的」と「ファシスト的」の対比は、市民社会と大衆社会に対応している。メディア論的には「読書人的公共性」と「ラジオ人的公共性」と呼ぶべきものである。

こうした参加＝動員の民主主義は、ポピュリズムともメディア民主主義とも呼べるだろう。大衆に直接参加を呼びかけてその体験を視聴覚体験レベルに矮小化する民主主義である。普通の生活者は、自分の利害に直接かかわらない公共的問題の討議より、友人家族との団欒や趣味の楽しみを優先する。その上でなお政治参加が国民的義務であるというのであれば、時間を節約する参加方法が考え出されねばならない。ファシスト的公共性とは、指導者への熱狂的な拍手と歓呼で国民が共感を相互確認する極めて効率的な参加民主主義である。総力戦に由来するこの参加民主主義は、活字メディアの意見《よろん》ではなく音声メディアの気分《せろん》に親和的な政治空間を生み出してきた。比較メディア論として、輿論と世論は表2のように図式化できる。

デジタルな輿論とアナログな世論という定義は、情報化＝デジタル化と考えると矛盾して見える。しかし、活字は断片的で抽象度の高い記号（文字）であり、放送は連続的で具体的なイメージ（音声・映像）を提供する。活字メディアの内容を分類し計量化することは、放送メディアのそれに比べれば容易である。こうしたメディア特性が、それが伝える「内容」以上に輿論／世論の形成に大

表2　輿論と世論のメディア論モデル

輿論＝public opinion	⇒	世論＝popular sentiments
可算的《デジタル》な多数意見	定義	類似的《アナログ》な全体の気分
19世紀的・ブルジョア的公共性	理念型	20世紀的・ファシスト的公共性
活字メディアのコミュニケーション	メディア	電子メディアによるコントロール
理性的討議による合意＝議会主義	公共性	情緒的参加による共感＝決断主義
真偽をめぐる公的関心（公論）	判断基準	美醜をめぐる私的心情（私情）
名望家政治の正統性	価値	大衆民主主義の参加感覚
タテマエの言葉	内容	ホンネの肉声

きな影響を与える。それゆえ、受け手論として「読書人の輿論」と「テレビ人の世論」という対比も可能なのである。

とはいえ、私たちが新聞を読みかつまたテレビを見るように、また論理と感情が個人の内面で必ずしも明確に分けられないように、輿論と世論も現実には入り乱れて存在している。それにもかかわらず、敢えて自覚的に輿論と世論を峻別して使う必要性を訴えるのは、世間の雰囲気（世論）に流されず公的な意見（輿論）を自ら荷う主体の自覚が、民主主義に不可欠だと考えるからである。以下、本書全体を通じて「輿論」の復興を訴えるのはそのためである。

ちなみに、戦後の刊行物でも「輿論／世論」を正確に訳しわけた著作は存在する。例えば、中野好之はエドマンド・バーク「アメリカ問題に関してブリストル執行官への書簡」の翻訳に際して、「立法上の全権能を動かして行く媒体であり機関である」general opinion を「輿論」と訳し、戦争に向けて挑発される public vengeance を「世論の憤激」と翻訳している。[33] こうした「輿論／世論」用法の伝統を私たちは自覚的に取り戻すべきではないだろうか。

第二章　戦後世論の一九四〇年体制

おそらく、民主主義のために戦争を戦うことはできても、民主的に戦うことはできまい。ことによると、突然の革命が民主主義を前進させるかもしれない。しかし、革命それ自体は独裁的に行われるであろう。（ウォルター・リップマン『幻の公衆』一九二五年）[1]

「あいまいな言葉」の深層

私が輿論と世論の違いを意識しはじめたきっかけは、朝日新聞社学芸部編『あいまいな言葉』（一九五七年）である。東京大学新聞研究所の助手だった一九九〇年頃、神田の古書会館の即売会で購入し、「世論」の項目を読んで大変驚いた記憶がある。森本哲郎記者が一九五七年当時の著名な世論研究者にインタビューしてまとめたものだが、世論と輿論の違いは実に明確に記述されていた。一九五〇年代には、世論と輿論の違いはまだ忘れられていなかったのである。

立教大学社会学部教授・小山栄三は、「輿論」の古典的用例として漢籍では『武帝紀』、和書では室鳩巣『駿臺雑話』を挙げている。この「輿論」が一九四六年当用漢字表の制限により「世論」と表記されるようになった事情は次のように証言されている。

「輿」が制限漢字と決ったとき、文部省は代りに「与」という字をあてはめようとしたそうだ。しかし、「与論」だと、なんだか上から「与えられる意見」のようで、ぐあいが悪いと反対され、結局「世論」に落ち着いたという。だが「世論」と書くと「よろん」というより、「せろん」と読んでしまう。「せろん」といえば、「せろんにまどわず……」という漢語にもあるように、たんなる「世間のうわさ話」のことだ。「どうにも始末が悪いが、世論と書いてよろんと読むべし」と、小山氏は語った[2]。

よく読むと、小山が故意に説明をぼかした箇所が二つある。一つは「与」の代用に関する経緯。「文部省は代りに『与』という字をあてはめようとした」というが、「与論」は戦前から学術論文でも頻繁に使われていた。川合隆男編『近代日本社会学関係雑誌記事目録』（一九九七年）を精査した宮武実知子は、小林郁「与論」（『社会学雑誌』一九〇三年）、大島正徳「与論尊重と少数者」（『丁酉倫理会講演集』一九二〇年）以下の「与論」関連論文を指摘している。戦前の社会学論文のタイトルとして「輿論」も「与論」も等しく使われているが、もちろん「世論」タイトルの学術論文は一篇も確認されていない[3]。

さらに言えば、「与論」という当て字は軍関係の文書でも頻用されていた。例えば、一九四一年十一月四日閣議了解された「対英米問題に関する与論指導方針」、あるいは一九四四年十月六日閣議決定の「決戦与論指導方策要綱」などの公文書である。こうして戦時中の文書で頻用された「与論」の使用はGHQ占領下では確かに憚られただろう。

もう一つは、「『せろんにまどわず……』という漢語」という言い回しである。第一章で触れたように「世論」という漢字は存在したが、「不惑世論」という漢文が中国に存在したわけではない。戦後世代はいざ知らず、当時の新聞読者の多くにとっては、「世論に惑はず」が、『軍人勅諭』（明治十五年）に由来することは自明であったはずである。だが、日本世論調査協会会長である小山がこのようにはっきりと「漢語」と断言しているため、これを最初に読んだとき私も「漢語」なのかと惑わされた。だが仏教用語としてはともかく、「世論」は明治になって一般に使用され始めた新語であることを知ったとき、「『せろんにまどわず……』という漢語」という表現で小山が隠そうとした戦前の記憶が気になりはじめた。

ここで小山が隠そうとしたのは、戦時中に自らが行った戦時宣伝研究、すなわち輿論研究だったのかもしれない。敗戦からわずか一年後、小山は『輿論調査概要――輿論をどうしてつかむか』（時事通信社・一九四六年）を公刊し、日本における輿論研究のパイオニアとなった。その第一章は「輿論と民主主義」であり、第二章では輿論測定法が詳しく解説されている。しかし、つづく第三章「輿論指導と宣伝」は日中戦争勃発直後に刊行された『宣伝技術論』（高陽書院・一九三七年）に加筆したものである。後述するように、小山は戦前にナチ・ドイツの新聞学を日本に紹介した宣伝研究の第一人者だが、終戦後はGHQにその専門能力を高く買われ、一九四九年国立世論調査所の初代所長に就任している。国立世論調査所は占領終了後に行政整理の対象となり、一九五四年時事通信社調査室と合併して総理府認可の社団法人・中央調査社に発展している。その後も小山は立教大学社会学部教授として、日本世論調査協会会長、日本広報協会理事長などを歴任する。(4)

小山が「輿論」から「世論」への変化をあいまいにしか語らない理由は、彼自身の「輿論／世論」研究と無関係ではないはずである。世論の「あいまいさ」には、戦前から戦後に密輸された学知の連続性が潜んでいるといえるだろう。

プロパガンダの代用語「マス・コミュニケーション」

戦時下に内閣情報部――情報局の指導のもと思想戦に従軍したデザイナーたちが、「戦後」広告業界に「復員」し、消費社会のプランナーとして活躍した経緯については、難波功士が丹念に描いている[5]。その中心となったのは、一九四〇年十一月に内閣情報部などの資金援助で設立された国策宣伝の企画製作者集団「報道技術研究会」である。そこにはグラフィック・デザイナーの山名文夫、原弘、コピーライターの新井静一郎はじめ、戦後「広告」業界の指導者たちが結集していた。軍事用語としての「情報宣伝」を、産業用語に変換したプロフェッショナルたちである。

この報道技術研究会には宣伝実務家のみならず、輿論研究者として小山栄三や米山桂三などが参加していた。この二人はプロパガンダ研究とマス・コミュニケーション研究の連続性を体現した研究者と言っても過言ではない。慶應義塾大学法学部教授・米山桂三は、戦後も同大学新聞研究所所長、日本新聞学会会長をつとめ「世論」の政治研究をリードした人物である。

ここでは日本の「世論」研究をリードした両者の戦時期「輿論」研究をふり返りつつ、「プロパガンダ＝マス・コミュニケーション」研究の一貫性を確認しておきたい。もちろん、戦時期には戦意高揚目的の出版物、いわゆる「宣伝もの」が出版ブームとなっており、他にも膨大な量の宣伝論が存在している。しかし、ナチ宣伝の表面的な紹介や時局便乗の精神論が多かった「宣伝もの」においても、学問的姿勢を保持した著作は極めて少ない。その意味では、「盟邦」ドイツの新聞学を紹介した小山と、「敵国」英米の動員政治学を受容した米山は、欧米プロパガンダ研究の最良部分を輸入したともいえる。二人の経歴を少し詳しく見ておこう。

小山栄三のドイツ公示学

小山栄三（一八九九―一九八三）は東京帝国大学文学部社会学科および法学部政治学科を卒業後、一九二七年同文学部副手を経て、一九二九年小野秀雄が主宰する文学部新聞研究室研究員に採用された。一九二四年の卒業旅行では海軍省主催の南方視察団に加わり、ミクロネシアを実地見学するなど民族学的調査に早くから関心を示していた。ドイツ新聞学の膨大な先行研究をまとめた『新聞学』（三省堂・一九三五年）刊行の後、立教大学経済学部教授に就任している。しかし調査研究のフィールドを求めて、小山は一九三九年厚生省人口問題研究所研究官（調査部長）に就任する。やがて、新聞学と民族学の両分野に通じた専門家として一九四二年には企画院調査官を兼任し、さらに一九四三年には文部省民族研究所所員（第一部長兼第四部長）となった。この時期、『南方建設と民族人口政策』（大日本出版・一九四四年）など人種学や人口学の著作や翻訳も数多く残している。一方で、『宣伝技術論』（高陽書院・一九三七年）、『戦時宣伝論』（三省堂・一九四二年）をまとめ、一九四〇年内閣情報部主催の第二回思想戦講習会では「思想戦と宣伝」を講演している。戦時下日本における宣伝研究の第一人者であった。

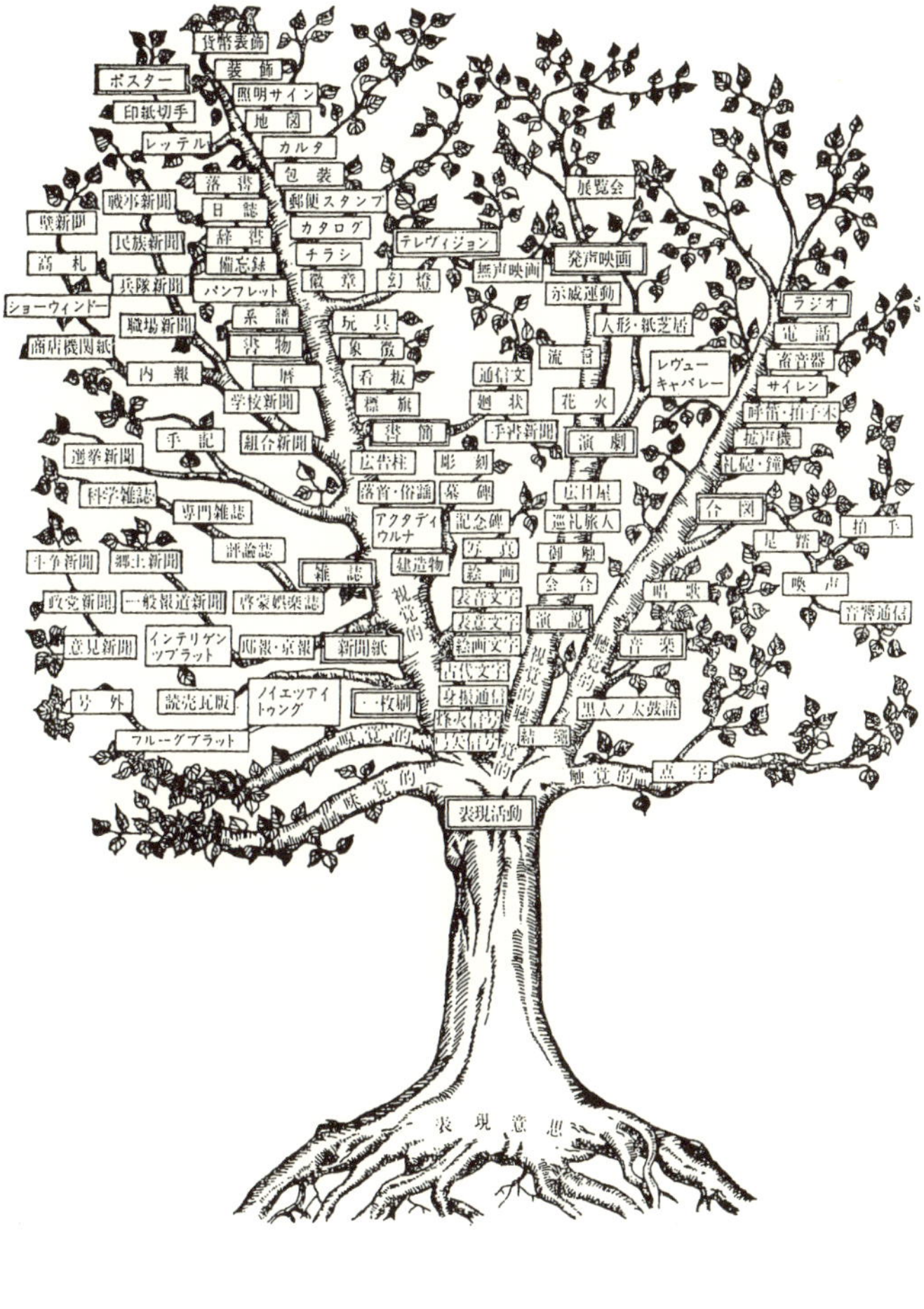

図2　マス・メディアの樹木図＝公示の樹
小山栄三『新聞学原理』同文館出版より。

だが、「戦後」との連続性からは、ドイツ新聞学Zeitungswissenschaftの受容形態も重要である。小山が師事した小野秀雄の新聞研究は、文字通り「新聞紙」を中心としたワイマール共和国期の新聞学であり、それは歴史学・文芸学的色彩を強く帯びていた。それに対し、一世代若い小山はナチ第三帝国で台頭した同世代のハンス・A・ミュンスターなどが唱えた公示学Publizistikから多くを学んでいた。メディアを「政治的に影響を与へんとする意志」の伝達媒体と考える公示学は、旧世代の新聞学と異なり研究対象を「新聞紙」に限定せず、ラジオ、映画、ポスター、デモ行進など無限に拡大した。さらにナチズムの政策科学を目指して、アンケート調査や参与観察など社会学や心理学の手法を貪欲に取り入れた。[6] こうした新しいメディア研究を、小山はリアルタイムで追いかけていた。内閣情報部が思想戦講習会で使用した「情報宣伝研究資料」にもミュンスター『新聞と政策――新聞学入門』（一九四〇年）が含まれるが、それは内閣情報部嘱託・小野秀雄の指示で小山が翻訳したものである。同書掲載の「公示の樹」は「マス・メディアの樹木図」（四十五頁、図2）として、小山の戦後にものした主著『新聞学原理』（同文館出版・一九六九年）に再録されている。戦前ナチズム版と戦後デモクラシー版の違いは、「公示の樹」で「政治的に影響を与へんとする意志」と書かれたところが、「マス・メディアの樹木図」で「表現意思」に書き改められただけなのである。

小山自身、こうした連続性に自覚的であった。国立世論調査所所長時代に『東京大学新聞研究所紀要』第二号（一九五三年）に寄稿した論文で、戦前「プロパガンダ」と戦後「マス・コミュニケーション」の同質性をこう記述している。

輿論指導の手段に関しては第一次世界大戦までは専ら宣伝Propagandaと云う言葉が使用されていた。然し両大戦を通じ事実的にも意識的にも宣伝とは、「嘘をつく技術」と云う風にとられてしまった。それで宣伝のこの悪い意味を避けるためプロパガンダと云う代りにマス・コンミュニケーションと云う言葉が使用されるようになったのである。(7)

現在ではマス・コミュニケーション研究者の多くが意図的に、あるいは無意識的にも忘却しているが、「プロパガンダ＝マス・コミュニケーション」の連続性の指摘は歴史的に正しい。さらにさかのぼれば、ナチ党と激しい宣伝戦を展開したドイツ共産党の「赤いゲッベルス」、W・ミュンツェンベルクは、『武器としての宣伝』（一九三七年）の冒頭で、ナチ宣伝が手本としたのは第一次大戦中のアメリカの政治広告だった、と指摘している。ナチ宣伝は文化的反動の産物ではなく、アメリカ民主主義の政治技術を洗練したものなのである。

ヒトラーは「政治的広告」を、たくみに仕上げられた巨大なシステムにまで発展させた。そのシステムとはあらゆる芸術的手法、とりわけ戦争宣伝の経験を生かした巨大広告の洗練された方法、大規模な行進で発せられる言葉、洒落たポスター、輪転機とラジオを通した近代的広告といったもの全てだ。そして、これらを駆使して人を陥れたり、惑わしたり、だましたりしながら、はたまた残忍な暴力を伴いながら、このシステムは「大衆的」成果を目指して動いている。その際には最も重要なこと、すなわちヒトラー宣伝が目に見える形で収めている大きな成果はナチという主義主張の産物ではない、ということは忘れられがちだ。(8)

それゆえに、「マス・コミュニケーション＝プロパガンダ」の研究はイデオロギー的先入観から距離を置いて分析されなければならない。総力戦の合意形成において、合理的で自由な民主主義国家（アメリカ・イギリス）と非合理的で専制的なファシズム国家（ドイツ・日本）という旧式なイデオロギー図式はほとんど無意味というべきなのである。[9] 実際、「マス・コミュニケーション」という言葉は、第一次大戦の産物であるナチ宣伝のアメリカにおける鏡像として誕生した。この新造語は一九三九年九月ドイツのポーランド侵攻直後に開催された「ロックフェラー・コミュニケーション・セミナー」への招待状において、ロックフェラー財団事務局長ジョン・マーシャルが初めて使用したといわれている。同財団は平和主義の世論を前に対独参戦に踏み切れないアメリカ政府に代わって戦時動員研究を代行していた。いずれにせよ、「ナチズムの公示学」も「ニューディールのマス・コミュニケーション研究」も同じ戦時動員の操作主義パラダイムの上に展開された学知である。[10] まず輿論指導との関連で小山の戦時宣伝論を概観しておきたい。一九三七年日中戦争勃発から五ヶ月後に上梓した『宣伝技術論』序文を小山はこう書き起こしている。

「宣伝技術論」の課題とする所は、一定の目的に向つて大衆の思惟を集中せしめる精神動員の方法であり、輿論を人為的に形成しようとする手段の工作であり、民衆に行動の指針を与へる社会統制的操縦根拠の理解である。[11]

さらに、国民の精神動員は戦略の一部であるとした上で、宣伝理論の意義をこう述べている。

戦争は戦略の理論によつて導かれる。同様に宣伝も宣伝の技術的理論によつて導かれなければならない。宣伝の理論なくして宣伝活動はあり得ないからである。宣伝の科学的体系を確立して、宣伝の実践に理論的規準を与へようとするのが本書の主なる目的である。[12]

小山はその章立てにおいてR・ザイフェルト『一般広告学』（一九三六年）の宣伝過程論を利用している。それは宣伝過程をその時間的契機の段階に従って宣伝作用―宣伝活動―宣伝効果の三部門に分節する枠組みである。これは同じく戦時体制下のアメリカでハロルド・ラスウェルが考えたマス・コミュニケーション研究の枠組み、統制研究―内容分析―媒体分析―受け手分析―効果研究におけるS―R（刺激―反応）のリニアモデルとよく似ている。小山にとって、ともに宣伝効果の極大化をめざした「戦中」宣伝学から「戦後」マス・コミュニケーション研究への展開は何ら違和感のあるものではなかったはずである。一九四二年日米開戦後の『戦時宣伝論』序文では戦時宣伝の役割を自国、敵国、中立国の輿論指導と宣言している。

戦時に於ける宣伝はその活動の方向に関し三重の任務を負ふ。第一にそれは国民に必勝の信念を涵養し国論の統一を実現するための民衆に対する政治指導の手段でなければならず、第二に敵性国家及び民族層の結束を攪乱する神経戦の武器でなければならず、第三に占領地域及び中立民族層に同志的一体感を形成するための紐帯として作戦の一部となるものでなければならないのである。(13)

こうした「輿論／世論」操作の発想もアメリカの総動員体制下に確立したマス・コミュニケーション研究のパラダイムと同一である。興味深いことは、この『戦時宣伝論』最終章が「文化宣伝としての観光政策」となっていることである。小山において大東亜戦争勝利の「戦後」イメージとは、国際観光立国の実現だった。

日本の国際観光事業には軍事行動が一段落ついた暁に於ける多幸な将来が待つてゐるのであ

る。それは欧米人誘致のための共栄圏の綜合的極東観光プランの構成の可能、日・共栄圏内諸民族の彼此の実情認識のための視察及び観光への誘致の必要が国策的問題として要求されてゐるからである。[14]

「日本人の共栄圏観光、諸民族の日本観光、欧米人の極東観光」は、戦時の自国、中立国、敵国に対する宣伝と対応している。これを活性化させることが、国際親善（宣伝）と国際貸借改善、つまり文化政策であり経済政策であるとも主張している。

実際国際観光政策は観光事業を通じて「今日本は何を考へ」、「何をしてゐる」かを現実に世界に示す外交的使命を持つものであり、それは又対民族工作の文化的一翼を担当するものでもある。[15]

戦争の結果は勝利ではなかったが、この戦時宣伝プランは戦後に書き改められる必要はなかった。小山はやがて、立教大学社会学部観光学科（現・観光学部）の設置に尽力することになる。

輿論指導の戦時科学

戦中と戦後の「輿論／世論」研究が、あるいは小山より一貫している研究者として米山桂三をあげることができる。戦中は人類学・人口学に研究の前線を拡大した小山に対して、米山は一貫して輿論の政治学に踏みとどまった。もっとも、T・モーリス＝スズキが指摘するように、小山の場合も転向とはいえない。戦中は外部の「民族」にも向けていた「計測する科学」の視線を、戦後は内

部の「民衆」に集中しただけともいえるからである。(16)

米山桂三の政治心理学

米山桂三（一九〇六―一九七九）は一九二九年慶應義塾大学法学部を卒業した後、同学部助手に採用され、アメリカ経由でロンドン大学、ベルリン大学に約三年間留学した。一九三三年帰朝後、母校で「政治心理学」などを担当した。戦時下には政治宣伝の専門家として多くの論説を新聞や雑誌に執筆している。戦後は一九四六年十月より法学部教授のまま慶應義塾大学新聞研究室主事、翌年五月から同研究室主任教授を兼ね、一九六〇年に主論文「世論の本質」で法学博士となっている。

米山の戦時期著作は『思想闘争と宣伝』（一九四三年）にまとめられている。第一部「宣伝とイデオロギー」で第二次大戦初期の英独ソ宣伝戦を論じ、ボルシェヴィスト宣伝やファシスト宣伝に対するデモクラット宣伝の強度を指摘している。英米の民主主義＝輿論政治は反対者の「宣伝の自由」を原則的には否定しないが、総力戦体制ではファシスト宣伝とその差異が縮小することを米山は正確に指摘していた。

事実、英米デモクラシーの下に於ける、行政部の独裁化・言論統制の一元化的傾向は、蔽ふべくもないところであると同時に、特に、政府のなす宣伝のイデオロギー的基礎付けといふ傾向と相俟つて、宣伝の自由の原則には、尠からざる制約が加へられるに至つたことは事実である。しかしながら、それにも拘らず、デモクラット的宣伝の形態的特徴は、依然として、存続されてゐるかの如くである。(17)

第二部「戦争と輿論と宣伝――イギリスの戦時精神動員批判」は副題に「批判」とあるにもかかわらず、イギリスにおける輿論政治の強度に高い評価が与えられている。

恐らく、国内輿論の統一、或は、国民の輿論の全面的支持なくしては、近代的総力戦の遂行は不可能であらう。言葉を換へていへば、近代的総力戦を遂行するためには、一部少数有識者の意見を、国民全体の支持する輿論なるかの如く装つて、総力戦態勢整へりと自負するが如きことは、全く、不可能なことである。[18]

米山は輿論を「集団全体の利害に関する公的問題について、多数構成員の懐く意見の綜合である」と定義し、戦時下の俗耳に入りやすく世論化された定義――たとえば「輿論とは、全く、宣伝の与ふる刺激に対する応答」――を退ける。しかし、輿論の動きは現実の社会変化より「遅延」する傾向があり、戦争においては対応の遅れは致命的なので、民主主義国家も宣伝による輿論統一は不可避となるという。

近代戦の勃発に際し、特に、輿論の国が宣伝の国となる所以である。これに反し、近代的独裁国家の多くは、平生から、宣伝によつて、国民の精神生活の戦時態勢化が行はれてゐるから、この点極めて有利ではあるが（略）この場合、人格に基礎を置く「輿論」の統一をも企てない限り、長期戦に於て、その脆弱性を暴露する危険があるのである。しかるに、わが国民の間では、その国体上、国民は、天皇帰一といふ意識に強く支配されてゐるから、近代的独裁国家に於けるとは別な意味で、国民の精神生活の戦時態勢化は、比較的容易である。[19]

ここで米山が当時も世評の高かったドイツ宣伝省の輿論形成における脆弱性に着目し、むしろイギリス情報省の輿論形成の強度を正当に評価していることは重要だろう。

> イギリスは、右の如き民主的方式の維持を通して長期戦態勢を整へつつあつたのであつて、燈火管制や児童避難の如き、直接国民の日常生活に関係ある問題については、特にその効果は大きかつたのである。（略）近代的総力戦に於ては、大衆層の者も、総力戦態勢を整へる上には重要なる要素なのであるから、何とかして大衆層の者をも、輿論の構成に参画させなければならないのである。(20)

大衆を輿論形成に参加させるため、またそうした大衆輿論が出来上がるまで「一時的の対策として、精神動員上、宣伝が重視される」べきだと断じている。つまり、英米の輿論研究を十分に学んだ米山は、当時量産された俗流「宣伝読物」とは異なり、ゲッベルス流の自己宣伝、「絶対の宣伝」などを信じてはいなかった。むしろ、米山が英独宣伝戦の教訓として主張したのは市民的《ブルジョア》輿論に対する「大衆に於ける輿論」の重要性である。卒業論文がイギリス労働党と輿論の関係を論じた「社会党の若干考察」であったことも、米山が市民的公共圏の限界を正しく理解できた理由だろう。

第四部「宣伝の概念・語源・語義」では、日本の宣伝論として戸沢鉄彦『宣伝概論』（中央公論社・一九四二年）と小山栄三『戦時宣伝論』のみを「闇夜に灯」と評価している。しかし、輿論指導を宣伝の下位概念として囲い込むドイツ公示学、つまり小山の宣伝論を米山は次のように批判している。

> 輿論は、むしろ、宣伝からは区別せらるべき、教育・啓蒙・討論の結果構成されるものであると解されるのであるから、宣伝が輿論の構成に、影響は与へ得るとしても、「輿論指導」の

手段、すなはち宣伝であると解することは出来ないのである。(21)

こうした戦時民主動員の発想は、思想戦の実践に関る提言、つまり第五部「東亜共栄圏と宣伝」においても確認できる。やみくもに「亜細亜よ、目覚めよ」と叫んだり、「日本文化」を押し付けたりする既存の対外宣伝に対して痛烈な批判を浴びせている。

一部の認識不足な論者は、依然として、日本の道義的声明を以て、最上の宣伝であると誤認し、極端なる楽観主義に陥つてゐるかと思ふと、他の一部の認識不足な宣伝実践家達は、ただ意味もなく、宣伝といふ言葉に陶酔してしまつて、やれポスター、やれ新聞、やれラジオ、やれ映画と、華々しくは見えるが、東亜共栄理想の実現には、何等貢献するところのない宣伝を、乱発してゐるのを見掛けるのである。(22)

その上で具体的な宣伝実践として、米山はアジアでの日本語普及についてこう述べている。

まづ、手始めとして、機械・技術の名称や商業用語を日本語で教へ込み、物の面から、次第に、東亜文化圏の一員たらしめるやうに、努めるべきであると思ふ。(23)

これこそ、戦後に「メイド・イン・ジャパン」商品として日本文化がアジア進出した戦略であった。あるいは、宣伝映画についても「独善的に、日本の景色や生活を描いた記録映画」を批判して次のように提言している。

或《ある》土着住民の青年が、日本へ留学し、その間に、日本の大産業や近代的諸施設を見聞し、また、或時には、日本の美しい人情風物に接し、彼は非常に偉くなつて、故国へ帰つて大成功をするといふやうな筋書の中で、日本を紹介すれば、一層有効であらうと思ふ。殊に、この場合、その青年が、日本へ留学して偉くなつたために、故国に帰つて恋の勝利者となつたといふやうにでも仕組めば、一層訴求力も強いのである。[24]

戦後、米山は日本を民主化すべく啓蒙映画を上映したGHQ民間情報教育局（以下CIEと略記）の顧問に迎えられるが、まさしく適材適所だったといえよう。

「ポツダム科学」の担い手

かくして、小山や米山の「戦時」宣伝研究は、摩擦なく「戦後」マス・コミュニケーション研究に接続された。ファシズム体制とニューディール体制は、行政管理的研究パラダイムにおいて総力戦体制の下位区分に過ぎない。

小山は一九四五年九月CIEから出頭命令を受けた。何度か書き直された小山の回想文は、それぞれ微妙に異なるが最も詳しい証言は以下である。

突然日比谷にあるGHQの司令部から至急出頭すべしとの命令を受けたのです。終戦当時私は文部省の民族研究所の第一部長をしていたので、てっきり追放のための取り調べと考え、憂鬱な気分で出頭しました。司令部の一室には米軍将校三名と速記者二名と二世の日本人一人とが威儀を正して座っていました。「あなたは調査した経験がありますか」、「世論を調べるにはどんな方法がよいでしょうか」、「全国民から標本をどうして選びますか」、「戦前から終戦にかけて日本の国民の世論はどう変化したでしょうか」がその質問の主な項目でした。当時日本には世論調査の専門家などは一人もいないのですからはっきりした世論調査の方法などを知って

> いるひとはいなかったのですが、幸いに私は戦争で米国から日本に引上げてきた知人がギャラップの「パルス・オブ・デモクラシー」を持ってきてくれたので、それを読んで私は予め米国の世論調査の技術を大体知っていました。
>
> 同じ月に突然、現在（一九七二年）労働大臣を勤められている塚原俊郎氏が拙宅を来訪され、「今度政府が世論調査を行なうことになったので是非その仕事を引受けてくれ」との話がありました。いろいろ話を伺うと国内広報に関しては当時文壇の大御所といわれた菊池寛氏、国外宣伝に関しては前時事通信社長の長谷川才次氏、世論調査に関しては私が参与として推薦されたのだということでした。[25]

当時情報局輿論調査課長だった塚原俊郎によれば、輿論調査課の設置後、「恩師戸田貞三先生に相談して小山栄三氏を顧問として迎えること」になったという。[26] 情報局とCIEは、ほぼ同時に宣伝研究の第一人者として小山に白羽の矢を立てたのだろう。

いずれにせよ、GHQ担当官からの質問、「戦前から終戦にかけて日本の国民の世論はどう変化したでしょうか」は、「戦中の世論」が日本に存在したことを自明の前提としている。だが一方で、小山が自らの世論研究を「アメリカ経由」と印象づけたかったことも読み取れる。G・ギャラップの『パルス・オブ・デモクラシー（民主主義の心拍）』（一九四〇年）を挙げているが、同書は刊行直後に『米国の輿論診断』（一九四一年）として翻訳されていた。[27] また、日米開戦後に刊行された松本潤一郎『社会理論』（一九四二年）には「輿論の測定」が含まれており、ギャラップ調査についても客観的に解説されている。

ギャラップの輿論調査の試みによつて、輿論といふ一見捉へどころのないものが科学的方法で研究せられるやうになつたのは、社会学上最も示唆に富むことであつて、もし氏の輿論調査の方法が正確なりとするならば、輿論そのものの社会的性質からして、われわれは今後立法、経済、文化、その他凡ゆる分野に亘つて政治や政策の方針決定上、科学的根拠を持ちうるやうになるに相違ないのである。少しく誇張していへば、ひろく政治一般が科学化せられるとさへ考へられるであらうと思ふ。[28]

松本潤一郎は戦時下の出版を統制した日本出版文化協会で文化局長をつとめた著名な理論社会学者である。小山が、ギャラップの訳本や松本の著作を知らなかったとは考えられない。あたかも輿論調査は自分がアメリカから仕入れたのだと言わんばかりの印象操作が読み取れる。恒常的な世論調査が戦後に制度化されたことは確かだが、はたして世論調査は戦後にアメリカから輸入されたといえるだろうか。

それにも関わらず、朝日新聞東京本社世論調査室の今村誠次はGHQ占領末期の一九五一年、次のように書いている。

わが国の民主主義が敗戦の落し子なら、世論調査もまた敗戦の落し子で、いわば平和日本の双生児だ。(略)このように民主政治の車の両輪の一つともいうべき世論調査は米軍の進駐とともに、その組織が促進され、昭和二〇年の末ごろから、文字通り雨後のタケノコのように、続々と誕生した。[29]

こうした世論調査関係者の自己主張を鵜呑みにするべきではない。実際、小山の輿論研究はドイツ経由で始められた。先に引用した回想の前段で小山は日本放送協会が一九四一年実施した「国民生活時間調査」への自らの協力を語っている。その当時厚生省人口問題研究所調査部長だった小山は、ドイツの社会統計学者G・フォン・マイヤーを引いて生活時間のタイプ分類を提言したという。マイヤーの主要著作の翻訳が刊行されたのは、大橋隆憲訳で『統計学の本質と方法』が一九四三年、高野岩三郎訳で『社会生活に於ける合法則性』が一九四四年である。その証言が正しいとすれば、小山はすでにドイツ語原著で読んでいたことになる。

小山は『広報学――マス・コンミュニケーションの構造と機能』（有斐閣・一九五四年）で一九五六年同志社大学より博士学位を授与された。その「学位論文審査要旨」で主査を務めた和田洋一は次のように書いている。

戦後のマス・コンミユニケーション研究の隆盛に先立つて、日本の新聞学樹立のための素地を作つた功績は、何人も認めねばならないところであろう。（略）広報なる言葉は、昭和廿二年四月公布の地方自治細則の中に、はじめて法律用語として用いられたが、広報の意味するものは宣伝とほゞ同一であつて、しかも必ずしも同一ではない。「広報」とは「マス・コンミユニケーションをコントロールして与論形成を行おうとする努力である」と著者は述べているが、パーソナルな、口から耳への宣伝ではなしに新聞、雑誌、パンフレット、ビラ、映画、ラジオ、テレビ等、マス・メデイアを通しての宣伝が広報である。[30]

ここでも「マス・コミュニケーション＝宣伝＝広報」と理解され、いずれの目的も「与論形成」であると明記されている。

米山桂三の場合も、同じようにアメリカ占領体制と適合的だった。敗戦の半年後、米山は『思想闘争と宣伝』と同じ目黒書店から『輿論と民主政治』を刊行している。その結論部「戦争と輿論」で、今次大戦の敗因が次のように分析されている。

戦争が総力戦的となればなるほど、異質化せる国民各層の戦争遂行への協力を必要とするので、輿論政治の確立こそは近代的総力戦遂行の鍵であると信ぜられる。（略）煽動――彼等はこれを戦時宣伝とか戦時輿論指導と呼んだ――によつて群衆化せる烏合の衆が、どうして近代「総力戦」の担当者たり得よう。これ等の国々が近代総力戦の敗者として一つ一つ戦線から脱落して行つたのも蓋し当然である。[31]

米山もその立場に何らの転向も確認できない。「戦中」精神動員の研究が「戦後」輿論参加の研究であることが確認できる。米山は「新聞研究所の設立にあたって」（『三田評論』第五九六号、一九六一年）で、終戦直後CIEに呼び出され、慶應大学に新聞学部を設置するよう指令を受けたことを回想している。米山は自ら新聞研究室主事となり、さらに一九四九年一月CIE世論社会調査課の顧問に就任した。一九五一年には、同世論社会調査課所属の日系二世・石野巌と共著で『広告の社会学』（電通広告選書）を刊行している。戦後の研究対象を小山は政府広報、米山は商業広告に求めたが、その出発点はいずれも戦時宣伝に他ならない。

もちろん、こうした連続性は日本やドイツの特殊事情ではない。ナンシー・スノーは、アメリカにおける情報政策とプロパガンダと世論操作は三位一体であり、第一次大戦のクリール委員会からブッシュ政権の現在まで一貫していることを見事に描きだしている。[32]「輿論／世論」を総動員する社会において、私たちはいまだ明確な「復員」を目にしてはいないのである。

「戦争民主主義」の科学

すでに述べたように、一般には世論調査を「戦後」民主化の産物と考えるのが定説である。GHQ情報政策から世論調査の成立を詳細に検討した川島高峰はこう書いている。

今日、我々が新聞・報道等で見聞するような世論調査のスタイルは戦後GHQが日本に導入したものであり、我が国において「科学的な」―あるいは、アメリカ的な―世論調査の歴史は僅か半世紀を有するに過ぎない。(略) 戦時下の日本では国論はあっても世論はなく、国策に沿わない言論は官憲取締の対象とされてきた。[33]

こうした文章を読むと、言論統制と世論調査は戦前と戦後を分断する闇と光の象徴と理解されがちである。それゆえ、メディア史の教科書で「世論の発見」[34]が論じられても不思議ではない。だが、本当に世論調査は「戦後GHQが日本に導入したもの」なのだろうか。

日本世論調査協会が編纂した『日本世論調査史資料』巻頭で同会長・林知己夫は、戦前の日本にも世論研究の系譜が存在することだけははっきりと指摘している。

第二次大戦前日本においても、世論、世論調査、世論とマスコミ等々の研究をされていた先覚の先生方がおられた。(略) しかし、世論、世論調査の問題が世の中に浸透してきたのは戦後と言ってよい。アメリカの占領政策の一環と思われるが、CIE（民間情報教育局）が世論調査のあり方、方法を指導したのである。しかも、彼等の本国でやっていない調査の理想をかかげて指導したのである。[35]

ニューディーラーたちが「本国でやっていない調査の理想をかかげて指導した」姿は、農地解放、財閥解体など他の民主化政策の一般的評価とも重なる。だが、世論調査の研究水準に限ってみると、敗戦時の日米格差ははたして桁外れのものだったろうか。そもそも、アメリカにおける「近代的」世論調査の開始はG・ギャラップによるアメリカ世論研究所設立の一九三五年とされている。翌年の大統領選挙でF・D・ローズヴェルト再選を的中させて、その「科学性」が注目された。I・クレスピによれば、ヨーロッパの世論調査は、イギリスで一九三七年、フランスで一九三八年に始まる。

第二次大戦勃発により一時的に世論調査の発展は中断したが、戦後数年は西ヨーロッパ全体で急速な拡大が見られた。[36]

この評価は、日本にもほぼ当てはまるだろう。関係者に広く意見を求める意味だけならば、「輿論調査」という言葉はすでに明治時代から使われていた。例えば、『明治三十八年二月仮名遣改定案ニ対スル輿論調査報告』(一九〇六年)は、文部省が各府県の師範学校に対して、仮名遣改定案への賛否を求めた結果の報告書である。[37]それとは別の「科学的な」輿論調査については、馬場恒吾は一九三九年五月二十八日付『読売新聞』でギャラップの大統領選挙調査を紹介し、我が国での本格的な導入を提唱している。

国家が何か大事業を始めてもそれに国民が共鳴しなかつた日には、その事業は旨く行かない。

だから、日本でもこの輿論測定方法を一度試験して見たらどうかと思ふ(38)。

その後、一九三九年九月の第二次大戦勃発以降、日本の新聞各紙はアメリカの欧州参戦に関するギャラップ社の輿論調査を何度も報道しており、「ギャラップ投票」は輿論調査の別名のように使われていた。たとえば、「〝支那に同情〟へ盲進」と見出しをつけた一九四〇年二月十七日付『読売新聞』のギャラップ調査報道である。「(日中戦争で)日本に同情するもの」二%に対して「支那に同情するもの」が七四%に達したことを報じ、「アメリカ輿論の悪化」は次のように解説されている。

この『ギヤロツ《(ママ)》プ投票』の投票者はアメリカ市民の各階級にわたり統計学的な基礎をもつてゐるので〝輿論の国〟アメリカの動向を探る好資料として各国でもその価値を重視してゐるものであるが、こゝに現れた数字と実際政治との間隔については主観的な判読を必要とする(39)。

日米開戦後もギャラップ調査の動きは中立国から同盟通信社を通じて配信されていた。たとえば、一九四三年二月二十六日付『読売報知』には「ブエノスアイレス廿四日発同盟・ニューヨーク来電」で「米国の第一の敵は何国か」を問うギャラップの調査結果が報じられている。

日本五十%、ドイツ卅四%、態度未決定十三%となり、日本を第一の敵とする米国人が圧倒的多数を占めてゐる(40)。

さらに一九四四年二月二十三日付『読売報知』は、「〝日本抹殺〟を輿論化」の見出しで前年六月十一日発表のギャラップ調査を紹介している(41)。

◇若し休戦を欲するとすれば日本と独逸の何れにするか?
「独逸との休戦に賛成」　六七%　「独逸との休戦に反対」　三三%

「日本との休戦に賛成」　八%　「日本との休戦に反対」　九二%

敗戦まで約半年、沖縄戦が間近に迫る一九四五年三月八日『読売報知』は、ローパー輿論調査を引用している。

先日、敵米「フォーチユン」誌輿論調査係として有名なエルモ・ローパーが対日戦に関し〝輿論調査〟を行つたところ、米政府の放送する〝短期終結〟論を妄信するもの卅二パーセントに対し〝長期戦〟説の信者が断然多く、一九四七年（昭和廿二年）内、あるひはそれ以後といふのが卅七パーセントでトツプを切り、一九四六年（昭和廿一年）内に終了といふのが十八パーセント、〝不明〟といふのが十三パーセントであつた（略）戦争の苦しいのはお互様で、最後の五分間を頑張つたものが勝ちと知るべしである。(42)

一九四六年終戦説を「長期戦」説と括るのは、どう考えても無理がある。しかし、戦時中から多くの日本の一般国民が輿論調査の数字を新聞で読む習慣を身に付けていたことは強調しておいてよいだろう。

しかもアメリカにおいてさえ、世論調査の技術的発展は第二次大戦の勃発が契機と考えられている。H・シラーは、戦争と世論調査の関係をこう述べている。

もともと世論調査は、商業的ニーズに応えるために生まれたものだが、第二次大戦の急務によってさらに洗練された。（略）マーケティングの必要が世論調査の生みの親だとすれば、戦争は調査技法の開発をうながす育ての親だった。第二次世界大戦の勃発によって、世論調査の技法にお誂え向きのさまざまな情報ニーズが生じた。(43)

そもそも世論調査がヨーロッパでなくアメリカで始まったのは、ラジオが広告料収入で運営される商業放送だったためである。メディア、すなわち広告媒体の効果を新聞、雑誌のように販売部数で計測できないため、クライアントへの説明材料としてラジオ聴取率を示す技術が必要とされた。確かに、世論調査会社の設立者たち、すなわちG・ギャラップ、E・ローパー、A・クロスレーは市場調査から世論調査に転進している。マス・コミュニケーション調査の確立者であるP・ラザースフェルドは一九三三年ウィーン大学からアメリカに移住した統計学者だが、社会調査技法の発展をこう回想している。

　戦争のおかげで、政府機関のサービスにかんする実証的な社会調査が激増した。兵士の態度、国民の士気、政府がおこなう宣伝の効果などが、差し迫った関心の的となった。学問研究と営利事業とのまったく新しい協力組織が、この任務を遂行した[44]。

また、アメリカで世論調査を含むマス・コミュニケーション研究が一九四〇年代に急成長した原因は、対ナチ参戦に向けた総動員体制に由来している。ギャラップと並び称せられるローパーは一九四二年から戦略サービス局OSS（CIA前身）の局長代理であり、ラジオ調査など関連研究に大規模な国防予算を注ぎ込んだ。原爆開発のマンハッタン計画と並んでメディア研究は、アメリカで軍産学の緊密な提携が成功した分野であり、戦後にその提携が解消されたわけではない。一九五七年ソ連が大陸間弾道ミサイル技術を獲得したスプートニク・ショック以後も、ギャラップはシンポジウムの席上、胸を張ってこう唱えた。

　われわれがロシア人にまさっている唯一の分野は、プロパガンダ案を予備テストし、実際の有効性を測る調査手法だと確信している[45]。

ギャラップにとって、世論調査が戦時宣伝と同じ地平に存在したことは自明である。日本と同じ敗戦国ドイツの世論研究では、H・ペットカーの「協力、継続、沈黙――ドイツにおけるコミュニケーション学のナチ遺産について」（二〇〇一年）の発表以来、いわゆる「ノエル゠ノイマン論争」が展開されてきた。戦後ドイツの世論研究をリードしたE・ノエル゠ノイマン教授の名著『沈黙の螺旋理論』（一九八〇年）は、彼女がナチ時代に行った研究に基礎づけられていたというのである。その結果、ドイツでも「戦後アメリカから輸入した」とされてきた世論調査や広報研究が、実際は第三帝国の研究から「密輸」されていたことが明らかになっている[46]。同じことは、日本の世論調査にも言えるのではあるまいか。「戦後アメリカからの輸入」を強調するため、戦時中の世論調査は故意に過小評価されてこなかっただろうか[47]。

戦時期日本の輿論調査

日本でマス・メディアが「輿論調査」と明記して実施した初期の事例として、『文藝春秋』一九四〇年新年号の「国民はかう思ふ――輿論調査」を見てみよう。「帝都を中心とした日本の最高文化水準に在る一地方」の一府三県六九六人の読者に調査票を送り全十問に回答を求めた結果である。編集部は調査目的を次のように述べている。以下の文章の「事変処理」を「民主化」に置き換えれば、そのまま敗戦後の世論調査の前口上に使うことが可能である。

この際緊急に、国民の意思を反映する良き政治が行はれることを期待し、国家の健全なる発展向上延いては目下極度に要求せられてゐる事変処理への国論の統一に資せんが為めに、この輿論調査を企画した[48]。

この第七問「対米外交は強硬に出るべきか」では、「強硬にでる」四三二人（六二・一％）、「強硬にでるのは良くない」二五五人（三六・六％）、「不明」九人（一・三％）となっている。総合雑誌の定期読者は「財産と教養」において一般大衆とは言えないが、それでも対米強硬論がすでに六割を超えていた。「日米戦は避けられると思うか」などを問う第二回目調査は翌一九四一年新年号に掲載されている。

もっと本格的な全国紙の輿論調査では一九四〇年五月大阪毎日新聞社・東京日日新聞社が実施した「中等校入試制度是非――輿論調査」が有名である。社告「本社の輿論調査」では「科学的方法」を宣言している。

　新聞報国をもつて念願とする本社は、常に正確迅速な報道とゝもに、輿論を正しき方向へ導かんことを期してゐる。（略）かく健全なる輿論の構成に努力しつゝある本社が、つねに慊《あきた》らず感ずるのは国民の声を正しく公器たる紙上に反映せしめ、これによつて輿論指導に資せんとする場合、いはゆる輿論を把握することの技術的困難に逢着することである。本社はこの難題解決のため種々考究の結果個々の案件につき、科学的方法をもつてすれば、ほゞ正しく国民の総意の方向を測定出来るといふ目安を得るに至つた[49]。

小中学校教員や受験生父兄など三〇〇〇人を府県別人口配分方式で選び出す割当法が採用され、質問票は社員による個別訪問面接法で回収された。ギャラップの調査も当時は同様な割当法であり、その意味ではサンプリング導入もアメリカに比べてわずかに五年の遅れと言えなくもない。同年十一月、大阪毎日新聞社は第二回「選挙法の改正」、十二月に第三回「戸主選挙制の可否」に関する調査結果も公表している。その記事にはサンプリング法の詳しい解説もつけられている。

　本社は選挙制度問題については昭和十四年十二月廿日確定の衆議院議員選挙府県別有権者数にもとづいて各府県別の比率を出し、被調査人員千名をその比率によつて各府県に割り当て、さらに昭和五年度国勢調査各府県職業別人口の比率によつてこれを　一・公務自由業、二・商業交通業、三・工業および鉱業、四・農業および水産業、五・無業者　の五種に大別し、これをさらに右の国勢調査職業小分類に基づいて各二種乃至七種の職業別に分ち、その結果得た数字によつて現行選挙制度による有権者を対象として右の質問要項を示して各地方とも本社員が調査員として回答を徴しておく方法をとつたのである（略）まづ当面の方法として比較的科学的な輿論測定方法と自負し得ると思ふのである。[50]

いずれも入試や選挙の制度改革をめぐる調査であり、「科学的な輿論測定方法」を盾に「政府案に反対　圧倒的多数」と打たれた見出しからも、戦後世論報道との連続性を読み取ることができるだろう。実際、こうした戦前の伝統により毎日新聞社は敗戦の三ヶ月後、一九四五年十二月GHQの指導が入る以前に「合理的」割当法による「知事公選の方法」輿論調査を発表している。ちなみに、この輿論調査を指揮した毎日新聞社（東京本社）初代調査室長は、東京帝国大学社会学研究室でドイツ新聞学を学んだ藤原勘治である。戦前に刊行された藤原の卒業論文『新聞紙と社会文化の建設』（一九二三年）の第五章「新聞紙の統制的機能」で、藤原は輿論をドイツ新聞学の観念的な公共性論から論じているが、輿論の量的把握の問題点も鋭く指摘していた。

> 輿論が多数の意見として実質的なるは、少くとも少数の承認を要する。少数の承認なき多数の意見は一時的の効力を有するに過ぎぬ。更に考ふべきことは信念の強度である。社会に於いて其の四十九パーセントの成員の抱く信念が、他の五十一パーセントの成員の信念に比して強烈なる場合、前者は其の数の割合に於いては後者に劣るとも、即時ではないが結局は其の社会を支配すべき社会的勢力を有つてゐるものである。(51)

必ずしもアメリカのマス・コミュニケーション研究を経由しなくてもドイツ新聞学を通じて同じような輿論調査は可能だった。この意味でも、一九四〇年に開始された毎日新聞社の輿論調査に「世論調査の一九四〇年体制」を見ることはできよう。戦時下の新聞各紙を注意深く読むと、『日本世論調査史資料』などが無視した戦時下の輿論調査が数多く存在する。主だった報道のみを年代順に列挙してみよう。

●一九四〇年三月、「輿論研究所」（林新太郎主宰・横浜市）は東京、神奈川の会社員・官吏ほか二百十三人を対象に、「代用食は経済的か」、「中等学校入学の新考査法は？」などを問う第二回目調査を発表した（一九四〇年三月二十七日付『読売新聞』）。

●一九四〇年七月、「全国大学教授聯盟輿論研究会」は東大・早大以下都下十大学の父兄、四万五千六百六十六人（有効回答一万千七百八十九）へ次のような調査を実施した。(52)

◇日本が蘭印の資源確保の為に米国がこれを妨げる場合、日米戦争を辞せざるや？
「遂行論者」六千四百二十八名、「回避論者」千三百二十四名、「無回答」四割

●一九四一年二月、奥村喜和男や美濃部洋次など革新官僚を中心とする「東亜新秩序研究会」は「指導者階級三千名」を対象とした「わが国初の輿論調査」を実施した。支那事変処理、東亜新秩序、現時局の具体方策を返信用封筒で送る方式で、一九四一年二月二十四日付『読売新聞』は「全体主義的政策をとる枢軸国には全くない試み」と評している。

●一九四一年五月、大政翼賛会宣伝部は生活新体制運動の計画を立てる参考にするため、各支部役員、各団体代表など約五千人に三項目の輿論調査表を送付した（一九四一年五月二十三日付『朝日新聞』）。

●一九四一年十月、大政翼賛会宣伝部は「最近の奉公日における申合せならびに実行事項」、「〔ラジオによる〕一斉常会に対する感想」、「奉公日、一斉常会に対する希望」の三項目につき、全国三千四十八の隣組に対して輿論調査を実施した（一九四一年十月十四日付『朝日新聞』）。こうした輿論動員を「『下から輿論が盛り上って来い』と、上から命ずる大政翼賛会」と風刺したのは、戦時下に言論で抵抗を続けた正木ひろしの個人雑誌『近きより』一九四〇年十一月号である[53]。

●一九四一年七月には、情報局も大規模な輿論調査を実施している。七月十六日発行の『週報』、『写真週報』には、読者層調査と輿論調査を兼ねた官製ハガキ、約三十五万枚が挟み込まれた。「『週報』への注文」「政府への希望」の二項目の回答は月末締切とされ、内閣統計局で処理される予定だったが、返信が七万通となった段階で一万通を抜き取り、中間報告が発表されている。配給制度の不満が多かったが、「銀ブラ連中から通行税をとれ」、「モボ、モガを取締れ」、「遊んでゐるお嬢さんを強制的に働かせろ」など取締り強化を求める意見もみられた[54]。

●国内だけでなく中国大陸でも、在満「某団体」が日本軍非占領地域の官吏・商人・学生など一千五百七十九名に発した輿論調査（有効回答一千五通）の結果報告が新聞で報じられた(55)。

抗戦の無意義と和平希望を縷々として述べた和平論者は全返信の九十九パーセントを占め九百八十九通、徹底抗戦の悪夢から未だ醒めぬものはわづかに七通といふ興味ある数字を示してゐる。

日米戦下の「輿論の世論化」

以上は日米開戦前に公開実施された輿論調査だが、政府の輿論指導の基礎資料とすべく非公開で行われた調査も存在する。その一つが情報局の「輿論動向並に宣伝媒体利用状況」調査である。アッツ島玉砕など敗色濃い一九四三年五月、全国地方小都市十九ヶ所で農村青壮年を対象に対面方式で行われた。その報告書は情報局『㊙大東亜戦争放送指針彙報』第二十七輯（一九四三年八月）として残されている。この調査資料を解説して太田昌宏は、次のように述べている。

日本の言論統制の時代でも、市民の健全な批判精神が、いわば地下水脈のように温存されていた状況を見出す時、これらの輿論調査が後世に語りかけているものを見過してはなるまい(56)。

残念ながら以下のデータから「市民の健全な批判精神」を読み取ることは、私には到底できないが、戦前の言論統制から戦後の民主主義につながる輿論調査の「地下水脈」を見出すことは可能である。興味深い項目だけを拾ってみよう。

①長期戦はどこまで続くか

「三年」 三・五％ 「五年」 一三・〇％ 「一〇年」 三九・七％ 「五〇年」 二八・九％

「五〇年以上」　三・五％　「不明」　一一・〇％

②長期戦についてどう思うか

「これでは困る」　二・三％　「どうでもよい」　二・五％　「まだまだやれる」　九五・八％

③米国に就いてどう思うか

「内から崩れる」　六五・六％　「益々結束する」　三四・三％

④米国の実力

「大したことはない」　二二・三％　「相当なものだ」　七五・一％

⑤国民生活は

「安定している」　七六・一％　「不安を感ず」　一六・一％

⑥米価

「高い」　〇・五％　「適当」　四七・九％　「まだ安い」　四七・六％

⑦労働力

「こんなに働かされてはかなはぬ」　三・三％　「まだ余力がある」　八一・二％

地方農村に特化した調査対象であること、農林省の農林統計調査員が集めた官製調査であることを考慮しても、驚異的な数字である。「長期戦」に関する①②は、認識ではなく期待と気分を問うている。戦争が十年以上続くと答えたものが七二・一％に達し、その上で「まだまだやれる」が九五・八％という数字はタテマエとしてもすごい。戦時下の国民生活は、サイパン陥落（一九四四年七月）後の都市空襲のイメージで回想されることが多い。それでも、この輿論調査の一年前にミッドウェイ海戦の大敗、三ヶ月前にガダルカナル撤退と、戦況はかなり悪化していた。だが、国民生活に関する⑤⑥⑦を見ると「普通の生活」が存在したことがわかる。一方で、「鬼畜米英」のスローガンとは別に、④「米国の実力」が正しく認識されている。ここでも、気分と認識の乖離、つまり世論と輿論の矛盾を指摘することは可能だろう。

真珠湾攻撃後の新聞紙上に大規模な輿論調査は確認できないが、輿論調査の形式を模した新聞のプロパガンダは確認できる。たとえば、一九二七年日米親善のためアメリカから全国の小学校に寄贈されたセルロイド人形の処置をめぐる学童アンケート調査がある。青森県西津軽郡鰺ヶ沢国民学校初等科五年生以上の生徒の回答が報じられている。

> 「破毀」　八十九名　「焼いてしまへ」　百三十三名　「送り返せ」　四十四名　「目のつく所へ置いて毎日いぢめる」　三十一名　「海へ捨てろ」　三十三名　「白旗を肩にかけて飾つておく」　五名　「米国のスパイと思つて気をつけよ」　一名

「これが仮面の親善使」のキャプションとともに大きく×印をつけた人形の写真も掲載されている。さすがに「児童の叫び」に「輿論」の文字を当てていないが、文部省国民教育局・久尾総務課長の談話が興味深い。

> もし飾つてあるところがあるならば速に引つこめて、こはすなり、焼くなり、海へ棄てるなりすることには賛成である、常識から考へて米英打倒のこの戦争が始つたと同時にそんなものは引つこめてしまふのが当然だらう、この人形の処置について児童に回答を求めるなどといふことは面白いこころみである

この「常識」は輿論というより「世論」というべきものだろう。その意味では児童は空気（世論）を正しく読んでいた。だが、この世論調査にもかかわらずというべきか、これを実施した西津軽郡教育会は「人形を一個所へ集め機会ある毎に児童らに見せて敵愾心を植ゑつける」という結論をだしている(57)。

いずれにせよ、戦時下の輿論 public opinion は限りなく世論 popular sentiments と一体化していた。日米開戦の直前、一九四一年十一月四日に閣議了解された「対英米問題に関する与論指導方針」は、次のように書かれていた。

与論ハ努メテ之ヲ自然的ニ昂揚セシメ且前途ニ希望ヲ抱カシムル如ク指導シ画一的形式ニ陥ラシメサルコトニ留意ス。

この文脈では「与論」はなお「よろん（輿論）」と読むことが可能である。だが、戦争末期の一九四四年十月六日に閣議決定された「決戦与論指導方策要綱」では様相は一変していた。

与論指導ハ国体護持ノ精神ヲ徹底セシメ敵愾心ヲ激成シ以テ闘魂ヲ振起スルコトヲ目的トシ国民ヲシテ知ラシムベシ倚ラシムベシノ方針ニ則リ特ニ与論生起ノ根源ヲ衝キテ之ガ適正ヲ期ス。

ここで「敵愾心ヲ激成」する「与論」は、本来なら「世論（せろん）」と書くべきものである。この「決戦与論」が「輿論の世論への動員」であるとすれば、戦後に必要だったのは「世論の輿論への復員」ではなかっただろうか。だが残念なことに、敗戦の混乱の中で復員すべき「輿論」の「輿」の字そのものが使用を制限されてしまった。輿論への復員は未だに終っていないのである。

第三章　輿論指導消えて、世論調査栄える

最近、漢字制限がおこなはれて輿論の代りに世論といふ言葉が使用されてゐるが、世論が輿論の持つ内容と一致してゐるかどうかはなはだ疑はしいやうに思はれる。元来、輿論といふ言葉は Public opinion, opinion publique, die öffentliche Meinung. の訳語であるから、それは公衆の言論を意味するものであつて、世論といふよりはむしろ公論もしくは衆論といふ方が妥当であると思ふ。（阿閉吉男「輿論とイデオロギー」一九四八年）[1]

情報局とGHQ民間情報教育局

戦後最初期の世論調査の意義を再考するために、世論調査における「戦中」と「戦後」の連続性を、その実施組織を通して確認しておきたい。前章で戦時中の輿論調査を紹介したように、輿論調査は「敗戦の落し子」、「アメリカ製輸入品」というより、「戦前からの密輸品」なのである。

輿論調査を担当した民間情報教育局CIEは一九四五年九月二十二日付一般命令第一八三号により「日本並びに韓国における公共情報、教育、宗教、その他の社会問題」に関する部局として設立された。同年十月、CIE局長K・R・ダイク准将は内部に調査情報課PI（後に世論・社会調査課POSRと改称）を設けると同時に、情報局第三部長・加瀬俊一に企画資料部輿論調査課の設置を示唆した。[2] 輿論調査課長の塚原俊郎は顧問である小山栄三と同じく東京帝大文学部社会学科の卒

業生であり、同盟通信社政治部記者を経て情報局に勤めていた。課員は情報局出身者が三分の二を占め、塚原、小山の人脈で東大文学部社会学科、同盟通信社、民族研究所から調査経験のあるスタッフが集められた。

とはいえ進駐当初、GHQはドイツ同様に自らの調査機関で輿論調査を直接実施する方針だった。実際、アメリカ合衆国戦略爆撃調査団は一九四五年十月から十二月にかけて「日本人の戦意に与えた戦略爆撃の効果」に関する大規模な聞取り調査を行っている。だが、ドイツでは住民の協力が得られず調査が難航した経験から、日本政府を指導して調査結果を利用する方針に切りかえた。

戦時下の言論統制を総括した情報局にCIEが輿論調査を委託したことは、情報とメディアの戦時動員体制が「八月十五日」で終らなかったことを象徴している。実際、治安維持法は一九四五年十月十五日で失効したが、新聞紙法は一九四九年まで存続した。情報局は一九四五年十二月三十一日の勅令第七三三号によって廃止され、各省に分割移譲された。

情報局が戦時態勢即応の宣伝強化の方途として発足を見たのは昭和十五年十二月一日で、それ以来戦争の勃発と共に国内宣伝に強固な指導を加へ、遂には完全なる報道取締機関と化してゐた、（略）情報局の設置が当時の時代の勢であつたとすれば解消もまた時代の勢によるものといへよう。情報局管掌事務は廃止と共に各省へ分割移譲されることになるが、その要領は国内新聞発表関係は内閣へ、国際関係（文化、報道）は外務省へ、国内文化関係は文部省へ、用紙配給関係は商工省へ、放送関係は逓信院へ、輿論調査関係は内務省へそれ〴〵移ることになつてゐる(3)

こうした看板の付け替えと同時に、GHQによる見えない検閲システムが導入された。「言論の自由」を掲げて進駐したアメリカ占領軍が行った厳しい検閲については多くの先行研究が存在するが、「公然たる検閲」と「検閲の存在すら隠蔽する検閲」のどちらが言論の自由に有害か優劣をつけることは難しい。ミシェル・フーコー流にいえば、権力の近代化とは公開懲罰から隔離隠蔽へ、介入権力から監視権力への発展である。その意味では、今日の私たちが警戒すべきは公然たる戦前型検閲よりも密やかな戦後型世論操作の方だろう。たとえば、言論弾圧史観の常識では、戦前の伏字（×××や○○○など）が弾圧の証拠であり象徴であると見なされることが多い。だが、こうした「伏字時代」こそ、ジャーナリズムがもっとも輝いた時代である。伏字は決して萎縮した言論の象徴ではない。勇気ある輿論は伏字で示されるタブーと両立していた。つまり、伏字は検閲の存在を読者に訴える手段であり、それによって隠された事実の重要性を公に論ずることができた。実際、戦前の雑誌から伏字が消えたのは、日中戦争下で戦時体制が飛躍的に強化され、情報局が校正刷の事前検閲を行うようになった一九四〇年十二月以降である。前章「戦後世論の一九四〇年体制」を踏まえて見れば、とき同じくして輿論調査の開始と伏字の消滅が起ったことも決して偶然ではない。さらにGHQは検閲の存在そのものも隠蔽しようとしたため、伏字を禁じたまま輿論調査を奨励した。だとすれば、仮に「公開的な輿論調査」がGHQの指導に由来するとしても、それは「隠蔽された検閲制度」とセットであったことを忘れてはならない。

情報局―内務省―内閣審議室の輿論調査

一九四五年十二月三十一日、情報局廃止にともない輿論調査課は内務省地方局に移管された。情報局情報官の肩書きは内務省調査官に改まったが、当時の情報局は内務省五階に間借りしており物理的な移動はない。一九四六年一月二十六日さらに総理官邸内の内閣審議室に移され輿論調査班となった。この段階で職員総数三十二名、世論調査のほかに一般政治情報の収集、新聞・出版・投書の分析なども行われた(4)。

この一九四六年には、米山桂三『輿論と民主政治』、小山栄三『輿論調査概要』、時事通信社調査局編『輿論調査』の順に輿論関係の図書が三冊刊行されている。いずれも情報局の遺産とよぶべき出版物であり、『輿論調査』には米山と小山がともに論文を執筆している。同書は実質的に内閣審議室輿論調査班の公式入門書として、その後の輿論調査を方向づけた。

米山も自らの輿論研究の一貫性に自信があったようで、敗戦後も自著『思想闘争と宣伝』(一九四三年)を引用してこう述べている。

私は太平洋戦争中も、民主政治、即ち輿論政治の国たる英米の強さにつき警告し続けてゐたが、それは英米の戦争遂行施策には、恒に「真実」の報道を通して構成された「人民の輿論」の裏付けがあることを指摘せんがために外ならなかつた。反之、わが政府当局のとつた欺瞞政策は個人の生活に於てさへ自づからを傷付ける行為であるが、まして国家生活に於ては、これよりも甚だしき自殺行為はない(5)。

『思想闘争と宣伝』はもちろん反戦平和を唱えた著作ではない。聖戦完遂のために合理的な輿論動員を提唱した内容だが、米山も小山同様、終戦直後ＣＩＥに呼び出され慶應義塾大学に新聞学部を設置するよう指令を受けた。

米山の『輿論と民主政治』が主に輿論の政治理論を扱ったのに対して、小山の『輿論調査概要』は輿論測定法の解説書である。しかし、その第三章「輿論指導と宣伝」は序文で書いているように『宣伝技術論』（一九三七年）からの再録である。小山もまた自らの戦時宣伝研究を隠す必要を感じていなかった。

> 宣伝とは簡単に申しますと、如何にして輿論を一定の目的に集中させるかといふ「輿論指導」の手段を指すのであります。もつと詳しく申しますと、暗示作用を通じて他人の社会的行動・思想を支配しようとする行為の総体を宣伝といふのです。それで宣伝の理論は、民衆の行動に一定の方向を与へる——宣伝する人の目的・企図に適合した——社会統制の根拠を如何にして把握するかといふことが根本問題になると思ふのであります。[6]

『輿論調査』は、一九四六年夏に東大・慶應・明大の学生を集めて開講された「輿論調査の特別講座」を再録したもので、東京帝国大学教授・戸田貞三「社会調査の方法と技術」、小山栄三「米国の輿論調査法」、明治大学教授・佐々木吉郎「市場調査と輿論調査」、内閣参事官・吉原一真「輿論調査の任務と課題」、米山桂三「民主政治と輿論指導」と並び、内閣審議室輿論調査課長・塚原俊郎の「結言」で締めくくられている。輿論調査の官学合同綱領と呼ぶべきだろう。塚原は、輿論調査はサンプリングによる「動態的な国民投票」であると定義している。

> そこで民衆に沈潜してゐる公正な意見を卒直に表明するやうな方法を講じ輿論として暢達す

ることが必要になつてくる、国民全般の幸福を目指して意見を主張する民主的態度、各人の自由な意見が一体化されて輿論を形成することがわが国当面の一番大切なことであつて一般輿論を政治に反映できなければデモクラシーより衆愚政治に堕する怖れがある。(7)

「輿論として暢達する」から連想される「言論暢達」は、朝日新聞社副社長だった緒方竹虎が一九四四年七月二十二日小磯内閣の情報局総裁に就任した際、情報局の任務として唱えた聖戦完遂のスローガンである。緒方は「下情上通」の場としてラジオ番組にも《巷の声》を登場させた。《巷の声》は新聞の投書欄に相当するが、内容は官民、各職域の「建設的」意見の表明に終始したといわれている。もっとも、今日でも新聞の「声」欄に「建設的」意見以外の一般民衆のホンネが掲載されているか、といえば疑問であるが。いずれにせよ、目標は「聖戦完遂」から「民主化」に替わったとしても、「言論暢達」における総動員体制の語感は持続している。この文章は新憲法公布前に書かれており、「各人の自由な意見が一体化されて輿論を形成すること」で天皇制の国体護持を意図していたことは明らかである。つまり、「各人の自由な意見」とはポツダム宣言第十二条の文言を指している。

前記諸目的ガ達成セラレ且日本国国民ノ自由ニ表明セル意思ニ従ヒ平和的傾向ヲ有シ且責任アル政府ガ樹立セラルルニ於テハ聯合国ノ占領軍ハ直ニ日本国ヨリ撤収セラルベシ

その意味では戦後の輿論調査はポツダム宣言の落し子といえるだろう。同書所収の小山論文は、より直截にこう述べている。

然らばポツダム宣言が儼として要求してゐる「自由に表明せる人民の意思」、即ち輿論は如

何にして認定されるでせうか？(8)

吉原論文も同じことを次のように繰り返している。

　即ち世界の輿論としてポツダム宣言は、日本国民が自由に表明せる意志《ママ》に従って平和的傾向を持つた政府を樹立することを要求しました。デモクラシーが実現されるためには自由な人民の意志《ママ》に基礎を置いて輿論の動向に準拠した政治を行ふことにより新日本の再建が行はれねばならないのでありまして、国民投票（レフエレンダム）が必要とされる所以であります。(9)

つまり、彼らがポツダム宣言を念頭に国体護持を強く意識して輿論調査を実施したことは疑う余地もない。それから二十年後、一九六六年自民党広報委員長から佐藤栄作内閣の総理府総務長官として初入閣した塚原は、敗戦直後の輿論調査の意義をこう述懐している。

　世論調査の意義はこうした〔敗戦の打撃と占領下の特殊事情から何も云えない〕日本人の気持をありのまま訴えることである。「日本政府に」というより、あるいはむしろ「連合国軍に」対してであったかもしれない。街には食糧デモが起り、軍事裁判がとり沙汰され、そして山下大将や本間中将処刑のニュースは、日本人の心に大きな影響を与えた。にもかかわらず、こうした問題の世論調査を行なうことははばかられた時代であった。(10)

輿論調査はGHQに対する切り札であったため、「輿論調査こそアメリカン・デモクラシー」という神話は必要以上に高く振りかざされた。かくして、一九四六年四月十一日内閣審議室は全都道府県に四六六名の調査員を配置するという「輿論調査地方機構設置要綱案」を作成したが、この案は六月一日、CIEによって却下された。

充分訓練せられたる人員を具有し、且つ剴切なる運用機構その他の必要な設備が整備せられる時期に至るまでは、本案並に日本政府による如何なる調査事務も総司令部が承認しないことを日本側に明示した。[11]

直接の原因は、同年五月の食糧メーデーに対しデモを禁止したマッカーサー声明に関する輿論調査を、内閣審議室が各新聞社に要請したことに由来する。ＣＩＥは占領政策の是非を国民に問う試みを見逃さなかったわけである。しかし、わずか五ヶ月後、新憲法公布の一九四六年十一月には「非政治的事項」の調査を行うことが認められている。

とはいえ、輿論調査という「国民投票」で国体護持をめざした『輿論調査』の執筆者たちが政治的に反動だったというわけではない。たとえば、吉原参事官の論文はマルクス主義的用語も多用されており、革新官僚的側面が強く表れている。その意味ではＣＩＥのニューディーラーと彼らが意気投合したことも偽りない事実だろう。吉原が一九四六年に夢見た「輿論の世紀」は、高度経済成長により達成された「一億総中流社会」と通じている。

封建的経済機構のヘゲモニーを掌握する財閥の解体により中小資本の経済活動の自由が保障せられ、更に土地革命による農民の解放及び勤労者の生活擁護の主義のため労働組合の結成が認められ、階級分裂止揚への第一歩をふみだしたのであります。かうして輿論形成の前提として言論自由の確立、人種的に朝鮮、台湾の分離、階級宗教の分裂も次第に調整せられここに翹望された輿論の世紀が旱天の慈雨の如く到来しようとしてゐるのであります。輿論調査の任務と課題もまたそこから出発するものであると私は考へます。[12]

つまり、敗戦を好機として植民地を切り離し、格差の少ない均質な社会国家を打ち立てようとした革新官僚のヴィジョンとして「輿論立国」が語られている。この理想を共有する人々にとって、輿論概念の批判的検討などはどうでもよいことであった。ただ日々の国民投票を「科学的に」行うこと、その実践が神聖な務めと考えられた。「国民の存在は日々の国民投票なのです」、いうまでもなく、それは普仏戦争に敗れたフランスでE・ルナンが唱えた主張である。つまり、輿論調査は敗戦国日本がアメリカ占領軍の前で公然と主張できた愛国の錦旗であった。

当用漢字表による「文化の民主化」?

以上、一九四六年十一月三日新憲法公布までの展開を当時の表記に従って「輿論」と記述してきた。その二週間後、十一月十六日内閣は当用漢字表を告示し、「輿」の使用が制限されることになった。第一章で述べたように、明治以来「輿論《よろん》」public opinion と「世論《せろん》」popular sentiments は別のニュアンスで使われた言葉であった。この漢字制限が招いた混乱によって、今日まで各種辞典で記述が異なり、誤まった説明さえ行なわれている。(13)

文部省国語審議会が漢字制限を求めた大義名分は、「文化の民主化」であった。アルファベット二十六文字を組み合わせる英語に比べて、大量で難解な漢字表記が文化格差を生み出し、ファシズムの温床となったという文化批判は当時流行していた。たとえば、一九四五年十一月十二日付『読売報知』の社説「漢字を廃止せよ」は次のように述べている。

現在日本の常用文字たる漢字がいかにわが国民の知能発達を阻害してゐるかには無数の例証がある。特に日本の軍国主義と反動主義とはこの知能阻害作用を巧に利用した。八紘一宇などといふわけの解らぬ文字と言葉で日本人の批判能力は完全に封殺されてしまつた。（略）漢字を廃止するとき、われわれの脳中に存在する封建意識の掃蕩が促進され、あのてきぱきしたアメリカ式能率にはじめて追随しうるのである。[14]

漢字の廃止と簡単な音標文字の採用を主張した『読売報知』は、さらに翌一九四六年二月十八日の社説「国語の民主化」でローマ字化を「日本民主々義革命」の一大任務と位置づけている。同年三月来日した第一次アメリカ教育使節団も報告書でローマ字化を提唱しており、CIEは国語審議会に対して「国語の簡易化」に向けた圧力をかけていた。[15] その意味では、当用漢字表の制定にも「GHQの影」が存在したことは確かである。

国語審議会委員として表音化への反対を続けた舟橋聖一は「国語問題と民族の将来」（一九六一年）で次のように回想している。

戦後、このように国字の過激な改革が行われたそもそもの震源地は、アメリカ教育使節団による勧告である。これが為政者、官僚、学界、新聞界等に与えた衝撃は、小さいものではなかった。今まで、表音化に反対していた学者連もはや、何をか云わんや。アメリカがそういう政策を持する以上は、今更ら表音化に反対したところではじまらない。進んで節を曲げ、改宗転向するに如かずとばかり、学者、識者の寝返り的行為がつづいた。国語学や言語学、或は漢文学の旧来の権威者たちまで、その造詣深い学問と教養を、あきらめよく放棄して、この愚民政策の方向に同調した(16)。

こうした状況下にあっては、とりあえずは一八五〇字を守り抜いた当用漢字表に異を唱えることは誰にとっても困難だったはずである。舟橋によれば、さらなる表音化の推進を頓挫させたのは「世論」の強い反対だったという。当然ながら、舟橋はこの論文を『国語の伝統』(一九六五年)に再録するに際して、この尊重すべき世論をすべて「輿論」に書き改めている。

さらに言えば、漢字制限の流れは、必ずしも敗戦の外圧に起因するともいえない。舟橋自身が論文冒頭で「賤民政策」と厳しく批判しているが、戦時中には南方占領地に日本語を普及させるべく情報局を中心に「日本語簡易化」が構想されていた。つまり、言論統制と世論調査が連続的であるように、「当用漢字表体制」は総力戦体制の効率主義パラダイムの上に成立したとも言えるわけである。

いみじくも、当用漢字表で制限された「輿論」を「世論」に書き換えるよう新聞社側に提案した内閣参事官・吉原一真は、情報局出身の官僚だった。その回想は、登場人物のほとんどが存命だった一九六六年に公表されており、信憑性の高い証言だろう。ここでは吉原証言を中心に経緯を再現してみよう。

新聞用字「世論」の起源

当用漢字表で「輿」が制限されるとの一報を聞いた吉原は、驚いて国語審議会委員である共同通信社連絡局長・滝口義敏に電話をしたという。

滝口「まさに事実である。その漢字を使用する熟語の多寡が基準となっているので、輿の字は輿論・輿望などのほか、あまり使用される熟語らしい熟語がない。そこで輿の字も制限の達象となる。」

吉原「民主主義の今日、新聞や雑誌では輿論という言葉ほど頻繁に使用される熟語は他にない。いわば民主主義という言葉をやめてしまうようなものである。熟語の多寡よりも、一つの熟語でもその使用頻度を考えることを基準とすべきではないか。」

滝口「審議会ではその論理でがんばってみたが、審議会で当初定めた基準や原則を自らまげることができず、制限されることになりそうだ。」

吉原「共同ではこれからどうされるのか。」

滝口「実は正直のところ困っているのだ。とりあえず、同義語の民論とか公論といった熟語を考えているのだが、民論調査とか公論調査では何となくピンとこない。輿論は英語のPublic Opinionだから公論が同義語だが、どうもニュアンスのちがいというものはいたしかたのないものだ。」

吉原「これは全く個人的な意見だが、世論を従来発音されてきたよろんのあて字として使うことはできないのか。もちろん、輿論と世論とでは意味は全く異り、或いは逆の印象になるかもしれないが」

滝口「音訓混読は、やはり国語審議会の原則違反なのだ。世論はせろんとしかよめない。」

こうして、吉原は釈然としないまま「輿論」の使用制限を受け入れた。当用漢字表が告示された翌週、一九四六年十一月二十四日付『朝日新聞』投書欄「声」に国語審議会幹事長・保科孝一による「新しい漢字表」が掲載されている。そこで保科は当用漢字の選定理由を述べた上で、「代用語の考えられるものは省く」という原則の実例として、「輿論→民論・公論」を挙げていた。この段階では、「輿論」という言葉そのものが抹殺されようとしていた。輿の字にとって不幸だったことは、一九四五年十二月十五日にGHQが発した「神道指令」(国家神道、神社神道ニ対スル政府ノ保証、支援、保全、監督並ニ弘布ノ廃止ニ関スル件)により、「神輿《みこし》」を使用する神社関係者が沈黙を強いられていたことだろう。

吉原のもとには、毎日新聞社輿論調査課の三宅英一からも照会の電話があった。

三宅「輿論の輿の字がなくなるが政府の輿論調査はどうするんだ。」

吉原「今のところ、定った見解はないので、従来そういう場合は、平仮名を使っている。だから、よ論ということになると思う。」

しかし、吉原は「公的な答」として「よ論」という仮名まじり案を示した上で、前日、滝口に話した「私見」をもう一度提案してみることにしたという。

吉原「三宅さん、私見だが世論はどうだろう。せろんは戦時中〝世論にまどわず〟などと流言蜚語か俗論のようにいわれ、よろんは〝輿論に基づく民主政治〟と、全く逆の建設的なニュアンスだから問題だとは思うが、いま輿の字がなくなると、よろんという言葉は後世に残らなくなるだろう。新聞が世論の文字を使えばその宣伝力で世論が普遍化するのではないか。十年の歳月をへれば、世間では世論をせろんとよむだけでなく、よろんとよむ人ものこるだろう。もちろん、潔癖な国語尊重論者はそれはせろんだと主張するだろうが、そうなれば形を正すだけで中味が異ることに目をつぶることになるのだ。」

三宅「おもしろい。皆と相談してみよう。(17)」

その結果、翌日の『毎日新聞』朝刊紙面にはじめて「世論調査」の文字が登場し、吉原は吃驚したという。毎日新聞社史によれば、最初に「世論」を使用したのは一九四六年十二月八日の記事である。(18)教員ストに対する文部大臣記者会見記事に「世論がさばく」の見出しが打たれている。この翌日、十二月九日『朝日新聞』も「新円対策調査」報道ではじめて「世論調査」の文字を使用している。(19)新聞社が当用漢字表の制限に従順だった理由の一つは、活字を減らすことで製作効率を上げることができたためである。そもそも第一期から第五期まで国語審議会会長をつとめたローマ字運動家・土岐善麿は、一九一八年入社から一九四〇年定年退職まで東京朝日新聞社の社員だった。

その当時、吉原と面談した米山桂三は「新聞社はうまい言葉をつくるものですね。世論をもって輿論におきかえてしまった」と感嘆したという。吉原は「その功罪を顧みて、ひそかに一半の責任を感じたような気がしたものである」と書き残している。毎日新聞社史は次のように総括している。

> 世論という漢字を「せろん」だけでなく、「よろん」とも読むようになったのは一九四六（昭和二十一）年暮れ以降、毎日新聞が使用し始めたのが皮切りである。（略）当時の本社輿論調査部員・宮森喜久二が「輿論」から「世論」への切り替えを朝日新聞に提唱し、共同歩調をとったことが統一使用のきっかけとなった。世論を「よろん」と読むようになったのは、戦後の民主主義が背景にある。従来、「世論」は戦時中、「世論（せろん）にまどわず」などと流言飛語か俗論のような言葉として使われていた。これに対して「輿論」は「輿論に基づく民主政

治」など建設的なニュアンスがあった[20]。

ただし、吉原証言を信じるならば、「世論を『よろん』と読むようになったのは、戦後の民主主義が背景にある」とは言い難いはずである。もっとも、「戦後民主主義」を否定的なニュアンスで軽率民主主義とでも解すれば別の話だが。また、次のような別の証言もある。朝日新聞大阪本社で当用漢字処理を担当した百瀬千仭（後に国語審議会委員）は、東京本社に輿論の代用語として「世論」と書いた用語集を送った。それを担当者が「輿＝世」と錯覚して東京で「ヨロン」と読まれるようになった。それを後日知った百瀬は、「まさか」と驚愕した、という[21]。この場合も戦後民主主義が背景なら、それは蒙昧民主主義である。

文化庁の見解では、公用文関係で「世論」がはっきりと現れたのは、一九五三年十一月に制定された文部省の「用字用語例」であり、ここで「輿論」の項に「言いかえ・書きかえ例」として「世論」が正式に書きこまれた[22]。新聞業界が「世論」への書換えをリードしたことは確実である。

だが何より重要なことは、「輿論」の消滅が新聞の使命に及ぼした影響だろう。「世論」と新聞表記されるようになった結果、民主化のスローガンとしても使われていた「輿論指導」という理念も紙面から消えた。終戦直後、朝日新聞社は「輿論の指導」を次のように使っていた。一九四五年十一月七日の有名な社告「国民と共に立たん」と同時に掲載された社説冒頭である。

> 天下の公器を自称する新聞が、今後激流に棹し、あくまで国民輿論の指導機関たるの役割を果すためには、先づ自らの戦争責任を明かにしなければならぬこと論ずるまでもない[23]。

しかし、「国民輿論の指導機関」、あるいは「輿論指導」という表現は、「輿」の字の退場とともに新聞紙面では使われなくなった。それまで「世論に惑はず」の軍人勅諭を暗誦させられてきた国民に向けて、「世論指導」と書くことはさすがに出来なかったはずである。だとすれば、新聞が「天下の公器」を名乗るかぎり、「輿論指導」という理念は必要だったのではないか。輿論（公論）は指導すべきものであり、世論（雰囲気）は誘導するものである。世論（空気）は操作できても指導できない。ここにおいて「輿論を指導する新聞」の理想は消えて、「世論を反映する新聞」の現実が残った。当然ながら「世論形成《せろんけいせい》」はありえても、「公議世論《こうぎせろん》」はありえない。さらにいえば、「輿論指導」の消滅によって「自らの戦争責任を明らかにしなければならぬ」理由も消えたのだろう。「輿論を指導する新聞」には責任が問われるが、果たして「世論を反映する新聞」に責任が問えるだろうか。

ちなみに、GHQの占領下で文部省が制作した教科書『民主主義』上巻（一九四八年）において、新聞は「世論の忠実な反映」であり、「世論を正しく指導すべき」だとされている。このテキストの索引で「世論」は「セ」ではなく「ヨ」の項に割り振られている。教育現場で「世論」を「よろん」と読む便法が定着する上で大きな意味をもったはずである。

　現代の発達した宣伝技術で、いちばん大きな役割を演じているのは、新聞と雑誌とラジオである。その他、ポスター・ビラ・映画・講演などもよく利用されるが、今言った三つは特に重要であり、中でも新聞の持つ力は最も大きい。新聞は、世論の忠実な反映でなければならない。むしろ新聞は確実な事実を基礎として、世論を正しく指導すべきである。しかし逆にまた新聞によって世論が捏造されることも多い。(24)

もちろん、「世論」（空気）を忠実に反映することは可能だろう。だが、「輿論」（公論）ならともかく「世論」（空気）を正しく指導するのは至難なのではないか。

輿論調査協議会から国立世論調査所へ

一九四五年九月十日、毎日新聞社は情報局輿論調査課の設置より早く輿論調査室を立ち上げていた。しかし、同年十月二十日付『毎日新聞』に掲載された「本社輿論調査」の文章は、一般読者への啓蒙的解説というよりも、CIEへの自己アピールの性格が強い。GHQの覚書「日本ニ与ウル新聞遵則」（いわゆるプレスコード）は一九四五年九月十九日に通達され、同年十月五日から『毎日新聞』を含む在京五紙は事前検閲を受けていた。

> 過去十数年来軍官の弾圧によつて不当に眠らされてゐた国内輿論は今こそ活潑にゆり起され新日本の正しい意味における推進力とならねばならない、この時機に際して本社では今後生起すべき国民生活上の重大問題に関する輿論の動向を調査し、以てわが為政者をしてその方途を誤らしめず、併せて国民政治教育の一助とすることにした(25)

いうまでもなく「日本国民の政治教育」はCIEの所管であり、その手足となることを誓ったようにも読める。それは「戦争協力」の責任追及に怯えていた新聞社にとって、戦後体制で自らの必要性をアピールするまたとないチャンスでもある。

毎日新聞社に一ヶ月遅れて中部日本新聞社輿論調査室、十一月には朝日新聞社輿論調査室、共同通信社民論調査班、さらに一九四六年一月に読売新聞社輿論調査部、時事通信社調査室が次々と設立された。新聞社以外でも輿論調査組織が次々と設立され、一九四六年八月のＧＨＱ調査では、新聞社三十三社のほか八社の専門調査会社を含む五十六調査組織がリストアップされていた[26]。こうした輿論調査のブームを朝日新聞社説「輿論調査の検討」は次のように批判している。

> 時流に乗つて、輿論調査なるものが近来しきりに流行し出した。民主主義的な国政の運用に、輿論を尊重すべきは云ふまでもない。それだけに、輿論の測定は、科学的調査方法によつて、慎重に行はれなければならぬものであつて、断じて軽々しくやるべきものではない。まして輿論に非ざるものが、輿論の仮面を冠つて、輿論であると銘打つて現はれる如きは、無益有害であるのみならず、非常に危険極まることである。マツクアーサー司令部でも、対日占領政策を実施するに当つて、日本人が一体何を考へてゐるかを判断するのに非常な苦心を払つてゐると聞く。今度同司令部内に、日本輿論調査機関を設置する由であるが、それに関してダイク代将は『これは下手にやるとかへつて逆効果を来す惧れもあるので、米国から専門家の到着を待ち十分準備を行つてから開始する予定だ』と語つてゐる。輿論の国であり、輿論調査の元祖であるアメリカでさへ、かく慎重な態度を採つてゐる[27]。

つづけて、同社説は「知識層や都会人」に偏る投書を「国民の輿論なりと即断」することを否定し、ギャラップ調査の科学性を称賛している。この社説は、戒めの文章で結ばれている。

> 敗戦によつて在来のあらゆる価値が大転換し、国民の思想感情も疾風怒濤時代の中に混沌として、再建の急務にも拘らず、帰趨に迷つてゐるのが現状である。この混沌の中から、輿論の

真姿を探りあてることによつて、再建の示標たり得るのである。あてずつぽうの非科学的、非良心的なやり方ならば、かゝる輿論調査は寧ろ無い方がよい。科学的調査と合理的判断、そして予め定められた意見や希望によつて、着色歪曲せぬことが、絶対に必要である、輿論調査熱の勃興に際して、敢て警告する所以である。

正論ではある。しかし、「敗戦によって在来のあらゆる価値が大転換」したという認識は、はたして「科学的調査と合理的判断」に基づくものであったかどうか。この社説が書かれた一九四五年十一月に限れば、第十一章で論じる「天皇制輿論調査」を含め戦前からの心情の連続性を否定する輿論調査はほとんど見当たらない。

「世論民主主義」の日米合作

いずれにせよ、CIEが一九四六年六月に内閣審議室による輿論調査を禁止した背景には、新聞各社の調査体制の整備が進んだこともあっただろう。新聞社による輿論調査の実施をCIEが奨励した最大の理由は、広汎な読者網をもつ新聞を占領統治システムに組み込むためである。CIEで日本の世論調査関係者を教育、あるいは再教育した人物は、一九四六年四月にCIE世論社会調査部に着任したH・パッシン中尉である。パッシンは日米開戦時にはノースウェスタン大学で人類学の講師だったが、農業経済局で社会心理学者R・リカートの世論調査に加わった後、日系人収容所の所長をつとめた。進駐後は福岡で電信検閲を行っていたが、世論調査の経験を買われてCIEに招かれた。彼がCIE顧問に鈴木栄太郎や小山隆など民俗学者・人類学者を多く招いたのも、彼の経歴と関連している。[28] そして本来、人類学者であるパッシンが民族学でフィールド調査経験をもつ小山栄三と意気投合したとしても不思議ではない。両者の交流によって、アメリカのCIE人脈と日本の情報局人脈は結合し、後に「パッシン・スクール」と呼ばれた新聞世論調査ネットワークが形成された。

パッシンは、アメリカから専門家を招いて「輿論調査協議会」と呼ばれたセミナーを催した。内閣審議室輿論調査班スタッフ、朝日、毎日、読売、日経、共同、時事、NHKなどメディア関係者、輿論科学協会など民間調査機関、米山桂三、戸田貞三など研究者が集められ、一九四七年三月二十五・二十六日首相官邸で開催された。[29]

この日米合同会議を契機として、一九四八年一月日本世論調査協会が発足する。もちろん参加者の多くは戦中の総動員体制の中で輿論指導・世論操作に関っており、ここで初めて世論調査を学んだわけではない。

民間研究機関の中心である輿論科学協会からは、兼子宙、久保良敏、池内一、牧田稔の四名が参加している。輿論科学協会は一九四六年十一月、旧海軍技術研究所の戦争心理対策本部スタッフで東京帝大文学部心理学科出身の兼子、久保、池内らが中心となり、戸田貞三を会長にして組織された。[30] なお、兼子宙や池内一の世論研究が海軍の戦時心理研究に由来することはよく知られている。[31] その設立資金は「農村世論の動向」把握の名目で農林省から支出されていた。戦時下に農林省が全国配置していた農村情報調査員制度がGHQから廃止を命ぜられたため、その予算百五十万円が充てられた。[32] とすれば、前章で紹介した一九四三年の情報局輿論調査の系譜にも直結している。

彼らは戦時下からベルリン大学教授K・レヴィンの著作を通じてゲシュタルト心理学を研究していた。ユダヤ系のレヴィンはナチズムを逃れて一九三三年アメリカに渡り、大戦中はマス・コミュニケーション研究を指導した。海軍で戦意高揚や流言蜚語の調査研究を行っていた彼らは、レヴィンを経由して世論調査技法を体得していた。そのため、輿論科学協会はギャラップのアメリカ世論研究所よりも一年早く無作為抽出法で選挙予測調査を行い、一九四七年三月東京都知事選で投票結果を見事に的中させている[33]。

一九五〇年、パッシンは小山栄三とともにアメリカ世論調査協会年次総会に出席し、「日本における世論調査の発展」を報告している。それを要約すれば、日本の世論調査は占領軍の民主化方針のもとで育成されたが、初期の世論調査関係者はサンプリングの知識が全くなかったため、占領軍が技術面で積極的に援助した、となる[34]。しかし、これは日米合作による「ポツダム民主科学の神話」ではないだろうか。

パッシンはサンプリング技法が日本には存在しなかったと強調している。だが、サンプリングとは恣意性を排して全体（母集団）を忠実に再現する統計技術であり、世論調査に適用される以前から各分野で使用されていた。それゆえ、サンプリングはアメリカの発明ではなく日本へ「戦後に輸入」されたとも言いがたい。すでに一九二〇年に日本で実施された第一回国勢調査で、内閣社会統計局は一〇〇〇分の一の無作為抽出標本を作製して概観報告を行っていた。この調査報告はイギリスの統計学者A・L・ボローレーによって戦前に国際的学術誌で広く紹介されており、「わが国が社会調査へのサンプリングの適用において世界的にみても先進的位置を占めていた[35]」との指摘もある。ちなみに、文部省統計数理研究所が設置されたのは「戦中」の一九四四年六月である。とはいえ、日米合同の協議会が世論調査の技術的普及の正当化に果たした役割は大きかったといえるだろう。すでに一九四六年十月、「国立輿論調査研究所設置に関する建議」は第九十回帝国議会を通過していたが、それが設立され世論調査班が内閣審議室から独立するのは一九四九年六月一日である。この国立世論調査所の所長に就任したのは小山栄三である。小山はこの組織について次のように証言している。

日本民主化の占領政策の一環として総司令部〔GHQ〕から当時まだ廃止されていなかった情報局の河相総裁に「米国には世論調査の専門機関——戦時中は米国には七つの政府世論調査機関が活動していた——があって常時世論の動向を調べて政府の参考としているのだから民主化しようとする日本でもかかる機関を作ったらどうか」との勧告に基づいたものであるとのことでした。(36)

事実関係よりも、ここでは小山所長の状況理解を問題としたい。「戦時中の米国」と「民主化しようとする日本」が「政府世論調査機関」を挟んで並列されている。アメリカ本国では戦争が終わると政府が直接行う世論調査は立法府である議会の審議権を侵害するとの理由で禁止された。アメリカの政府世論調査機関も戦時動員体制の産物である。とすれば、アメリカ軍による日本の民主化が同じ総力戦パラダイムにおいて展開されていたことも自明である。

だがサンフランシスコ講和会議が政治日程となると、日本側には世論民主主義を掲げてGHQを牽制する必要性もなくなっていた。講和条約成立後、国立世論調査所は行政整理の対象となり一九五四年廃止された。その管理部門は内閣官房審議室世論調査班となり、調査部門は時事通信社調査部門と合体して市場調査も手がける社団法人・中央調査社となった。国立世論調査所が存在した一九五〇年代前半には、世論調査の階級性を問う論争がおこなわれたが（第五章を参照）、その廃止以降、専門家の関心はもっぱら世論調査の科学的精度に向けられた。もっとも、科学性は世論調査を正当化する手段であっても、民主主義との関係で本質的な論点ではない。世論の本質論は数字の処理法に矮小化されたともいえるだろう。もちろん、コンピュータ導入とともにサンプリングや統計処理は洗練されたが、それは「言論統制から世論調査へ」の軌跡を忘却するプロセスでもあった。

公共的意識管理システムの成立

以上、わが国における世論調査という公共的意識管理の制度化プロセスを跡付けてきた。結局、世論調査は世論を調べるための方法であると同時に、合意を作り出すための政治的装置である。とはいえ「合意の製造」そのものは、必ずしも否定的にのみ論じるべきではない。社会生活において合意は不可欠であり、存在しなければ作り出す必要はあるだろう。

この合意形成システムがＧＨＱ占領下の日本でスムーズに作動した背景については、二つの側面から考察する必要がある。一つは、戦争協力に向けて国民の主体性を限界まで引き出そうとした日本における戦時動員体制の心的連続性である。

もう一つは、ここでは検討ができないが、アメリカ占領軍側の事情である。直接的な占領統治を展開したドイツと異なり、ＧＨＱは日本政府を通じた間接統治を行った。それは統治に対する日本人の不満を占領軍ではなく日本政府に向けさせる、ある意味で巧妙な戦略でもあった。しかし、それが想定通りに作動するためには、日本国民の意識を正確にモニターし続ける必要がある。ＣＩＥが驚くべき熱意で、日本の世論調査を近代化しようとした理由もここにある。パッシンは朝日新聞社に対し、「親分子分調査」（一九四七年十月）、「電産罷業調査」（一九四八年十月）、「東京裁判調査」（同年十二月）、「国際問題調査」（一九五〇年九月）など日本人の政治意識をＣＩＥ指導の下で「自主調査」するよう「命令」している。[37] 朝日新聞社世論調査室の木村定は次のように回顧している。

占領軍としても、われわれの調査から多くのデータを吸いとったであろうが、われわれもまた逆に吸収した。結局はギブ・アンド・テイクであったとしても、この占領期、一対一でものいえる世論調査を行うことで、結果的には、われわれは日本国民の意見も実態も代弁しえたという大きな誇りをもっていることを自ら信じている。[38]

しかし、こうした占領期の特殊状況は別としても、情報宣伝から世論調査への近代化は、大衆社会の必然でもあった。『国立世論調査月報』第二号（一九四九年）にＣＩＥ世論調査課Ｊ・セイヤーの以下の言葉が掲載されている。

大衆の意見をきくことは、民衆の心をかきたて、紛糾のもとになるにすぎないという人があるが、大衆に意見を表明させるということは緊張を増すよりも、これを解放することである。[39]

セイヤーは世論調査が社会統制技法であることを隠すことなく述べている。情報局とＣＩＥの日米合作である世論調査が「世論調整」に過ぎないと批判の声をあげたのは、まずマルクス主義統計学者であった。上杉正一郎は一九五三年、「戦後、国立世論調査所長として活躍された小山栄三氏が、戦時中は『戦時宣伝論』の権威者であったという事情」もあげて、世論調査の正当性を問いただしている。

　アメリカの世論調査はリンカーンの民主主義ではなくルーズベルトの民主主義以後の産物であつた。（略）ともかく民主主義だから、世論を尊重する立前《ママ》にしておかなければならないのだが、議会は世論を代表しないということになると、政府は一体なにをたよりにしたらいいのだろう。それは世論調査だ。「世論調査によると」という口実が、議会の存在に代つて重要となる。(40)

上杉はニューディール・デモクラシーを、世論を掲げたアメリカン・ファシズムと見なしている。だが、これに対抗する社会主義陣営の世論調査が「科学的」あるいは「進歩的」であったわけではない。一九五〇年代の労働運動は世論調査を「教宣活動」の一環と考えていた。いわゆる五五年体制、民主党と自由党の保守合同の契機となった第二十七回衆議院議員総選挙を前に総評系の労働調査協議会は「政治意識與論調査」をこう呼びかけている。

　この調査は、従来から行われてきたような、単に「政党支持の与論」を調べるためのものではありません。そのような平面的、抽象的な立場での調査が、ほとんど実践的には役立たないことを反省して、生き生きとした、すなわち労働者階級の政治的成長に役立つ調査という立場から、労働者の政治的自覚を高め、階級としての力量を高めさせる教育と啓蒙を兼ねた調査として企画しました。(41)

文部省では「上から指導する」ニュアンスがあるとして否定された「輿論＝与論」の文字が、労働運動においては戦後十年を経て生き残っていた。坂東慧によれば、世論調査とは「教育宣伝をかねた調査――というよりは、むしろ、調査の方法、形態を借りた教宣[42]」であった。

こうした戦術的理解があったため、マルクス主義陣営からの世論調査批判はやがて論壇から姿を消していった。実際、世論調査は米ソ冷戦の国内版である五五年体制の思考パターンに適していたともいえるだろう。世論調査の質問は二者択一法、多項選択法、自由回答法に分けられるが、基本形として推奨されたのは二者択一法である。輿論科学協会は一九五〇年二月下旬に東京都の有権者を対象に「あなたは共産党に対して好感を持ちますか、持ちませんか。」（二者択一法）、「あなたは共産党に対してどんな感じを持ちますか。」（多項選択法と自由回答法）で三者の比較実験を行っている。この実験結果から「回答に偏差が少なく」「答え易い」二者択一法が一般に推奨されていた[43]。

冷戦は一九九一年のソビエト体制崩壊で終焉を迎えたが、私たちは二者択一をせまる世論調査の発想に今なお囚われているといえるだろう。小山栄三や米山桂三が行った戦時宣伝研究は、戦後民主主義の世論調査研究として開花した。それは単なる歴史の皮肉ではない。総力戦は民衆の支持と自発的な参加を何よりも必要とするが、世論調査は一人一票の平等性の擬制であり、戦時宣伝も世論調査も国民全体の同質性・均質性を理想にしている。つまり、戦時宣伝と世論調査はともに「戦争国家＝福祉国家」の学知なのである。

格差社会化が進み、「想像の共同体」が危機に瀕している二十一世紀の日本において、世論調査はこれからも同質性と均質性を再生産し続けることができるのだろうか。

第四章　終戦記念日をめぐる世論調査

国家機関は、祭主に注意がふりそそぐかぎり、祭主をたたえるコーラスを要求しないのである。ニュース・メディア一般についてと同様、記念日カルトは、この格言にしたがっている。いわく「悪評もないよりまし」。祭主が討論されるかぎり、賞讃であれ非難であれ、スポンサーは国家アイデンティティ強化の目標を達成する。（ウィリアム・M・ジョンストン『記念祭／記念日カルト』一九九三年）[1]

八月十五日の世論と九月二日の輿論

戦後還暦の二〇〇五年夏、私は歴史家としての禁欲を破り、敢えて政治的な提言を行なった。『八月十五日の神話――終戦記念日のメディア学』（ちくま新書・二〇〇五年）のことである。[2] 国民が先の戦争に正面から向き合えるような情報環境は、新しく国立追悼施設など造らなくても「終戦記念日」の再構築《リストラ》によってこそ実現できる、そう考えたからである。

かく言う私も、終戦は八月十五日であると疑うことなく三十数年を生きてきた。だがよく考えると、一九四五年のその日に戦争が終ったわけではない。玉音放送で朗読された「大東亜戦争終結ノ詔書」の日付は、日本政府がポツダム宣言受諾を米英に回答した八月十四日であり、大本営から陸海軍へ停戦命令が出されたのは八月十六日である。「忠良ナル爾臣民」に向けた録音放送の八月十五日を、交戦国へポツダム宣言の受諾を通告した八月十四日や、東京湾上の戦艦ミズーリ号上で降伏文書に調印した九月二日より優先する「八・一五史観」はグローバル・スタンダードとはいえないだろう。実際、欧米各国のVJデイ（対日戦勝記念日）は九月二日（旧ソ連・中国・モンゴルでは翌三日）であり、八月十五日を記憶の起点とする国はほぼ日本、韓国、北朝鮮に限られている。台湾の「光復節」も文書調印の十月二十五日であるように、東南アジア諸国の多くも現地日本軍の武装解除をもって九月を終戦と認識している。

もちろん、季語辞典に「終戦忌」「八月十五日」「玉音」が収録されているように、終戦記念日は伝統ある年中行事のような感もある。だが、敗戦直後からメディアで八月十五日が「終戦記念日」とされていたわけではない。一九四五年八月十五日の新聞各紙を一瞥すれば十分だろう。「結局十四日の御前会議において忝き聖断を拝し、この大御心によつて四箇国の回答文を受諾するといふ方向は一決」（『朝日新聞』）、「聖断は遂に下つた、大東亜戦争は茲に終了したのである、時に昭和廿年八月十四日」（『読売報知』）、「聖断のもと苦難の道を行かん／銘記せよ八月十四日」（『京都新聞』）。ラジオ放送でも同様である。一九四七年八月十四日午前七時半からに放送された片山哲首相の終戦記念談話はこう始まっている。

本日はわれ等日本国民に平和国家として再生の機会を与えたポツダム宣言受諾の記念日である(3)。

当初は、「八月十四日」が銘記すべき日付だった。玉音放送を企画・演出した情報局総裁である下村宏（元朝日新聞社副社長・日本放送協会会長）は、『終戦記』（一九四八年）でこう述べている。

昭和二十年八月十四日は日本の歴史に又世界の歴史に、逸しられない画期的の記念日である。(4)

さらに戦前から小日本主義を掲げた自由主義者・石橋湛山が『週刊東洋経済新報』一九四八年九月一日号に執筆した巻頭言「更生日本の針路」を引いてもよいだろう。

昭和二十年八月十四日を以て発途した更生日本の前途は、前号に述べた如く、洋々として希望に輝くものであることを疑ひ得ない。

とはいえ、八月十五日の「玉音体験」が国民儀礼として人々に強烈な印象を残したことも否定できない。終戦直後から「一億総懺悔」のスローガンとともに、玉音体験の神話化プロセスは始まっていた。

だが、この玉音体験は忘却のなかで再創造された記憶である。たとえば、一九五三年八月十五日付『朝日新聞』のコラム「天声人語」を読めば、記念日として定着していなかったことがうかがえる。

八月十五日は、終戦八周年である。原爆の日は覚えていても、終戦の日は〝ほうそうだったか〟と忘れがちである。

メディア研究者の悲しい性というべきだが、〝ほうそうだったか〟を最初に目にしたとき、「放送だったか」と頭で文字変換していた。だが、一九五〇年代前半の新聞紙面で玉音放送が語られることは稀であり、『朝日新聞』の場合も一九五四年八月十五日夕刊一面の囲みコラム「陛下の声」あたりから玉音放送の神話化がはじまった。

国民の大部分は、あの日に、はじめて、しかも重大な内容をもった神の声をきかされたのである。

だが、「国民の大部分」が聴いたという体験も、それほど均質的なものではなかった。たとえば、玉音体験の心情を数量化した初期の意識調査として、アメリカ合衆国戦略爆撃調査団『日本人の戦意に与えた戦略爆撃の効果』（一九四七年）に掲載されたアンケート調査がある。

「日本が戦争にまけたと聞いた時、あなたはどう思いましたか」という質問に対して、「後悔・悲嘆・残念」三〇％、「驚き・衝撃・困惑」二三％、「安堵感・幸福感」二二％、「占領下の扱に対する危惧・心配」一三％、「幻滅・苦さ・空虚感など」一三％、「恥ずかしさとそれに続く安心感など」一〇％、「予期していた、など」四％、「天皇陛下に申し訳ない、など」四％、「回答なし・他」六％である。(5)「後悔・悲嘆・残念」と「驚き・衝撃・困惑」などの感情（世論）告白で過半数を占めているが、「予期していた」「天皇陛下に申し訳ない」などの意見（輿論）表明は極端に少ない。いずれにせよ、この調査から戦前と戦後の国民心性の断絶を読み取ることは困難である。

終戦報道のシナリオ

逆に開戦時と終戦時の世論動員の連続性を確認するためなら、宣戦詔書が掲載された一九四一年十二月九日（次頁写真2）と終戦詔書が掲載された一九四五年八月十五日（写真4）の『朝日新聞』を比べるだけで十分だろう。「宣戦布告の朝　宮城前に土下座する赤子達」とよく似た構図の写真が、「国体護持を祈りつゝ宮城前広場に涙のお詫びをする民草」の姿として八月十五日付の大阪本

（上）写真２　「宣戦布告の朝　宮城前に土下座する赤子達」1941年12月９日付『朝日新聞』東京本社版夕刊第４面。（下）写真３　「皇居を拝し謹んでお詫び申上ぐ」1945年８月16日付『信濃毎日新聞』第２面。

国体護持を祈りつゝ宮城前広場に涙のお詫びをする民草

聖上を暗き世の御光と仰ぐ

宮城前・悲しき歴史の日に我慟哭

若き人々へ！

嵐は強い樹を作る

日本の希望はたゞ君達

一億手をつなげ苦しく長い荊の道

今より不足勝ち

同胞相助けて切抜かう

軍需産業戦士諸君

結束し秩序護らん

引続いて踏止まる

秩序恢復の日までの辛抱

写真４　「国体護持を祈りつゝ宮城前広場に涙のお詫びをする民草」1945年８月15日付『朝日新聞』大阪本社版第２面。『信濃毎日新聞』（写真３）と同一写真が使用されている。８月14日以前に準備された「玉音写真」である。

社版第二面に掲げられている。「玉音放送」が十二時半まで放送されていた以上、十三時ごろ大阪で配布された新聞に「宮城前広場」の写真が掲載できるはずはない。

さすがに朝日新聞も東京本社版ではそうした写真は不自然だと考えたためか、皇居二重橋の風景写真のみである。だが、大阪本社版と同一の「玉音写真」は、八月十六日付『信濃毎日新聞』(写真3)にも「皇居を拝し謹んでお詫び申上ぐ」のキャプションで掲載されている。この写真が情報局か同盟通信社によって事前に用意された「演出写真」であることは、朝日新聞社所蔵の紙焼きとその記載事項から明らかである。そこには「八月十四日付」電送受領印とともに、「豫備写真　宮城を奉拝」「第二部より記事が出るヨテイ」「写真説明は後で取りかへる」と走り書きされている。こうして十四日以前に撮影された「玉音写真」は敗戦後に振舞うべき国民的作法を、新聞読者に伝えるものであった。この写真の横には、「ヨテイ」の記事「聖上を暗き世の御光と仰ぐ」(写真4)が掲載されている。玉音放送後に宮城前で朝日新聞記者が見聞した報道ルポの体裁であるが、写真にあわせて事前に書かれた予定稿であることは確実である。

この十四日の新聞社内の状況については、毎日新聞大阪本社社会部副部長・藤田信勝の日記『敗戦以後』が詳しい。朝日新聞大阪本社の場合もほぼ同じ状況であったはずである。藤田は十四日午後六時に降伏決定の報に接していた。

連絡部では、東京から送稿して来る原稿を総がかりでとつてゐる。整理部も全員配置についてゐる。むしろ冷静に仕事を続けてゐる。降伏の新聞をつくるために、こんなに落ちついて仕事がつづけられるといふことをわれわれはかつて考へ得たであらうか。(6)

つまり、八月十五日が「戦後」の出発点であるとすれば、そのシナリオは「戦中」に準備されていたというべきなのである。

それにしても、いつ八月十五日が終戦記念日と定められたかを覚えている人は多くはないだろう。「八・一五＝終戦記念日」の法的根拠は、戦後十八年も経過した一九六三年五月十四日に第二次池田勇人内閣で閣議決定された「全国戦没者追悼式実施要項」であり、正式名称「戦没者を追悼し平和を祈念する日」は鈴木善幸内閣の閣議で一九八二年四月十三日に決定されている。一九六〇年生れの私より三年も遅く誕生した「新しい伝統」である。

しかし、一方で毎年恒例の戦没者追悼式の中継放送には「古い伝統」がある。日中戦争勃発後の戦死者のため、一九三九年から八月十五日に「戦没英霊盂蘭盆会法要」はラジオで全国中継されていた。玉音放送の特別編成で中止となった一九四五年八月十五日にも京都の知恩院から全国中継が予定されていた。

私は敗戦直後からの八月十五日の新聞紙面を分析したが、今日の「八・一五ジャーナリズム」が一般に定着するのは、ＧＨＱの占領が終わって「九・二降伏記念日」が忘却された一九五五年の「終戦十周年」イベントからである。それは「八・一五革命」による民主化を掲げる進歩派と「御聖断による国体護持」を信じる保守派の利害が一致した「記憶の五五年体制」というべき政治的遺物である。つまり、八月十五日は左右のイデオロギーが背中合わせにもたれかかる心地よい均衡点であり、お盆の宗教的古層に新しい平和志向の政治的行事を無理に重ねた方便でもある。こうした方便は国内的には好都合であったとしても、この内向き《ドメスティック》な論理が国際的に理解される可能性は少ない。「八・一五靖国参拝問題」はそのことを象徴的に示している。

それゆえ、私は終戦記念日の正式名称である「戦没者を追悼し平和を祈念する日」を政教分離し、八月十五日「戦没者を追悼する日」と別に、九月二日「平和を祈念する日」を新設することを提唱した。そもそも、普通の人間にとって宗教的（感情的）追悼と政治的（理性的）議論を同時に行なうことは可能だろうか。私たちは心を込めて追悼しながら、同時に理性的な議論ができるほど器用ではないのである。そして、私的な心情と公的な意見は必ずしも一致しないし、無理に一致させることは難しい。輿論と世論を敢えて分けて論じるべきだと私が主張する理由の一つである。

ちなみに現在、日本政府はすでに「終戦日」の運用を国内と国外で使い分けている。この事実はあまり知られていないので指摘しておきたい。「日本国との平和条約に基づき日本の国籍を離脱した者等の出入国管理に関する特例法」（一九九一年法律第七一号）において、日本政府は「平和条約国籍離脱者」（大半は在日韓国・朝鮮人）の定義を「昭和二十年九月二日以前から引き続き本邦に在留する者」としている。つまり、「在日」の認定に際して日本政府は終戦日を「国際標準」九月二日としている。その一方で、戦前の朝鮮半島、満州国などに居住していた日本国民に対しては「引揚者給付金等支給法」（一九五七年法律第一〇九号）で「国内標準」を適用し、「引揚者等に対する特別交付金の支給に関する法律」（一九六七年法律第一一四号）では八月十五日を「終戦日」と明記している。

こうした記念日の問題を私が強く意識するようになった契機は、「戦後世論の古層——お盆ラジオと玉音神話」(7)（二〇〇三年）を執筆してからである。その中で、私は八月十五日のラジオ放送による「終戦の感覚」に世論を、九月二日の文書調印による「降伏の論理」に輿論を読み込んでいた。すなわち、九月二日の忘却と八月十五日の記憶に、輿論（公論）から世論（私情）への重心移動を見ていたわけである。だとすれば、「戦没者を追悼し平和を祈念する日」の二分割を主張する私の提言も、世論と輿論の弁別をめざす本書の主旨にそって、次のように言い直すべきかもしれない。お盆の八月十五日は国民的世論の「追悼の日」であり、降伏文書調印の九月二日は国際的輿論の「平和の日」であるべきだ、と。

とはいえ、今となっては記念日の分割など非現実的だ、という意見も聞こえてくる。だが、世論調査史の研究からは、「追悼の日」と「平和の日」を弁別する発想が決して新奇なものではなかったという事実が浮び上がる。じつは敗戦直後の日本国民はそれを当然のことと考えていたのである。本章では、終戦記念日をめぐるセロンとヨロンのせめぎあいを、一九四八年に総理庁官房審議室輿論調査班が実施した「祝祭日に関する世論調査」（以下、「祝祭日調査」と略記）の分析を通して考えてみたい。

国民の世論と国会の輿論

「祝祭日調査」の発端もまたGHQの占領政策に由来している。すでに民間情報教育局は「神道指令」を踏まえて宮中祭儀に基づく戦前の四大節七祭日（昭和二年勅令第二十五号）の改正を日本政府に要求していた。片山内閣は一九四七年十二月五日の臨時閣議で「新憲法下の国民生活にふさわしい祝日」案を定め、十五日政令公布、翌年元日施行を予定していた。

政府案は戦前と同じ十一祝日、すなわち新年（一月一〜三日＝戦前は四方拝、元始祭、以下同じ）、紀元節（二月十一日）、児童の日（春分＝春季皇霊祭）、天長節（四月二十九日）、労働祭（五月一日）、お盆（七月十五日・八月十五日）、児童の日（秋分＝秋季皇霊祭）、憲法記念日（十一月三日＝明治節）、新穀感謝の日（十一月二十三日＝新嘗祭）、国際親善の日（十二月二十五日＝大正天皇祭）、平和記念日（将来の講和条約締結日）であった。つまり、神道色が強い新年宴会（一月五日）、神武天皇祭（四月三日）、神嘗祭（十月十七日）の三祭日の代わりに、労働祭（メーデー）、お盆（祖先の日）、平和記念日（平和の日）を入れたに過ぎない。この政府案では、「平和記念日」とは別に八月十五日が「お盆（祖先の日）」として祝日化される予定だった。

しかし、この政府案を衆参両院の合同打合会は以下の理由で否決した。

祝祭日は、広く国民一般の重大な関心事であり、国民の生活感情と密接なつながりを持つものであるから、政府側において一方的に政令をもつて決定することは好ましくない。(8)

戦前の祝祭日が宮中祭儀を基本として勅令で定められていたことを考えれば、正論というべきだろう。社会党首班の政府案が否決されたのも、イデオロギー色が強い労働祭（メーデー）などを含んでいたためである。そこで民意に問うべく「祝祭日に関する世論調査」実施が総理庁に要請され、大規模な世論調査が実施された。国会が一般大衆の世論と直接向き合った記念すべき調査である。

この世論調査が審議に与えた影響を記録した資料として、受田新吉『日本の新しい祝日』（日本教職員組合出版部・一九四八年）がある。受田は衆議院文化委員として「国民の祝日」法案の立案と審議で中心的な役割を果たした社会党議員（一九六〇年以降は民社党議員）である。巻頭には衆議院議長・松岡駒吉の序文が置かれ、受田自身も「はしがき」で祝日法案とこの世論調査の緊密な関係をこう述べている。

昭和二十三年七月二十日に、新しくきめられた国民の祝日に関する法律は、国民挙つて平和を愛し文化を尊ぶ新日本建設のために、当然実現されねばならない大切なことがらであつて、綿密な世論調査と約半歳に亘る国会の審議とによつて、ふるい祝祭日の考え方を取りのぞき面目を一新して、国民全部が祝い楽しみ合える祝日が生れたのである。

国民主権下の立法手続きとして「綿密な世論調査」が特に重視されていたことがわかる。だが、受田議員の思惑とは別に、同書で引用された「綿密な世論調査」と「約半歳に亘る国会の審議」の間には大きな断層が存在していた。少し長くなるが、当時の政治家の典型的な世論観として受田の文章を引用しておきたい。

総理庁が非常な努力を傾けて、科学的な方法により、綿密な世論調査を実施したが、この資料は国会に於ける審議に、国民の声として忠実に反映さるべきであるけれども、同時に国会の権威に於て新しい理念で国民を啓蒙し誘導し、新しい国家を始めてつくるものだと云う気持を国民に与える必要がある。世論というものは一般大衆が対象であり大衆は時に他から教えられ、無批判に心を動かして、意志を表すこともあり得る。故に、各般に見識を働かせ得る好条件にある国会が、時に指導的立場にあつて、その決定したことを国民に浸透させることは、文化委員会の一面の責任である。（略）特に国際的関係等特殊な事情も考慮して、世論を正しく指導することに審査の方針の一部面があることも、委員会の意思として確認された事であつた。即ち、世論を尊重し、それより教えられると同時に、正しく世論を指導するという、両面を以て世論調査を考えることにした[9]。

「世論に惑わず、輿論に導く」ということであれば、受田の姿勢は正しい。しかし、結果から言えば、この「一般大衆の心」（世論）の連続性を無視した「新しい理念」（輿論）の追求が、「追悼の日」と「平和の日」の制定を妨げたのである。そして皮肉なことに、この国会審議で最大の争点となり、新しい理念（輿論）の名において否定されたはずの「紀元節」は、一九六六年に「建国記念の日」として「国民の祝日」に追加されている。

「祝祭日に関する世論調査」

この世論調査は一九四七年十二月十五日に企画が開始され、予備調査を経て一九四八年一月二十三日から二月十五日にかけて実施された。調査対象は、任意見本法（都市部では層化任意見本法）によって選ばれた全国十八歳（数え年）以上の男女六一四五名であり、年齢、性別、学歴、職業（本人／世帯主）、家族構成、ラジオ利用度・購読新聞なども面接法・記入法の併用で調査されている。その調査票の冒頭には次のように書かれている。

今度、国会では、新しい憲法の精神に従つて、平和な民主日本にふさわしい祝祭日をえらぶことになり広く全国の皆様の御意見を伺つております[10]。

なお、調査票のタイトルには平仮名で「祝祭日のよろん調査」とした上で「総理庁官房審議室輿論調査班」と書かれている。この段階で公的には「よろん＝輿論」であり、新聞紙面の「世論＝よろん」はまだ定着していなかったことがわかる。調査票には「新年」から「平和を記念する日」まで三十の祝日候補が並び、そこから十二の祝日を選択させ、さらに適当な日付と名称を選択させている。候補を三十に絞り込んだのは、総理庁官房審議室、宮内府、文部省、衆参両院文化委員会の各メンバーである。有効回収六〇九七票の集計結果から、国民が制定を希望したベスト十五位までの祝日候補の内訳を次頁の表3にまとめた。すなわち、「新年」「天皇陛下のお生れになつた日」「建国の記念日」「お盆」「平和を記念する日」「春分（彼岸の中日）」「秋分（彼岸の中日）」「新穀に感謝する日」「国の為になくなつた人々を追憶する日」「国際親善の日（クリスマス）」「ひな祭」「新憲法施行の日」「新憲法公布の日」「明治時代を記念する日（明治節）」「たんごの節句」である。政府案にあった「メーデー」は十七位、女性議員が強く望んだ「婦人の日」も二十位と低迷していた。ちなみに、「成人の日」だけは調査票の選択肢にもなかったが、審議で浮上し最終的に採用された。世論調査の上位候補を落とした後の「員数合わせ」であった可能性が高い（一九九八年に「成人の日」を一月の第二月曜日［ハッピーマンデー］に移動する法改正が行なわれたのも、日付の根拠の乏しさに由来するだろう）。

社会党議員・受田は「憲法記念日」「国際親善の日（クリスマス）」「メーデー」「婦人の日」など政治的祝日を強く推していたが、国民世論に大きく裏切られている。このうち、十五位までに入ったのは、五位「平和を記念する日」、十位「国際親善の日」、十二位「新憲法施行の日」、十三位

「新憲法公布の日」のみである。調査票の冒頭で「新しい憲法の精神に従つて」と明記（誘導）し、祝日改正の趣旨からもトップに来るべき「新憲法」関係の順位が低かったこともショックだったようである。衆参両院文化委員会がまとめた報告書には次のように記されている。

「新憲法施行の日」と「新憲法公布の日」は元来同一に考えるべき性質のものであり、両者を合計すれば第三位になる。(11)

だが、この強引な合算処理をしても「天皇陛下のお生れになつた日」に及ばない。敗戦直後の多くの世論調査が示す天皇制への高支持率は、ここでも確認できる。しかも、名称として「天長節」を望むものが七八・二％であり、「天皇誕生日」の二一・二％を圧倒していた。

もちろん、この世論調査の枠組そのものにも疑問はある。そもそも「新年・お盆・春分・秋分・

祝祭日の欄	実数	比率	月日の欄	実数	比率	別の月日のよいもの 実数	比率	名前の欄	実数	比率	名前の欄	実数	比率	別の名前のよいもの 実数	比率
❶新年	6094	99.9	一月一日より三日まで	4729	77.6	95	1.6	新年	3975	65.2	正月	2041	33.5	78	1.3
			一月一日	1270	20.8										
❷天皇陛下のお生れになつた日	5285	86.7	四月二十九日（天長節）	5276	99.8	9	0.2	天長節	4133	78.2	天皇誕生日	1121	21.2	31	0.6
❸建国の記念日	4958	81.3	二月十一日（紀元節）	4929	99.3	29	0.7	紀元節	2268	45.7	建国記念日	1314	26.5	17	0.4
								建国祭	1215	24.5	建国の日	144	2.9		
❹お盆	4884	80.1	七月十五日	1582	32.4	153	3.1	盆祭	2614	53.5	祖先の日	1479	30.2	139	3.0
			八月十五日	3149	64.5			うら盆	652	13.3					

表3「祝祭日に関する世論調査」結果

❺平和を記念する日	4387	72.0	将来講和条約の結ばれる日	4111	93.7	276	6.3	平和記念日	3185	72.6	平和祭	1165	26.6	37	0.8
❻春分（彼岸の中日）	4055	66.5	三月二十一日頃	4013	99.0	42	1.0	春祭 ／ お彼岸	1450 ／ 1470	35.8 ／ 36.2	彼岸祭	1055	26.0	80	2.0
❼秋分（彼岸の中日）	4042	66.3	九月二十三日頃	4013	99.3	29	0.7	秋祭 ／ お彼岸	1219 ／ 1720	30.7 ／ 42.5	彼岸祭	1025	25.4	78	1.9
❽新穀に感謝する日	3901	64.0	十一月二十三日	3800	97.4	101	2.6	新穀祭 ／ 新穀感謝の日	2264 ／ 1035	58.0 ／ 26.5	収穫祭	556	14.3	46	1.2
❾国の為になくなつた人々を追憶する日	3644	59.8	四月三十日 ／ 八月十五日	2046 ／ 1477	56.2 ／ 40.6	121	3.2	招魂祭	2274	62.4	追憶の日	1280	35.1	90	2.5
❿国際親善の日（クリスマス）	3423	56.1	十二月二十五日	3408	99.6	15	0.4	クリスマス	2221	64.9	国際親善日	1186	34.6	16	0.5
⓫ひな祭	2689	44.1	三月三日	2451	91.1	238	8.9	ひなの節句 ／ 桃の節句	602 ／ 576	22.4 ／ 21.4	ひな祭	1500	55.8	11	0.4
⓬新憲法施行の日	2662	43.7	五月三日	2651	99.6	11	0.4	憲法記念日	2089	78.5	憲法祭	547	20.5	26	1.0
⓭新憲法公布の日	2457	40.3	十一月三日	2432	99.0	25	1.0	憲法記念日	1933	78.7	憲法祭	497	20.2	27	1.1
⓮明治時代を記念する日	2456	40.2	十一月三日（明治節）	2434	99.1	22	0.9	明治節	2426	98.1				30	1.2
⓯たんごの節句	2421	39.7	五月五日	2321	95.9	100	4.1	たんごの節句 ／ 菖蒲の節句	1398 ／ 502	57.7 ／ 20.7	たんご祭	492	20.3	29	1.3

（受田新吉『日本の新しい祝日』より順序を正して作成）

節句」といった伝統的な年中行事と、「国際親善・新憲法・平和・メーデー・婦人」といった新しい政治的議題を同列に並べて選ばせることは可能だろうか。報告書は郡鄙、学歴、職業、性別など支持層の属性を詳しく分析し、こう結論付けている。

年中行事的性質を有するものは郡部、女性、高年齢層、農業者等によつて支持されているのに対し、「国際親善の日」、「メーデー」、「婦人の日」、「体育祭」、「芸術祭」、「文化祭」等の稍〻新しい性質を有する日は都市、男子等の前述と反対の傾向の層に支持されていることが明かである。(略)「芸術祭」、「文化祭」、「メーデー」、「子供のお祭」、「体育祭」の五者は主に都市、若い年齢層、学歴の高い層の如き進歩的と思われる層の支持を受け、他の三者(「七草」「花祭」「明治節」)は反対の傾向を持つ。この二つのグループの性質を考えれば前者は新しく意義を認められつゝある日であり、後者はその意義を失いつゝある日であると考えられ、この傾向はその他の日についても次第に起り得る可能性があることを示唆している。[12]

民俗と知識、心性と意見、あるいは世論と輿論、そうした相違を、この報告書は女性―男性、農村―都市、低学歴―高学歴、すなわち保守―進歩の視点から把握している。つまり、世論調査で上位にランクインしながらも採択されなかった「お盆」、「国の為になくなつた人々を追憶する日」、「ひな祭」、「明治時代を記念する日」を、文化委員会は都市化の中で「その意義を失いつゝある日」と断じたのである。結局、こうした近代化の視点で「国民的感情」を退けて「国民の祝日」は制定された。受田も審議結果について正直にこう述懐している。

当初輿論調査の結果や国民的感情の方向に触れた人達には、或いは意外な感慨を懐かれるであろうと推察される点がないでもない[13]。

結局、世論調査で上位にあった第三位「建国の記念日」（支持率八一・二％、以下同じ）、第四位「お盆」（八〇・一％）、第五位「平和を記念する日」（七二・〇％）、第九位「国の為になくなった人々を追憶する日」（五九・八％）、第十位「国際親善の日」（五六・一％）は軒並み不採用となっている。このうち「建国の記念日」のみは自民党ほかの制定運動により一九六六年に祝日となったが、その他で祝日化の運動が続けられた形跡はない。

今日から見れば、「お盆」の事例は都市化による年中行事の衰退という仮説に厳しい反証を突きつけている。調査結果（表3参照）では、お盆の日付は新暦の七月十五日（三二・四％）と月遅れ盆の八月十五日（六四・五％）に分かれている。明治の改暦以来、政府は新暦の七月十五日を奨励してきた。驚くべきことに、一九六一年に自民党が「建国記念日」「体育の日」「お盆の日」の追加を求めて国会提出した祝日法改正案でもお盆は七月十五日となっている。しかし、首都圏を中心とする都市部以外では月遅れ盆の農村的伝統が根強く残った。その後の都市化にもかかわらず、今日でも八月十五日の民俗的慣習が残り、逆に七月十五日はメディア社会の中で衰退した。

今になって言っても仕方のないことだが、この世論調査結果に従って八月十五日「お盆」、四月三十日「追憶の日」、九月八日「平和の日」を決めていれば、現在の「靖国問題」はまったく別の様相を呈していたはずで、戦争責任問題などもより冷静に議論できたにちがいない。「お盆」が祝日に採択されなかった理由について、受田はこう書いている。

お盆は祖先の日として、又国家の為に命を捧げた人々を偲ぶ日として、七月十五日又は八月十五日を有力に考えたが、結局その精神を祝日としての春分秋分の日に含め、お盆そのものは純粋な民間行事とすることゝした[14]。

「純粋な民間行事」という表現には、GHQへの配慮が垣間見える。マッカーサー元帥は日本国民に向けて毎年、九月二日「降伏記念日＝VJデイ」と同様、十二月二十五日（クリスマス）にメッセージを発しており、それは新聞第一面に大きく取り上げられていた。

　終戦後マッカーサー元帥はクリスマスを迎える度毎に、進駐全軍に対し、又日本全国民に対してもクリスマスメッセージを発して、キリストの精神に則つて愛と平和のために一層努力するよう激励を与えたことも人々の記憶に新たなことであろう[15]。

当然、この新しい宗教的伝統を「国際親善の日」とすることに仏教団体から猛烈な反対があり、「一部の宗教行事を国民全体の祝日とすることは妥当でない」ということで、お盆とクリスマスは文化委員会で共に退けられたわけである。この状況からすれば、「国の為になくなつた人々を追憶する日」として、八月十五日（四〇・六％）よりかなり多い国民が支持した四月三十日（五六・二％）が国会審議で黙殺されたことは当然だろう。

「追憶の日」——四月三十日を知ってますか？

それにしても今日、「四月三十日」という日付の意味を覚えている人はほとんどいない。戦前・戦中世代に片っ端から尋ねてみたが、私の周囲では誰一人答えることができなかった。戦争体験世代は若い世代の「記憶の風化」を絶えず歎いてみせるが、自らの世論の風化こそ先ず問うべきだろう。「四月三十日」の希望名称は「招魂祭」が六二・四％、「追憶の日」が三五・一％となっている。招魂祭という名称からは、招魂社すなわち護国神社、さらに靖国神社が連想される。最近の「靖国問題」ではほとんど言及されないが、一九四六年まで四月三十日は靖国神社の例大祭日であった。終戦当時は国民のほぼ全員が知っていた日付にちがいない。戦前から靖国神社例大祭日の招魂式は、ラジオでも詳細に「情景放送」されていた。もちろん神道指令に由来する祝祭日改訂であり、お盆とクリスマスを退けた論理からすれば、靖国神社の例大祭日を「国民の祝日」とすることなどは論外であったろう。しかも、靖国神社側もそれを望んでいたわけではない。

靖国神社は一八六九年に東京招魂社として創建された。一八七九年別格官幣社靖国神社となり、戦後は一九四六年九月より宗教法人靖国神社となって今日に至っている。その間、例大祭日は何度か変遷している。創建当時の例大祭日は、一月三日（鳥羽・伏見の戦い勃発）、五月十五日（上野彰義隊壊滅）、五月十八日（函館五稜郭降伏）、九月二十二日（会津藩降伏）であった。こうした幕末維新の「記憶」が、ようやく「歴史」となった一九一二年十二月三日、靖国神社の例大祭日は春秋二回に改正された。一九〇五年に日露戦争の陸軍凱旋観兵式が催された四月三十日と、海軍の凱旋観艦式が催された十月二十三日である。この変更は幕末維新から日露戦争へと招魂すべき戦没者の比重が変化したためと考えるべきだろう。

日露戦争の犠牲者数が例大祭日の変更理由であるとすれば、日露戦争に由来する四月三十日に「大東亜戦争」後もなお招魂式を続けることは難しいはずである。「大東亜戦争」の英霊は全祭神の九四・三％であり、祭祀の質そのものを変えずにはおかない。実際、靖国神社は一九四六年十月十一日、伝統的に祖霊祭祀が行われた彼岸の中日を旧暦から換算した四月二十二日と十月十八日に例大祭日を変更していた。とすると、四月三十日はこの世論調査の時点ですでに靖国神社の例大祭日ではなくなっていたわけである。その意味では、四月三十日が今日忘却されている理由は靖国神社の論理からも説明できる。

それでも、一九四八年段階でなお過半数の国民が「国の為になくなつた人々を追憶する日」として靖国神社の旧例大祭日を望んでいた事実は無視するべきではないだろう。だが国会議事録で見る限り、「追憶の日」はもっぱら「お盆」との関連で八月十五日をめぐって議論されている。一九四八年二月十九日参議院文化委員打合会の議事録を引用しておこう。委員長である小説家・山本有三（本名・勇造）は、八月十五日を「平和記念日」にしたいと考えていたが、山川菊栄ほか他の委員は必ずしも賛成していない。

○委員長（山本勇造君）　それから八月十五日は平和記念日という、ということにこれはなつておるのですが、或いはその他、更生祭なんかというのが出ておりますが、この八月十五日は如何でございますか。山川さんの御意見は……。

○説明員（山川菊栄君）　私別に必要ないのじゃないかと思いますが……。

○説明員（藤岡由夫君）　これは先程お盆のときにも、なにかお盆というのは余り意味がないように考えますが、お盆というものは田舎ではむしろ一月遅れのお盆というものの方が農民の休む日というようなこの八月十五日を特に行事とか、お祭りをするとかいう意味じゃございませんが、お盆と関連いたしまして、何か安息日とか、或いは反省する日とかいうような、そういう意味で、軽い意味でもよろしうございますから、そこに少し意味が附けられたらというような気がいたします。

○委員長（山本勇造君）　これを見ますと十三番目ですね。読売の方は四番目にこの八月十五日がなつております。それから或る人の意見でありますけれども、やつぱり終戦記念日として時事通信の方にも入つております。この日は国民が反省するのに最もよい日だ。それからして、又戦争で亡くなつた人を追憶するにもいい日だ。それからこの日によつて反省すると共に、新しい日本を築き上げて行こうという上からも大事な日だ。又先程あなたが仰つしやつたように、お盆と言つて都会では七月十五日にやりますけれども、地方では大低《ママ》一月遅れる。しかもこのときはやはり行事をやるのにいい日だというようなところから、この日をぜひ入れるべきだという意見も可なり来ておるのであります。

○説明員（藤岡由夫君）　賛成であります。

○説明員（和達清夫君）　国家的に反省日とかいろいろな問題でしたら、憲法記念日でもなんでもいいのですが、私個人としては反省日にしたいと思います。

○委員長（山本勇造君）　谷川さんどうでしよう、八月十五日は……。

○説明員（谷川徹三君）　私の気持では、やはり国家としての反省が必要なんで、むしろ敗戦記念日という露骨な名前を附けたいのです。唯そういう名前が許されるかどうか。私は併しそういうはつきり日本が完全に負けた日ということを今後何十年かは反省する必要があると思います。これは私の個人的意見ですが、個人的意見としては敗戦記念日とします。[16]

総理庁調査のほか、読売新聞社や時事通信社の世論調査も参考にされていたことが分かる。「新しい祝祭日」に関する読売新聞社世論調査は、一九四八年一月八日付社告で同月二十日〆切りのハガキ応募が呼びかけられている。ハガキは自弁、記入する祝祭日の数も自由であり、科学的な世論調査とは言えない。一月十六日付の「中間報告」があるが、祝日と祭日のトップがそれぞれ、「八月十五日　新生節」（二三〇点・七〇％）、「十二月二十五日　キリスト降誕祭」（五十三点）であることからも、特殊な集団による組織票の存在がうかがえる。最終的に二七二九通があつまり、その結果は一月二十七日付紙面で大きく公表されている。「八月十五日　新生節」（四八二点・一七％）は歳旦節（一月一日）、天長節（四月二十九日）、紀元節（二月十一日）に続いて四位であり、十三位に「期日未定　講和記念日」が入っている。ただし、八月十五日を祝日に希望した者がすべて「新生」や「平和」を思い描いていたわけではない。

原子爆弾による終戦であることを銘記し科学を日本再建の力にしようと「科学祭」の名でこの日を選んでいるものがあり、また貿易再開の日でもあるところから「貿易祭」としているものもある。(17)

いずれにせよ、この読売新聞社調査は著しく信憑性に欠けるものである。

時事通信社の調査は北海道新聞社、中部日本新聞社、京都新聞社、西日本新聞社など地方紙のネットワークを動員した世論調査であり、総理庁調査とほぼ同時期に実施されていた。時事通信社調査では「八月十五日＝終戦記念日」と定義した上で、新しい祝祭日にする必要の有無を質問している。その結果は「設ける」五一・二％、「設ける必要はない」四八・八％で賛否は拮抗していた。

「祖先の日＝お盆」、「憲法記念日」の支持率がそれぞれ八六・二%、八五・二%であることを考慮すると、「終戦記念日」の認知度はかなり低かった[18]。文化委員会の報告書でも「国の為になくなった人々を追憶する日」について四月三十日の存在を黙殺し、お盆に「終戦」を結び付けようとする強い意思が読み取れる。

これは八月十五日がお盆と重なつたためにこの結果をみたものと思われ、お盆をとる率の少い層においては八月十五日が多くなつている。高専卒においては八月十五日が七一・三%の高率を占める[19]。

「七一・三%」という数字だけ見れば過半数のように見えるが、「高専卒」(旧制の高等学校、専門学校、大学卒)は当時の人口の一割にも達していない(この調査では四・九%)。つまり、高専卒の「八・一五終戦記念日」支持者は国民全体の三・五%である。後に、社会党、民社党と遍歴する受田も、丸山眞男が唱えた「八月十五日革命」説を支持する立場だった。しかし、「戦没者を追悼する日」を八月十五日に望んだ国民の多くは、当時それを「終戦の日」と考えていたと即断すべきではない。一九三九年以来、英霊供養の盂蘭盆会法要がラジオで全国中継された「お盆」を選んだと見るべきだろう。

文化委員会の報告書は「候補日以外に選ばれた日」として、「新生節、終戦記念日等の名称で八月十五日を選ぶもの」がいたとわざわざ記述しているが、それは旧正月、農民祭、越年祭、文芸祭、神武天皇祭、大正天皇祭を希望するものと合算して僅かに百八十票(三%)にすぎない[20]。

「平和の日」消滅と「終戦記念日」成立

衆参両院文化委員会で祝日化が承認された「平和を記念する日」も、今日の視点からすればやや意外である。もちろん、八月十五日ではない。調査票には「将来講和条約の結ばれる日」とのみ書かれている。占領下においては「将来」だが、現実にサンフランシスコ講和条約が結ばれたのは一九五一年九月八日である（発効は一九五二年四月二十八日）。当時は講和をもって「本当の終戦」と考えられていたことがわかる。逆に言えば、占領期を戦時期との連続ではなく、民主化の画期としてのみ強調する今日の歴史認識との間にも大きな溝がある。もちろん、「平和の日」と「敗戦の日」を結びつける発想は当時も存在した。受田はその審議経過をこう記録している。

> 戦を再びせず永遠に平和を祈る日として、「平和の日」をもつ事は、全委員の異口同音に唱えた所であり、輿論調査や投書其の他の機会にも、例外なく希望された所である。「平和の日」の意義を認め、其の主旨に賛同するのは、日本国民のすべてに共通していることである。然し、これを何日にすべきかについては、敗戦の日が一応論議されたが、適当でないと云う意見が強かつた。(21)
>
> その結果、衆参両院文化委員会の総意として、将来講和条約の結ばれる日を「平和の日」として祝日に組み込むことが決議された。
>
> そして講和条約締結の日をこれに当てるのが、最も妥当であるという事に決定した。従つて

将来講和の許された日を以て「平和の日」とし、世界に比類のない軍備を放棄して名実共に平和国家として栄えようとする日本国民の喜びの日、感謝の日であり、平和を誓う日として、将来に於て決定されることになつている。(22)

しかし、この決議はサンフランシスコ講和条約締結の際には、ほとんど忘れられていた。単独講和と全面講和で国論が二分した状況において、また日米安全保障条約締結の日でもある九月八日を「平和の日」と認めることは難しかったはずである。この文章を書いた受田新吉も当時は社会党議員であり、「単独講和」、つまり同時に締結される日米安全保障条約に賛成だったわけではない。かくして、「お盆」「平和を記念する日」「国の為になくなつた人々を追憶する日」は、いずれも世論の高い支持を得ながら採用に至らなかった。

こうした審議を経て、法案は一九四八年七月四日衆議院本会議、翌五日参議院を通過し、同年七月二十日「国民の祝日」法案（法律第一七八号）が公布即施行された。

第一条　自由と平和を求めてやまない日本国民は、美しい風習を育てつつ、よりよき社会、より豊かな生活を築きあげるために、ここに国民こぞつて祝い、感謝し、又は記念する日を定め、これを「国民の祝日」と名づける。

この段階で「八・一五終戦記念日」は国会でも多数の支持を得ることはなかった。衆議院文化委員会のメンバーだった受田は、八月十五日が採用されなかった理由をこう説明している。

八月十五日については終戦の日、追憶の日、反省の日等として、誤まられた戦争に対して強い反省と将来の平和への堅い誓い、或いは此の戦争の犠牲となつて亡くなつた多くの人達を追悼する日として色々な観点から此の日が考えられ、世論もまた多数の支持があつて委員会も極めて慎重に審議を重ねたが、いまわしい戦いの記憶を想起する一面も考えられるとして、遂にこれを採るに至らなかつた。尚八月十五日はお盆として祖先を祀る日に当り、その点においてはこの著名の民間行事に純粋な意味の追憶、追悼、反省等を含めることが出来るであろう。[23]

つまり、「いまわしい戦いの記憶を想起する」として政治的には退けられ、とりあえず「お盆」の上に乗せてみようというのである。何とも、ご都合主義の論理である。しかも、八月十五日を終戦の日にしようという多数の世論があったかのように書いているが、この調査結果からそれを読み取ることは出来ない。

もしも「反省の日」を本気で考えるならば、降伏文書に調印した九月二日が候補となるべきだが、そうした議論が行なわれた形跡はない。八月十五日の「お盆」の上に「終戦の日」、さらに「戦没者追悼の日」を重ねる発想は、「平和の日」制定の挫折、つまりサンフランシスコ講和条約の締結とともに急浮上した。それは、「降伏記念日の屈辱」を忘れたい保守派にも、「八・一五革命の虚妄」に賭けたい進歩派にも、どちらにも好都合な記念日となった。ここに「記憶の一九五五年体制」が成立する。

結局、国民の世論が八月十五日を「戦没者を追悼し平和を祈念する日」として受け入れるためには、四月三十日「招魂祭」はもちろん、九月二日「降伏記念日」、九月八日「平和の日」まですべてが忘れ去られることが必要だった。現行「終戦記念日」は理性的な輿論の上というより、忘却の世論の上に成立したのである。

第五章　憲法世論調査とポリズム批判

憲法問題は本来法律問題 Rechtsfrage ではなくて、力の問題 Machtfrage であります。すなわち一国の現実の憲法は、その国に存立している実際の事実上の力関係 Machtverhältnis の中にのみ存在します。成文憲法は、社会の中に存立している現実の力関係の精確な表現である場合にのみ、価値があるし、永続します（フェルディナント・ラサール『憲法の本質』一八六二年[1]）

空気《せろん》の変化と議論《よろん》の停滞

世論調査は英語で public opinion poll、あるいは opinion poll、さらに poll と略称される。poll は広義に「投票」を意味する言葉である。この意味で、英語圏では輿論 public opinion と世論調査 poll は別のものであるが、「輿論」を制限した戦後の日本語では「世論調査」と「世論」を分けて考えることは出来なくなっている。フェリックス・トポースキーは、どんな意見でも数量に還元する「ギャラップ・ポリズム」をつぎのように批判する。

ギャラップ・ポリズムは数字だけが物をいう、恐るべき最小公分母の法則であるから、民主主義の反対物でなくてはならぬし、似たようなマントをまとっているからなお危険である。民主主義は大衆の連合に対して個人の権利を守らねばならない。ところが、ギャラップ・ポリズ

ムは個人におしつけられた平凡人の連合である。それは民衆扇動的セールスマンの発明物だ。(2)

こうしたポリズム pollism、つまり世論調査至上主義は輿論と世論の区別を欠いた日本でこそ極大化していった。しかし、内閣支持率を別にすれば、一般の新聞読者がその数字を毎年気にする世論調査は多くない。近年例外的に関心を集めてきたのが、憲法改正をめぐる世論調査である。毎年、ゴールデン・ウィーク中に「憲法記念日」企画として新聞各社が報じている。もっとも、二〇〇七年の年頭会見で「私の内閣で憲法改正を目指す」と表明した安倍晋三内閣当時に比べ、参議院の過半数割れで一般法案の通過すら難儀している福田康夫内閣の二〇〇八年では、憲法改正世論調査への関心は大きく低下している。それでも、冷戦崩壊後の左翼政党にとって「護憲」は唯一のレゾンデートルであり、「九条の会」や「9条ネット」など市民運動も活動を続けている。

直近の憲法世論調査として、二〇〇八年五月三日付『朝日新聞』の記事「〝九条変えない〟世論戻る　変える二三％・変えない六六％」を見てみよう。見出しでは「九条」問題にスポットが当てられているが、憲法改正の必要性については「必要がある」五六％は「必要はない」三一％を上回っており、前回二〇〇七年四月調査の「必要」五八％、「不要」二七％とほとんど変わらない。各新聞社世論調査でも、改憲賛成に「議論した結果改正することがあってもよい」という容認まで含めれば六〇％を超えており、相変わらず憲法改正への支持は続いている。その上で戦争の放棄や戦力の不保持を定めた憲法九条について、「変えない方がよい」と考える人が二〇〇八年は大幅に増加し、「変える方がよい」は減少している。

「変える」に傾きつつあった世論が、以前の水準に戻ってきたと映る。(3)

自民党支持層でも第九条については、「変えない方がよい」五七％（前年四一％）、「変える」三〇％（同四三％）となっている。わずか一年間での大きな変化の意味は慎重に読み取るべきだろうが、与党の公明党を支持する層では「変えない」が約八割に達している。この間、二〇〇七年九月の安倍退陣の後は衆参両院の憲法審査会も委員選定さえ出来ず、改憲をめぐる公的議論はまったく停滞している。だとすれば、この変化は輿論（意見）の変化というより世論（気分）の変化とみるべきかもしれない。

こうした空気の変化は、少し時間的な距離をとってみるとわかりやすい。現在の憲法世論の変動は、とりあえず二〇〇五年小泉純一郎内閣の九・一一衆議院選挙で自民党が圧勝したことに始まる。与党が衆議院の三分の二以上を占めたことで、はじめて憲法改正が現実味を持つようになった。いわゆる「五五年体制」の下では憲法改正論は護憲派にとっても改憲派にとってもあまり現実味はなかった。二〇〇七年五月に安倍内閣で憲法改正の具体的手続きを定める国民投票法案が可決成立したが、逆にいえば一九五五年体制の枠では具体的手続きを真剣に考える必要がなかったということである。一九五五年体制とは米ソの東西冷戦の国内版であり、一九五五年十月の左右社会党の統一とそれに続く翌十一月の自由党・民主党の保守合同に由来するシステムである。このシステムの本質は憲法改正の発議を阻止する国会議席の三分の一以上を社会党が握っているという消極的なものであったため、一九九三年細川護熙政権成立後も消極性ゆえにその命脈を保ってきた。このシステムを破壊したのが、小泉内閣の九・一一郵政選挙であり、その二ヶ月後の新憲法草案の発表である。

自民党の新憲法草案

二〇〇五年十一月二十二日、自民党は立党五十周年記念式典で新憲法草案を発表した。もちろん、自民党内部も一枚岩とは言えず、今後も紆余曲折があるのだろう。それにしても、これまで公表された改憲案に比べ、公明党や最大野党・民主党に対する配慮からか大幅に保守色が薄められた。つまり、「自衛軍」の明記以外にも、「環境権」など新しい人権の追加という受け入れやすい要素をあわせもっている。それだけに、改憲プロセスが具体的文言をめぐるレベルに入ったという印象が強かった。

この自民党新憲法草案発表以前の憲法世論調査として、二〇〇五年五月三日の憲法記念日に『朝日新聞』が掲載した憲法改正に関する世論調査を見てみよう。四月二十四日と二十五日、層化無作為二段抽出法で選ばれた全国の有権者三千人（有効回答率六〇％）に面接方式で実施されている。第一面の大見出しは「憲法『自衛隊規定を』七割」だが、その横に「九条改正　反対五一％」という小見出しが並んでいる。「輿論」ではない「世論」、あるいは「意見」ではない「気分」と考えなければ、理解できない奇妙な結果である。

この調査結果では、憲法全体をみて「改正する必要がある」と答えた人は五六％、「改正する必要はない」は三三％であり、自衛隊について「存在を明記」と「普通の軍隊とする」を合わせ、憲法改正による位置づけを求める意見は七割に達した。しかし、第九条の扱いでは「変えない方がよい」が五一％で半数を超えている。自衛隊の存在承認と第九条の改正は論理的に考えれば不可分である。つまり、防衛力を必要とする「認識」と平和主義の「気分」とで分裂している回答者が少なくないということである。

この朝日新聞社世論調査の報告と同時に掲載された社説「世直し気分と歴史の重さ――改憲論議を考える」では、当時、中国で続発していた反日暴動に「歴史の重さ」（輿論）を読み取ることを訴え、改憲論議を「世直し気分」（世論）として退けている。

憲法といえば、かつては思想や民主主義をめぐる路線がぶつかりあう硬いテーマだった。ところが最近は気分やスタイルの問題みたいな雰囲気が漂う。朝日新聞の世論調査で「改憲」という言葉のイメージを聞いたところ、「現実的」二九％、「未来志向」二八％と肯定的な意見が多く、かつての改憲につきものだった「復古的」というイメージを答えた人は八％に過ぎなかった。(4)

もっとも、朝日新聞社調査だけが特別なわけではない。同時期に憲法に関する世論調査を行なった『北海道新聞』や『琉球新報』も、それぞれ「改憲容認八割に迫る」、「『憲法見直し』五二％」と見出しをつけた上で、第九条支持の過半数とのギャップに「世論の矛盾」を指摘している。

これに対して、積極的な改憲のオピニオンを表明していた読売新聞社は、二〇〇五年五月三日付「編集手帳」で次のように述べている。

小社の最新の世論調査では、六一％の人が「憲法を改正する方がよい」と答え、その半数が現行憲法では国際平和協力活動に十分な役割を果たせないと、理由を述べている。わが身ひとりの無事に満ち足りることなく、世界の無事に役立つには――終戦から六〇年、平和をめぐる国民の意識も進化しつつあるのだろう[5]。

国際平和協力活動支持というオピニオンの視点のみでは、憲法改正と九条保持で分裂する「センチメンツの矛盾」に目が届かないようだ。世論と輿論の二つの分析概念が必要となる所以である。

こうした改憲熱の高まりに反対して二〇〇四年結成された市民運動が「九条の会」を名乗るように、改憲論議の焦点は安全保障、国防を規定する九条の攻防である。自民党「新憲法草案[6]」では第九条一項「戦争の放棄」に関しては現行記述をそのまま踏襲し、第二項のみを改正して国防や国際協調を目的とした「自衛軍の保持」を明記している。また集団的自衛権は条文には明記せず、新たに作る「安全保障基本法」「国際協力基本法」「緊急事態法」で規定するとしている。

自衛隊の存在を念頭におくと、「戦力の不保持」から「自衛軍の保持」への変更は現状追認に過ぎない。だが、海外活動の枠組みが曖昧のままでは近隣諸国との間で無用な摩擦を引き起こす可能性も高い。それゆえ、集団的自衛権を含む海外活動の範囲をめぐって輿論（理性的討議による公論）をたたかわすべきである。しかし、私の杞憂であればよいのだが、そうした理性的な討議より自衛「隊」を自衛「軍」に変えるという名称問題で世論（雰囲気として漂う私情）が沸騰する可能性が高い。組織名称をめぐっては自民党内に「国防軍」を求める意見もあったようだが、小泉純一郎元首相が「自衛軍」明記で了承したという。機能的な大差はないとしても、国防軍―自衛軍―自衛隊のグラデーションで世論の反応は大きく異なるだろう。

それにしても、二〇〇五年の自民党「新憲法草案」を熟読して感じるのは、これまでの世論調査の動向がよく分析されていることである。すでに一九六〇年代から自衛隊の必要性を問う世論調査では、安全保障や災害派遣を理由に「あった方がよい」と答える者が八割前後を維持していた。しかし、「改憲し軍隊とする」ことの是非を問う世論調査で改憲支持は極端に減少し、大半は「自衛隊でよい」と現状追認を選択してきた。九条改正に関しては、改憲容認に傾いた今日の状況も基本的には変らない。毎日新聞社が二〇〇五年九月二日から三日間、四五五〇人（回答は二四一八人）を対象に行った憲法問題に関する全国世論調査（面接）では、憲法改正に「賛成」と回答した人は五八％で、「反対」の三四％を大きく上回っていた。しかし、戦争放棄や戦力の不保持を定めた九条改正に関する質問では次のように逆転している。

◇戦争放棄や戦力の不保持を定めた憲法九条を変えるべきだと思いますか。

「変えるべきだ」三〇％　「変えるべきでない」六二％

◇〈変えるべきだ〉と答えた方に――憲法九条は第一項で「戦争の放棄」を定め、第二項で「陸海軍その他の戦力を保持しない」と定めています。あなたは、一項と二項のどちらを変えるべきだと思いますか。

「一項を変えるべきだ」一三％　「二項を変えるべきだ」五〇％　「両方とも変えるべきだ」三五％(7)

九条改正に世論はいぜん消極的だが、改正支持者の多くが「戦争の放棄」に手をつけず「戦力の保持」の明記を求めていることは明白である。逆に言えば、第二項のみを改正の争点にした場合、世論全体が九条改正に大きく傾く可能性は少なくない。そもそも「九条改正のための改憲」を世論が支持した時代が存在する。以下では、その一九五〇年代の世論調査を概観してみよう。

一九五〇年代の再軍備世論

周知のごとく現行の一九四六年憲法はGHQ草案をもとに作成された。ポツダム宣言に従って帝国陸海軍は解体されており、占領下の日本で憲法九条は選択の余地のない「現実」であった。それゆえ、吉田茂首相も憲法制定議会で「国家正当防衛権による戦争」を想定することを有害と退ける答弁をし、「近年の戦争は、多くは国家防衛権の名において行われた」として自衛権の発動さえ否定していた。しかし東西冷戦の激化にともない、マッカーサー元帥は一九五〇年一月一日の声明で、「日本国憲法は自衛権を否定していない」との解釈を示した。さらに同年六月二十五日の朝鮮戦争勃発にともないGHQは七月八日、日本政府に七万五千人の警察予備隊創設を指令した。こうして日本の再軍備はアメリカ主導で動きだし、一九五一年九月八日にサンフランシスコ講和条約と日米安全保障条約が調印された。一九五二年四月二十八日の講和条約発効により日本は主権を回復し、同年八月一日警察予備隊と海上警備隊を管理運営する保安庁が設置された。その二年後、一九五四年七月一日防衛庁設置法と自衛隊法が施行され防衛庁と自衛隊が発足する。

いわゆる「逆コース」の中で、憲法改正と再軍備を正式に掲げた政党が一九五四年十一月結成された。日本民主党（現在の民主党と直接の関係はない——念のため）である。さらに改憲による再軍備を公然と表明した内閣が翌五五年三月に成立する。第二次鳩山一郎（その孫が民主党幹事長・鳩山由紀夫）内閣である。同年十一月に自由党と合同した際の自由民主党政綱には「現行憲法の自主的改正をはか」ることが明記されていた。一九五七年八月、国会に野党委員空席のまま憲法調査会を発足させたのは、岸信介（その孫が前首相・安倍晋三）内閣である。

こうした再軍備プロセスは国会における野党の強い反撥の中で進められたわけだが、政府が国民世論の反対を押し切って再軍備を進めたと考える根拠は乏しい。一九五〇年警察予備隊創設二ヶ月後に行なわれた朝日新聞社世論調査から時系列的に見てみよう。

◇ある人たちは、わが国は軍隊をつくるべきだといっていますが、あなたはこの意見に賛成ですか。反対ですか。――「軍隊」というのは日本を侵略から守れる軍隊のことで、警察予備隊や、海上保安隊とはちがいます。（一九五〇年九月）

「賛成」五四％　「反対」二八％　「わからない」一八％

過半数が再軍備を支持、三分の一が反対という結果は、後の「五五年体制」的な均衡を想起させる。プレスコードは前年一九四九年十月に解除されていたが、なお占領期のため、ＧＨＱが指令した警察予備隊創設の是非を問うことはタブー視されていた。「警察予備隊や、海上保安隊とはちがいます」という但し書はＧＨＱへの配慮でもあっただろう。翌年講和条約調印後の調査では、次のような質問に代わっている。

◇「日本も講和条約ができて独立国――一本立ちになったのだから、自分の力で自分の国を守るために軍隊を作らねばならぬ」という意見があります。あなたはこの意見に賛成されますか。反対されますか。（一九五一年九月）

「賛成」七一％　「反対」一六％　「わからない」一三％

◇（賛成七一％に）あなたの考えていらっしゃる軍隊というのは、どんな軍隊ですか――警察予備隊や海上保安隊に似たような小規模の軍隊ですか。それとも陸軍、海軍を備えた大規模の軍隊ですか。（同）

「小規模の軍隊」二九％　「大規模の軍隊」三四％　「どちらともいえない」五％　「わからない」三％[8]

再軍備支持が七一％の高率に達しているが、それよりも軍隊の定義が変化していることに注目すべきだろう。「警察予備隊や、海上保安隊とはちがいます」（一九五〇年）から「警察予備隊や海上保安隊に似たような小規模の軍隊ですか」（一九五一年）への変化は、警察予備隊の軍隊化も意味している。政府はもちろん、警察予備隊は「憲法で保持を禁じている戦力ではない」との答弁を繰り返していた。これは「白馬は馬にあらず」式の詭弁であり、もちろん国民の世論＝実感とも隔たっていた。朝日新聞社は一九五二年二月、保安隊への拡大改組を前に「軍隊かどうか」を問う世論調査を行っている。

◇政府はこの一〇月から、警察予備隊を七万五千人から十一万人にふやし、大砲なども持たせ、名前を保安隊に変えようと考えています。あなたは、その必要があると思いますか。そんな必要はないと思いますか。（一九五二年二月）

「必要がある」四五％　「必要がない」二五％　「わからない」三〇％

◇政府の考えているこのような保安隊や防衛隊は、軍隊だと思いますか。軍隊ではないと思いますか。（同）

「軍隊である」五五％　「軍隊でない」一九％　「わからない」二六％(9)

「保安隊は軍隊ではない」という政府の憲法解釈を受け入れた国民は二割に満たない。だが、その上で軍備強化の「必要がある」と四五％が答えていたことも無視できない。この調査では「憲法改正」をめぐる質問も行なわれている。

◇日本は憲法で、戦争はしない、軍隊は持たないときめていますが、このようにきめたことはよかったと思いますか。まずかったと思いますか。（同）

「よかった」二七％　「仕方がなかった」二七％　「まずかった」一六％　「わからない」三〇％

◇日本が再び軍隊をつくるためには、戦争はしない、軍隊は持たないと憲法にきめてあるのを改めなければなりませんが、あなたはこのようにきめてあるのを改めて、軍隊をつくる必要があると思いますか。それまでする必要はないと思いますか。（同）

「改正して軍隊をつくる」三一％　「改正してつくる必要はない」三二％　「その他（情勢次第によるなど）」六％　「わからない」三一％(10)

朝鮮戦争の真っ最中とはいえ、九条の「戦争放棄・軍備不保持」に否定的な態度（仕方がなかった・まずかった）が四三％にも達している。ほぼ同時期に行なわれた毎日新聞社（一九五二年三月）と共同通信社（同年四月）の世論調査では、軍隊を持つためには憲法改正の必要があるとした上で、その場合の国民投票における賛否が問われている。賛成に投票するものは毎日で四三％、共同で四二％に達した。一方、反対に投票するものは毎日で二七％、共同で二八％に過ぎなかった。もし、一九五二年段階で実際に国民投票が行なわれていれば、憲法改正が実現していた可能性は少なくな

図3 日本に軍隊は必要か

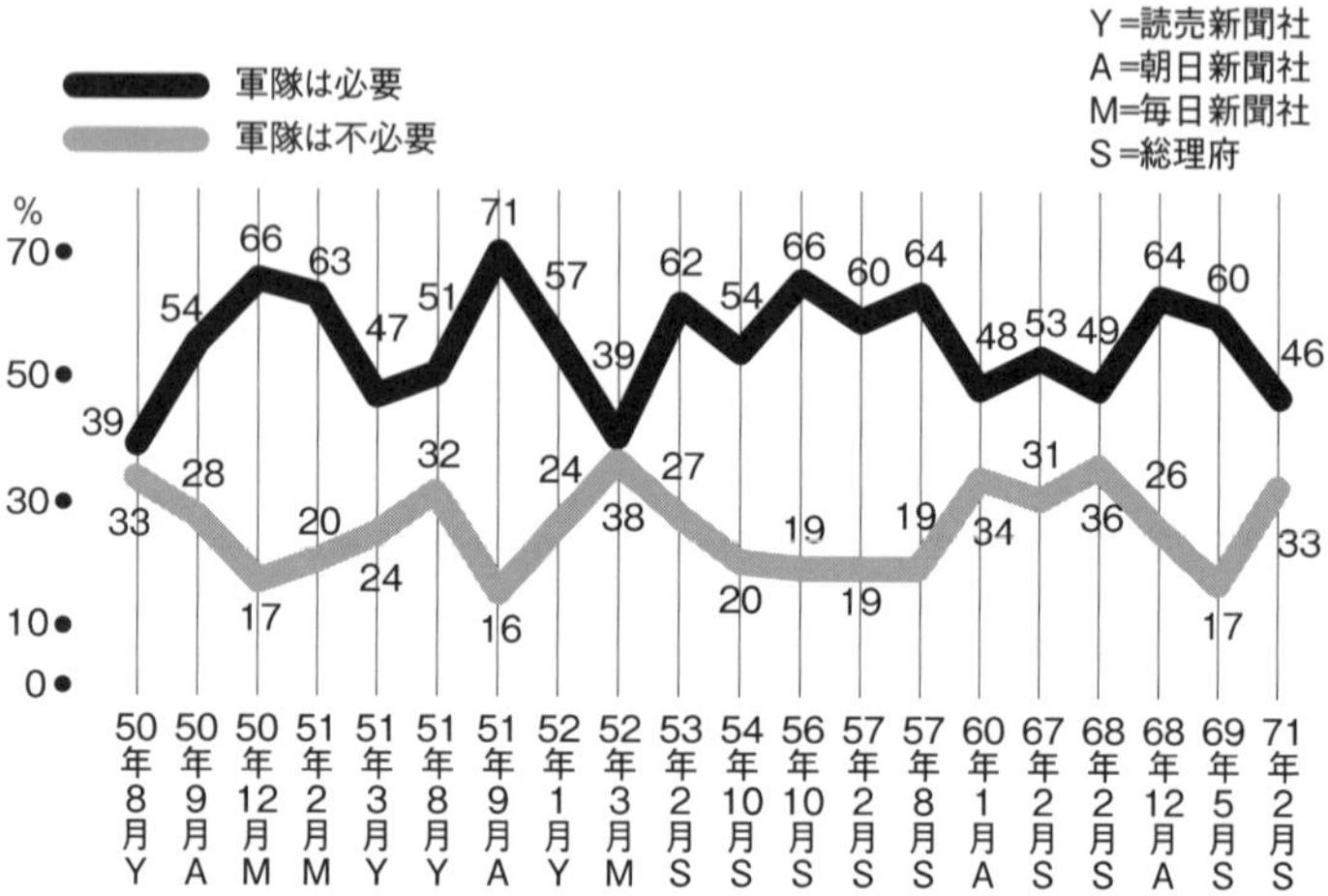

図4 再軍備に賛成か反対か

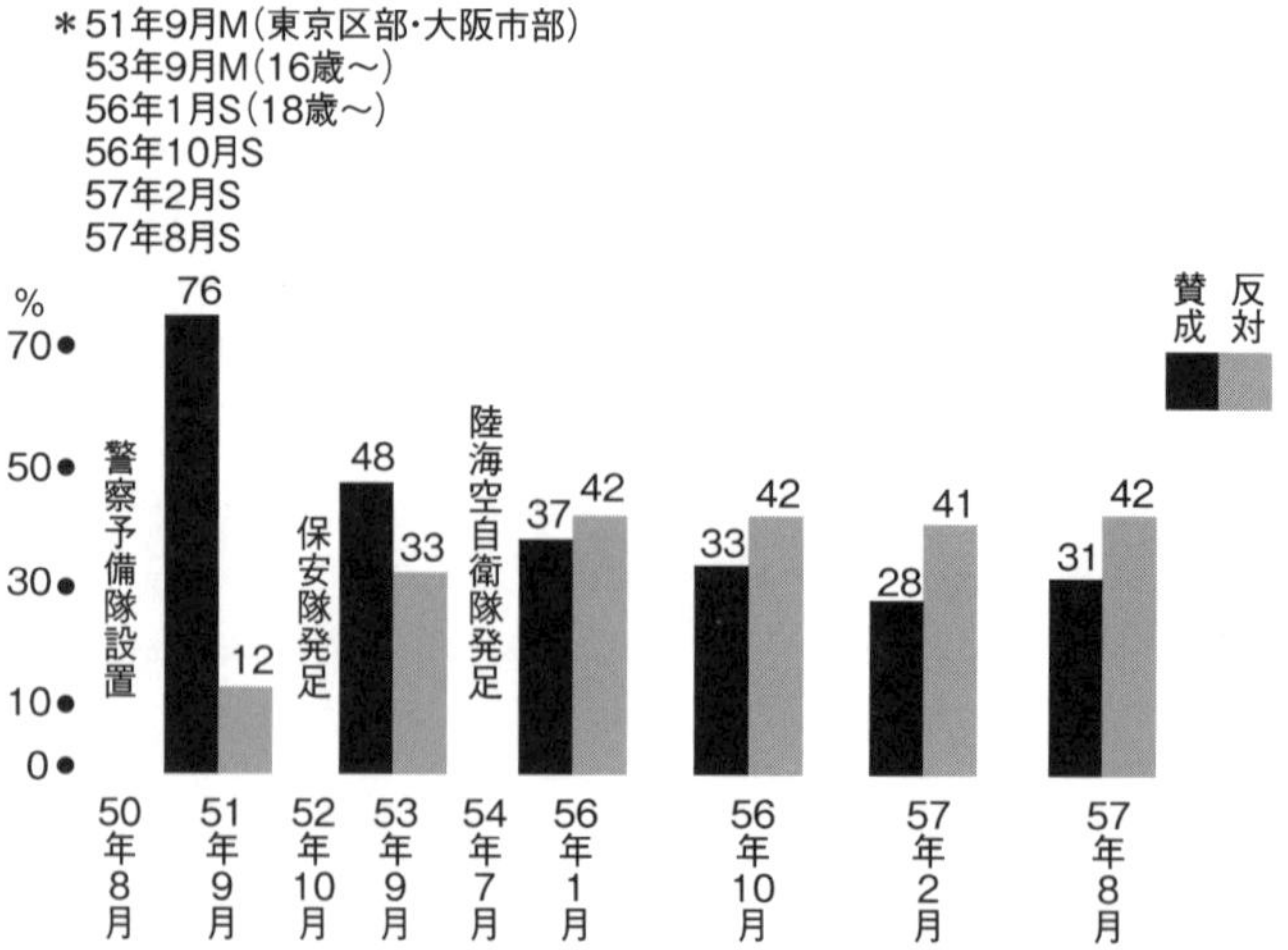

図３、４はＮＨＫ放送世論調査所編『図説　戦後世論史　第二版』（ＮＨＫブックス 1982年）170―171頁をもとに組みなおしたもの。年号は西暦。

かった。

しかし、日本政府は憲法解釈による軍備拡大を選択したため、再軍備のための改憲を支持する世論は勢いを失っていった。もちろん、なし崩し的軍拡の方が世論の支持を得やすかったためである。一九五三年の朝日新聞社調査は、そうした政策の合理性を裏付けている。

◇政府は、保安隊や海上警備隊をだんだん強くしてゆこうとしていますが、あなたはこの方針に、賛成ですか。反対ですか。(一九五三年一月)

「賛成」三八%「反対」二〇%「条件による」一二%「やむをえない」一二%「意見なし」一八%

◇あなたは、憲法で戦争はしない、軍隊は持たないと決めてあるのを改めて、軍隊をつくる必要があると思いますか。改めてまでつくる必要はないと思いますか。(同)

「改正して軍隊をつくる」三一%「改正してつくる必要はない」四二%「その他の答え」四%「答えない」二三%[11]

自衛隊の必要論はその後の世論調査でも一貫して多数を占めてきたが、再軍備問題ではこの一九五三年を境に「必要ない」が増加していった(図4)。

マルクス主義者のポリズム批判

一九五四年自衛隊発足以前の朝日新聞社世論調査を概観したが、あたかも世論調査結果が再軍備プロセスの正当性を裏書きしているように見える。こうした展開は、とりわけ護憲派知識人に強い警戒感をもたらした。それまで世論調査は国民主権を象徴する民主的システムとしてもっぱら礼賛されてきたが、一九五〇年代前半の論壇にはマルクス主義者による世論調査批判が噴出した。批判の射程は単に調査主体のブルジョア性にとどまらず、大衆社会における世論形成過程にも及んでいた。一九四六年当用漢字表公布により「輿論」の代用品として登場した「世論と書いてヨロンと読む」戦後世論は一つの転機を迎えていた。それを、「軍人勅諭」が示す「世論に惑わず」の戦前世論への逆コースと見た人々もいたわけである。再軍備をめぐる世論調査を批判して執筆された主な文献には以下のものがある。

上杉正一郎（法政大学講師）「世論を迷わす世論調査」『マルクス主義と統計』青木文庫、一九五一年

田沼肇（大原社会問題研究所員）「世論調査の魔術」『自然』一九五二年一月号

田沼肇「世論調査と科学」『思想』一九五二年四月号

田沼肇「とまどう世論調査」『パブリック・リレーションズ』一九五二年四月号

正木文夫「新聞世論調査は信じうるか」『パブリック・リレーションズ』一九五二年四月号

林周二（東京大学経済学部）「危機における〝世論〟」『自然』一九五二年七月号

田沼肇「統計的にみた再軍備世論」『中央公論』一九五二年十一月号

これ以前にマルクス主義者がブルジョア新聞の世論調査を批判した事例としては、風早八十二の「日本労働者のイデオロギー論序説」（一九四八年）も存在する。風早は世論調査を「朝日新聞の世

論調査のごとき『見本法《サンプリング》』による平面的な本質的にブルジョア的なもの」と「階級意識の昂揚の立場からする世論調査」に二分し、前者を「階級性を抹殺するブルジョア科学」と糾弾する。

ブルジョアジーとその代弁は反問する。世論調査の結果は大体において、現在の選挙の実績と符合するではないかと。だがもし、現在の選挙そのものが、本質的にブルジョア支配の手段、形式であり、ブルジョア的公平の名の下に、実際は買収と干渉によつて、大衆の票をかき集めることをはじめから勘定に入れているのである、としたらどういうことになるか。見本法世論調査は、できる限り正確にこのブルジョア的支配の現実と表裏し、これを補強する手段にほかならない。[12]

これに「革命的世論の形成」を目指す労働運動側の調査を対置するのだが、統計学や調査法に明るくないため説得力には乏しい。とはいえ、世論調査が「世論統制」として機能することを、世論調査を推奨するGHQ占領下で指摘した勇気だけは評価できよう。

風早の粗雑な批判に比べると、統計学者である上杉正一郎の「世論を迷わす世論調査」は優れている。上杉は同志・風早の指摘を「的外れ」と退け、批判の矛先を調査主体の正当性に向けている。第二章でふれたように、一般に科学的世論調査の始まりはG・ギャラップのアメリカ世論研究所が設立された一九三五年とされている。一九三三年に開始されるローズヴェルト大統領のニューディール政策とほぼ同時に、「ブルジョア議会制度のやぶれをつくろう」ために世論調査が政府主導で制度化されたことを上杉は鋭く指摘している。[13] こうした調査主体批判を引き継いで、田沼肇「世論調査と科学」は世論調査が戦時宣伝を行ったのと同じ人物、組織によって担われていることを告発している。

現在の国立世論調査所長である小山栄三氏が戦時中に主張したように、「正宗の名刀それ自身は切れる点に価値があるのであるから、切れればよいのである」（『戦時宣伝論』、二三頁）というようなわけで、推計《ママ》学が乱暴にふりまわされ、再軍備賛成の世論が雪だるまのようにつくりだされては、国民が迷惑する。(14)

この批判は、世論調査を担った個人のみならず日本の大新聞社にも当てはまる。戦意高揚の言論暢達につとめた新聞が、戦後はそのまま世論調査の担い手となったからである。ブルジョア新聞が行う「質問法の階級性」を、上杉は三つの特質から分析している。(15)

第一は「世論の押し売り」であり、次のような誘導の事例を挙げている。

◇講和後、日本は国をまもるていどの軍備をもつ必要があるという意見がありますが、あなたはどうおもいますか（毎日新聞社・一九五一年三月）

◇日本に国防軍を再建させよといいわれていますが、どうおもいますか（読売新聞社・一九五一年三月）

確かに、こうした質問ではいかにも再軍備論がすでに有力な意見、または世論でさえあるかのような暗示を与える。つまり、「みんなはこういっているが、おまえは反対かね」ときく質問法が、「ブルジョア的世論調査」の第一の特徴であるというのだ。

第二の特徴は、「抽象化」である。再軍備によって国民の生活がどう変るかなど基本的な問題を抜きにして抽象的な形で質問する。上杉は西ドイツで一九五一年九月中旬に行なわれた再軍備に関する世論調査の具体的な質問を、日本の抽象的な質問と比較している。

◇あなたは再び兵隊になるのがよいと思いますか、あなたの子供や夫が、再び兵隊になるべきだと考えますか。〔強調は原文〕

これに対する回答は、「いいえ」七五％、「はい」二〇％、「意見なし」五％であり、徴兵対象の青年層とその配偶者や母親である女性の場合、「いいえ」の比率がとくに高くなっていた。自分の問題として考えさせるドイツ式の質問に対して、日本の再軍備に対する世論調査の質問は、前節で見た通り、確かに抽象的であった。ただし、具体的な形式で質問した場合、日本でもドイツと同じ結果が出たとも言えない。実際、上杉の著作刊行から三ヶ月後、一九五二年二月に行なわれた朝日新聞の調査では、このドイツ式とよく似た質問が取り入れられている。そして、その結果は上杉の意に反して、西ドイツとは大きく異なっていた。

◇あなたは、いま日本に軍隊をつくる必要があると思いますか。そんな必要はないと思いますか。（一九五二年二月）

「必要がある」三二％　「条件つきで必要」二四％　「必要はない」二六％　「わからない」一八％

◇（必要がある・条件つきで必要五六％に）あなたや（婦人には　あなたの夫や）あなたの親、兄弟、子供や孫たちが兵隊にとられるようなことがあっても、それは当り前だと思いますか。そうなってはいやですか。（同）

「当り前だ」一五％　「仕方がない」二五％　「いやだ」一四％　「答えたくない・わからない」

二％[16]（分母を五六％とした割合）

軍隊は「必要」と答えた五六％から自分や親族の徴兵は「いやだ」という一四％を引いても再軍備の支持は四二％であり、反対が少数意見であることに変りはない。だが、ここでは上杉のように抽象的質問と具体的質問とに分けるのではなく、輿論と世論を別々に質問しているのだと理解すべきだろう。つまり、「いまの日本に軍隊をつくる必要があると思いますか」は国全体を考えた上での輿論（公論）が問われており、「あなたや近親者が兵隊にとられても当り前か」は個人的な世論（私情）を問うている。その意味で、再軍備は輿論と世論が一致しがたい問題系なのである。

第三の特徴は、反対意見を政策への妥協に誘導する質問である。つまり、読売新聞社（一九五一年三月）あるいは朝日新聞社（同年九月）の世論調査に含まれる「自衛軍をもつとすれば、志願兵制度がいいとおもいますか、徴兵制度がいいとおもいますか」という質問が、徴兵制でなければいいと不安を和らげるために置かれている、と上杉は指摘する。

最後に、「分析方法の階級性」によって歪んだ解説の例として「わからない」回答の扱いと中間的回答の主観的分類も挙げている。再軍備世論調査（一九五一年三月）に関する読売新聞社説が引用されている。

これらの人々は日々の生活に追われていてその日の新聞もロク〳〵読んでいないためであろう。「わからない」と答えるものが男子よりも婦人に多いのは多年の因習による無自覚に基く当然の結果であるとも見られる。いずれにせよ民主政治は個人の思考力の上に発達する政治である以上、世論調査の「わからない」の回答率をなるべく少くしたいものである。[17]

上杉は、「わからない」回答者を無知層として括ることを批判し、彼らこそ「ブルジョア的宣伝に対する国民の消極的な抵抗をあらわすもの」と見なしている。そこまで言えば言い過ぎだが、「わからない」を「政治的無知」と一括できないという指摘は重要である。再軍備を具体的に自らの問題として考えれば、輿論（公論）と世論（私情）の間で揺れ動き、熟慮の上で「わからない」と答えることも珍しくはなかったはずである。

こうしたグレーゾーンは「中間的回答」でも指摘できる。上杉は同じ読売新聞社調査を取り上げている。

◇講和後もアメリカの軍隊が日本にとどまることを希望しますか（一九五一年三月）
「希望する」一八・五％「当分の間なら希望する」四五・二％「希望しない」一六・七％
「わからない」一九・六％[18]

「希望する」と「当分の間なら希望する」の回答を合計して「米駐兵・約六四％が希望」という見出しを『読売新聞』はつけている。しかし、「当分の間なら希望する」という回答は、一定期間以上は米軍駐留を「希望しない」という含意もある。この中間的回答に内在する矛盾を、上杉は「一方では支配階級の〝世論指導〟と、他方では日々の生活体験やプロレタリアの立場からの教育宣伝などから教えられる真実とのあいだを動揺するデリケートな気分[19]」の表れであるという。だが、そうしたマルクス主義的解釈よりも、中間的回答の矛盾を意見（輿論）と感情（世論）の分裂として理解すべきだろう。朝鮮戦争が続いていた当時の国際情勢を冷静に考えて「当分の間なら希望する」場合は理性的な意見といえる。しかし、主権回復後に駐留する外国軍に反撥を感じるのもごく自然な感情である。そして、こうした輿論と世論の矛盾を結晶化したのは、講和条約と同時締結された日米安全保障条約である（日米安保条約とその改定をめぐる「輿論／世論の決戦場」、いわゆる一九六〇年安保闘争は次章で論じる）。

いずれにせよ、「民主化の希望だった世論」は一九五〇年代前半に「危機における世論」へと変貌した。林周二は同名の論文で次のように論じている。

マス・ソサエティーにおいて世論調査の果す役割は、このようにしてまさしく〝世論〟の製造となってあらわれる。新聞社の世論調査室は〝世論〟を製造する工場である。この工場において作成された〝世論〟は、とりも直さず一個の商品に他ならない。われわれを取りまくマス・コミュニケイション・エンパイアはこのようにしてそのステロ版をヨリ均一な、そしてヨリ強固たるかたちで最大的に再生産して行く[20]。

しかし、こうした批判が世論調査を行なう実務者の耳に届いたとは言えない。『朝日新聞』の「科学界一年の回顧」（一九五一年）は、世論調査批判を一蹴している。

破壊的な、あるいは感情的な批判はあっても、いわゆるサンプリングによる社会、経済、教育等の諸調査が活発に行われ、少くとも従来よりも安心して信頼できる数字的根拠を与えている[21]。

「安心して信頼できる数字的根拠」という冷徹な表現に、世論調査が担った公共的意識管理システムの有り様を読み取ることもできるだろう。

世論調査の自己成就

一九五三年七月二十七日、朝鮮戦争休戦協定が調印されると、戦火が日本に及ぶ危機感はひとまず遠のいた。また、朝鮮特需による経済復興とともに戦前の帝国憲法への愛着も薄れていった。「再軍備のための改憲」の是非を問うた主要な全国調査では、自衛隊発足の一九五四年に行なわれた読売新聞社世論調査（賛成三八％／反対三〇％／他・無回答三二％）を最後に、改憲反対派が優位に転じた。

改憲が持論だった鳩山一郎首相でさえ、一九五五年六月十六日の衆議院内閣委員会の答弁では改憲を喫緊の課題とすることに慎重な姿勢を示している。「現行憲法の改正の御意思ありやなしや」と迫る自由党・江﨑真澄議員への答弁を会議録から抜粋してみよう。

○鳩山国務大臣　私は三年ほど前には、しきりに、日本は自衛のためにも憲法を改正しなければ軍隊を持つことができないということを申したのは、あなたのおっしゃる通りであります。その後におきまして自衛隊法ができ、防衛庁設置法ができまして、憲法九条は、自衛の目的のためならば、自衛のために必要な限度においては兵力を持ってもよろしいというような主張が議会において通ったのであります。（略）憲法というものは、解釈によってどうにでも——時代の変遷とともに、解釈の変遷によって変っていくというように言い切ることは困難だと思いますが、しかしながら、疑問のある条項は国民の判断によって変っていくべきものだと思います。

これはひとり日本ばかりではなく、イギリスなどにおいてもやはり解釈によって憲法の適用が違ってくるということは通説だと私は思っております。

再軍備では吉田茂が敷いた軽武装経済重視路線が踏襲され、鳩山は憲法解釈によってそれを追認している。こうした「世論」を反映する憲法解釈の危険性を、明治憲法と「あの大戦争」の例を引きながら、江崎は次のように指摘している。

○江崎委員　そうすると結局憲法というものは、世論の推移に従って勝手に読みかえるとまでは言い切れないとおっしゃるけれども、現実の問題としては、総理の場合は読みかえておられるわけでありますが、たとえば明治憲法の場合、この間のあの大戦争の場合におきましても、専制的な総理というものができまして、そうしてあのときに、誤まれる総理の指導のもとには、多分に国民は、あの米英討つべしという形で戦争の方向に挑発されておったわけであります。そうすると、そういう形に国民世論がなってくれば、あの明治憲法はどんなに読み違えて戦争に引きずろうがどうしようがいいということに、この話を進めていけばなると私は思うのでありますが、鳩山総理の今日ただいまの考え方というものはきわめて危険な考え方だと思うが、この点一体どういうふうに考えられますか。

○鳩山国務大臣　第九条はとにかく疑いのある条章ですから、やはり先刻あなたが言われた通りに、私は改正した方がいいとは思うのであります。しかしながら、自衛のために兵力を持っていいというのは、これはやはり大ていの人がみなそういうような意見を持っているのでありますから、決して無理な解釈ではないのであります。[22]

しかし、一九六〇年三月、憲法調査会事務局が社団法人日本世論調査研究所長・清水伸に委嘱したレポート『日本の世論』の第三章「自衛隊に対する通念と再軍備問題に対する世論」は次のように総括している。

多数国民の常識ないし通念において、わが自衛隊は既に軍隊であり、軍備ということになっているが、それは憲法に矛盾している。そこで、その矛盾をなくすためには、憲法改正の必要があるのではないか、とつめよられると、態度が急に曖昧となってしまっている。（略）軍備がただちに戦争や侵略に通ずると考えることは、国民の主権者としての権威的自覚において薄弱な状態にあることをものがたっているといわねばならない[23]。

「国民の主権者としての権威的自覚」は、世間の雰囲気（世論）に乗じることからは生まれず、公共的な意見（輿論）を担う覚悟から生まれるはずであった。しかし、「輿論の世論化」の流れに逆らって、自衛隊と九条第二項の矛盾に向き合う努力を国民の多くは忘れてきた。冷戦体制下での高度経済成長がその忘却を可能にしたともいえるだろう。また、九条改正阻止を第一義的に重視する護憲運動にとっても、それはひとまず満足できる状況だったはずである。そのため、一九五〇年代前半に表面化した世論調査批判もジャーナリズムでは急速に影を潜めた。そもそも、矛盾を抱き込む五五年体制こそが「世論の推移」を反映するシステムでもあった。

しかし、五五年体制はいまや瓦解し、新たなシステム再編の動きが始まっている。二〇〇五年九月の毎日新聞社世論調査では、「憲法改正の実現」を国民は次のように予想している。

◇あなたは、憲法改正がいつまでに実現すると思いますか。（二〇〇五年九月）

「三年以内に実現する」一〇％「五年以内に実現する」二一％「一〇年以内に実現する」二三％「一〇年以上先に実現する」一四％「実現するとは思わない」二三％(24)

同じ調査で三四％が憲法改正に反対しているはずだが、憲法改正が「実現するとは思わない」ものは二三％に過ぎない。つまり反対者の三分の一は、気分《せろん》として反対だが、反対の意見《よろん》を担う覚悟はないのである。一方、十年以内で改正すると考える国民は五四％に達している。私が気になるのは、この質問票を作成した人物が「予言の自己成就」をどれほど意識していたかという点である。ある状況が起りそうだと考えて人々が行動すると、そう思わなければ起らなかったはずの状況が実際に生起してしまうことを、社会学者R・K・マートンはそう名付けた。マートン自身は銀行の支払不能の噂が預金者のパニックを引き起こし実際に経営破綻に至る事例などを挙げている。おなじように「世論調査の自己成就」ともいうべき現象は考えられないだろうか。今後、世論調査の設問に目を光らせておく必要がますますありそうである。

なお、朝日新聞社世論調査の解説記事（二〇〇八年五月三日付）では以下のデータに「改憲　なお半数〝現実的〟」の見出しが打たれている。

◇憲法改正は、現実的な問題になってきていると思いますか。まだ先の問題だと思いますか。

（カッコ内は前回二〇〇七年四月）

「現実的な問題」五二％（五九％）「まだ先の問題」三五％（三一％）

見出し文中の「なお」の意味は、「前回二〇〇七年調査の五九％からは下がったものの、なお」との意味であり、まだ危険水域にあるとの価値判断が込められている。憲法改正が「必要」とする人では七三%が「現実的」と見ているわけだから、護憲的価値からはその通りなのである。

◇(「現実的な問題」と答えた五二%の人に)それはどうしてですか。(選択肢から一つ=択一)

「国民投票法など制度が整ってきたから」二〇%　「自民党の新憲法草案など具体的な案が出ているから」一五%　「国民の間で理解が進んできたから」五七%[25]

この調査結果を朝日新聞社は「制度や国会の情勢以上に、国民の理解をどう受け止めるかが、改憲の現実性の判断基準になっているようだ」と分析している。敢えて、重箱の隅をつつくような指摘をすれば、選択肢の「国民の間で理解」と解説記事の「国民の理解」は違うのではないだろうか。国民の理解とは国民が担う意見(輿論)であり、国民の間にある理解とは世間の空気(世論)だと読むこともできる。憲法改正こそ、世論ではなく輿論によって判断すべきことなのではないだろうか。

第六章　「声なき声」の街頭公共性

私は新聞やテレビが派手に扱うほどの中味はないと見ていたので「声なき声に耳を傾ける」とか、「一般大衆もデモに参加しているというが、神宮球場は満員じゃないか」と反論したが、岸内閣のマスコミ対策に手ぬかりのあったことは認めざるを得ない。（岸信介『岸信介回顧録』一九八三年[1]）

近代日本史上最大の大衆運動？

「声なき声」という世論概念を生んだ一九六〇年安保闘争は、近代日本の歴史においてエポック・メイキングな出来事である。『広辞苑』第五版は「一九五九―六〇年全国的規模で展開された、近代日本史上最大の大衆運動」と評している。当時の雰囲気に少しでも触れようと、書庫にこもって私の誕生日一九六〇年十月九日までの新聞縮刷版や雑誌バックナンバーを読み漁った。その熱い政治の季節、まだ母親の胎内にいた私は安保闘争の空気を吸っていない。

本章では日本型世論の系譜を六〇年安保を象徴する二人、岸信介と樺俊雄《かんばとしお》の輿論／世論観から再吟味する。若い読者のために議論の前提として現行高校日本史教科書における「安保条約改定」の記述を引用しておきたい。

鳩山内閣のあとを継いだ石橋湛山内閣は、首相の病気で短命に終った。一九五七（昭和三十二）年に成立した岸信介内閣は、革新勢力と対決する一方、「日米新時代」をとなえ、安保条約を改定して日米関係をより対等にすることをめざした。当初アメリカ側は安保改定に消極的であったが、交渉の結果、一九六〇（昭和三十五）年一月には**日米相互協力及び安全保障条約**（新安保条約）が調印された。新条約ではアメリカの日本防衛義務が明文化され、さらに条約付属の文書で在日アメリカ軍の日本および「極東」での軍事行動に関する事前協議が定められた。[2]

このテキストを書き写しつつ、いろいろ考えさせられた。たとえば、新安保条約の正式名称「日米相互協力及び安全保障条約」がゴチック体で強調されているが、私自身は正式名称を知らなかった。はたして、教科書で強調されている正式名称を答えることができる国民はどのくらいいるのだろうか。また、英文表記 Treaty of Mutual Cooperation and Security between Japan and the United States of America からすると、「日米相互協力条約」と短縮されてもよさそうなのだが。

一九五一年九月サンフランシスコ講和条約と同時に吉田茂内閣が締結した旧日米安保条約は確かに片務的な不平等条約であり、そこには在日米軍の日本防衛義務さえ明文化されていなかった。六〇年安保闘争では特別社説「岸退陣と総選挙を要求す」（一九六〇年五月二十一日付）を掲げた『朝日新聞』でさえ、岸内閣成立直後には「安保条約は改訂さるべきである」と題した社説（一九五七年四月二十八日付）を載せていた。もし、この朝日社説の内容を改定交渉の到達目標とするなら、厳しい東西冷戦の最中に岸信介の行った対米交渉は合格点をつけるべきかもしれない。少なくとも後にノーベル平和賞を受賞した実弟・佐藤栄作の沖縄返還交渉よりも数段優れた外交手腕だったのではあるまいか。六〇年安保闘争では事前協議の空文化や条約期限の長さ（十年）が厳しく批判されたが、それ以前は「協議なし」「無期限」であり、米軍の治安出動に関する内乱条項さえも存在していた。一九五九年八月の毎日新聞社世論調査は、「いまの安保条約では、万一、日本に内乱が起きた場合、米軍は出動できる。改定案では出来ない」とした上で、条約改定の是非を問うている。賛成五四％は反対八％を大きく上回っていた。(3)

選挙結果と議会戦術

だが、新安保条約の内容が当時国民に周知徹底されていたかといえば、そうではない。一九五九年七月実施の総理府世論調査では、「安保条約の改定が問題となっていることを知っているか」に対し、「知っている」と答えたものは五〇％に過ぎず、具体的に改定点を答えることが出来たものはわずか一一％に止まった。(4)

そもそも安保改定交渉は一九五五年保守合同後、吉田内閣の対米従属外交を批判して登場した鳩山一郎内閣が着手したものだが、自民党幹事長から石橋湛山内閣の外相に就任した岸信介によって強力に推進された。

五五年体制の二大政党による最初の総選挙である第二十八回衆議院選挙は一九五八年五月二十二日に実施され、投票率七六・九九％という戦後最高の記録を作った。その結果は、自民党二百八十七議席（六一・五％）、社会党百六十六議席（三五・五％）、共産党一議席（〇・二％）である。無

写真５　安保阻止統一行動で全学連をはじめ33万人が国会前を埋めた。1960年６月18日撮影。（提供・毎日新聞社）

所属で当選した十二名のうち社会党系一名を除いて全員が当選後に自民党に入党したため、自民党議席は二百九十八（解散時より八人増）に達した。選挙後に連立交渉が行われたそれまでの組閣と異なり、新たな岸内閣は「世論」の直接信任を受けた戦後初の内閣であった。

選挙戦勝利の余勢を駆って岸内閣は一九五八年十月に警察官職務執行法改正案を国会に提出した。追い詰められた野党は、これを東条内閣閣僚だった岸信介の反動的性格の顕れとして激しい反対運動を展開した。「オイコラ警察の復活」、「デートもできない警職法」という名コピーを生み出した警職法改悪反対運動は、一九五五年からの砂川闘争、一九五七年ジラード事件で燃え上がった反米・反基地感情と結合することで、六〇年安保改定阻止運動へと発展していった。

確かに警職法は一九五八年十一月審議未了廃案となったが、安保改定交渉中に実施された一九五九年六月二日の第五回参議院選挙でも自民党は大勝利を遂げている。自民党七十一議席（五五・九％）、社会党三十八議席（二九・九％）を非改選議席に加えて、自民党百三十二議席、社会党八十五議席となり、自民党は初めて参議院の単独過半数を制するに至った。岸内閣が安保改定に自信を深めたのは当然である。

他方、社会党は日本が「アメリカの戦争」に巻き込まれる危険性を訴えて、条文中の「極東」の範囲をめぐる執拗な国会質疑などで警職法と同じような審議未了廃案を目指した。この審議行動を指揮した社会党左派の安保特別委員飛鳥田一雄（後に社会党委員長）は、その目的が大衆世論《せろん》の動員だったことを後に告白している。

政治問題は目でみえ、さわって実感できなければ大衆性をもち得ないというのが、われわれの考えであった。「極東」の範囲については魚屋のオッサンも八百屋のオッサンもみんな小学校や中学校で習っている。（略）そこでわれわれは横路〔節雄・民主党元副代表孝弘の父〕氏をけしかけた。あの議論はわれわれ自身バカバカしいと思ったが、ポピュラリティーというか大衆性はあった。(5)

「デートもできない警職法」の成功に学んだ発想だろう。こうした大衆煽動によって議会外の反対運動は盛り上がり、各世論調査でも新条約の不承認が急速に増加した。一九六〇年一月朝日新聞社世論調査では、改定はよいことだ（二九％）、よくないことだ（二五％）、無回答他（四六％）とまだ賛成が若干多かった。しかし、三ヶ月後の四月読売新聞社世論調査（実施三月下旬）では、新条約の承認を望まないもの（二八％）が望むもの（二一％）を上回っている（わからない、他・五一％）。同じく四月毎日新聞社世論調査（実施三月中旬）では、新条約はよい（二一・六％）は、よくない（三六・〇％）に圧倒されるに至った（わからない、他・四二・四％）。こうして改定反対の雰囲気《せろん》は高まったが、いずれも四〇％以上が明確な意見を持ってはいなかった。岸首相が「声なき声」と呼んだのは、この意見《よろん》を持たない最大多数派のことである。

五・一九運動と「声なき声」

それとは別に安保改定反対の「声《よろん》」を記録した決定版は、日高六郎編『一九六〇年五月一九日』（岩波新書・一九六〇年十月二十日発行）である。日高によれば、一九一九年北京で中国の学生が反植民地運動に立ち上がった「五・四運動」にちなんで、一九六〇年安保闘争、すなわち「日本の人民主権回復運動」を「五・一九運動」と呼ぶべく、そのタイトルは付けられた。巻頭に安保闘争への連帯を表明した中華人民共和国国務院副総理・郭沫若の漢詩と、ナチ・ドイツからアメリカに亡命した神学者パウル・ティリッヒのコメントが引用されていることも重要だろう。郭沫若「日本国民に寄す」は『人民中国』一九六〇年第六号に発表されたものである。

　無恥之尤岸信介、　不知悔禍昧天良。
　喪心已認賊為父、　厚臉還甘自作娼。
　三島民情今蹶起、　五洲輿論正瞻望[6]。
　駆除寇盗争民主、　富士山頭旭日光。

この七言律詩が優れたものかどうか、素養がないので評価できない。だが、公論＝輿論と民情＝世論という明治以来の伝統から両者の弁別を主張している私にとって、五－六句目は大変味わい深い。それを直訳すれば、「日本の民情（世論）は今や燃え上がり　世界の輿論（公論）はまさしくこれを仰ぎ見る」となろう。残念ながら、岩波新書においても「輿論」の表記はこの漢詩の中だけであり、他はすべて当用漢字表の制限に従い「世論」に統一されている。

　また、日米知的交流日本委員会の招きで来日中だったハーバード大学教授パウル・ティリッヒは、たまたま目撃した安保闘争の印象を『中央公論』一九六〇年八月号で次のように語っている。

　遺憾な暴力行為は沢山ありましたけれども、若い人々が政治に責任を感じるのは良いことです。彼らは何かの形で政治的決定に加わらなくてはなりません。彼らの方法が良かったかどう

かは私には判断できません。しかし何れにせよ、政治的情熱が何らかの形であらわれたことを喜んでいます。(7)

ティリッヒは、わが国でも現代キリスト教思想に大きな影響を与えた組織神学の理論家として知られる。しかし、その青年時代、ワイマール共和国末期には戦闘的社会主義者として反ナチ運動に参画した経験をもっている。約三十年前、鉤十字に対抗する三本矢のシンボルを掲げてナチズムと街頭的公共圏で対峙することを呼びかけた自らの体験を思い出していたはずである。(8) いずれにせよ、「一九六〇年東京」は戦後という枠を超えて「一九一九年北京」や「一九三三年ベルリン」の街頭の記憶と直結していた。

それにしても、この岩波新書はすごい。私の安保理解とはいささか異なる編集方針としても、安保闘争側の意見（輿論）と気分（世論）を記録した最良の文献である。執筆陣も「進歩的知識人」のオールスター編成である。「前史」藤田省三・荒瀬豊、Ⅰ「五・一九と議会政治」石田雄、Ⅱ「市民は立ち上がる」Ⅲ「デモとスト」日高六郎、Ⅳ「ハガティ事件とアイク招待中止」鶴見良行・日高六郎、Ⅴ「海外の反響」鶴見俊輔、Ⅵ「六・一五と七社共同宣言」荒瀬豊、Ⅶ「『自然承認』以降」日高六郎。執筆の異様な熱気が行間からも伝わってくる。一九九四年の再版を最後に品切となっているが、大変残念なことである。私は古本屋の百円均一棚で購入したが、すごく得をした気持になった。

なぜ読み継がれていないのか、いろいろ思いをめぐらしてみた。やはり、『一九六〇年五月一九日』というタイトルが今日多くの人々にとってすでに意味不明なためだろう。第四章で論じた「四月三十日」と同じである。私たちは記憶する動物である以上に、忘却する動物なのである。第一章の冒頭で石田雄はこう書き起している。

一九六〇年五月一九日、その日は、一九四一年一二月八日とならんで、国民にとって永久に忘れることのできない日となろう。いうまでもなく一二月八日は、真珠湾への奇襲攻撃によって一二〇万の国民の生命を失わせたあの太平洋戦争の火ぶたが切られた日であったが、五月一九日は、一二月八日の奇襲計画に荷担した岸信介を首班とする政府によって、国民にたいする、そして民主主義にたいする政治的な奇襲攻撃がかけられた日だからである(9)。

「十五年戦争」幕開けの一九三一年九月十八日であれ、日米開戦の一九四一年十二月八日であれ、今日なら「いうまでもなく」と書くことはできないだろう。「十二月八日」だって覚えている国民は少ないのではないか。だが、安保闘争を「日本の人民主権回復運動」と考えた進歩的知識人にとって、岸信介は満州事変で始まった「十五年戦争」に続く実質「十五年占領」、この「三十年戦争」の影を象徴する人物であった。

ちなみに、安保騒動の社会的意味について、安保後世代の私がなるほどと思った説明は、「敗戦の精神外傷《トラウマ》から解放されるための一大カタルシス」という香山《こうやま》健一の定義である。

たとえば、昭和八年に東京で生まれ、敗戦を中学一年のときに満州・新京で迎え、敗戦、ソ連の侵攻、内戦、引揚げと幾度か死線をくぐり抜け、父親も友人も、家も学校も机も本もすべてを失い尽くし、文字どおり「無産階級《プロレタリアート》」化してしまった当時の私にとって、岸信介のイメージは許しがたい、批判と復讐の対象そのものに思われたのであった。日本を誤れる戦争と侵略の道へ導いた指導者が、その責任と反省を明確にしないままに、再び復活してくる。こんなことが許されてよいものか。この感情は戦争の記憶を持つ当時の学生たちにも共通したものであっただろう。戦時中に植えつけられ、敗戦の精神外傷のなかで必ずしもきちんと処理されていない屈折した反米感情も無意識の世界を揺すぶっていたことであろう。だがこのもやもやとした感情を爆発させ、強烈に発散させることによって、私たちはあの敗戦直後の精神外傷を除去することに成功したのではなかったか。その外傷からの回復の度合いは、むしろ感情の爆発の強さに比例していたようにも思われる。そのことを通じて、逆に平和と民主主義は戦後日本社会にしっかりと定着することとなっていったのである。(10)

香山は東京大学在学中に全学連委員長を務め、共産党除名後は共産主義者同盟（ブント）を結成して、六〇年安保闘争を指導した中心人物である。その後、マルクス主義から離れ、一九七〇年代の情報化社会論をリードした社会工学者となる。安保闘争が挫折した高度国防の欲求不満を昇華するものであったとすれば、高度経済成長がそれに続いたこともよく理解できる。そして、香山が高度情報化社会の提唱者となったことも。

その運命の日、一九六〇年五月十九日、衆議院の安保特別委員会（委員長・小沢佐重喜は小沢一郎の父）と本会議（議長・清瀬一郎は東京裁判の東条英機被告主任弁護人）で自民党は新安保条約承認の強行採決に踏み切った。これ以降、「民主主義の擁護」を唱えて十万人規模の大衆が連日国会周辺につめかけ、抗議デモが繰り返された。強行採決直後に朝日新聞社が行った世論調査では、強行採決への反対は五〇％、岸内閣退陣をのぞむものは五八％に達した。一週間後の五月二十五・

二十六日の朝日新聞社全国調査で、岸内閣支持率は最低の一二％まで落ち込んでいた。五月二十八日、岸首相は記者会見で有名な「声なき声」に言及している。

「院外の運動に屈すれば、日本の民主政治は守れない。私は国民の〝声なき声〟の支持を信じている。[11]」

この文脈で「声なき声」とは、「サイレント・マジョリティ（もの言わぬ多数派）」を意味する。強行採決を批判するマスコミやシュプレッヒコールを繰り返す学生のほかに、表立って発言しない大衆の「世論」が別に存在するという意味だろう。実際に、岸首相の発言を当時の『朝日新聞』から拾ってみよう。

一九六〇年五月二十二日付「首相、社党代表と会見」では、「総辞職、解散を要求している世論が耳に入らないのか」との質問にこう答えている。

「世論とはどういうものだ。新聞、ラジオだけが世論ではない。一流新聞でも世論を代表していない。日本の国民の大多数の意見は違う。外国では、日本の新聞をみれば岸内閣は三日で倒れそうだが倒れないというし、熊本の参院地方区選挙でも勝っているじゃないか。この際日本の新聞はよく考えてもらいたい。」

一九六〇年五月二十八日付「政局収拾で所信表明」では、「デモ隊に対する一般大衆の態度は、さきの国会乱入や羽田事件と今日ではかなり変わっており、非難する声もあまり起こっていない」との指摘に、「声なき声」を対置している。

「いま屈したら日本は非常な危機におちいる。認識の違いかも知れぬが、私は〝声なき声〟にも耳を傾けなければならぬと思う。いまのは〝声ある声〟だけだ。」

一九六〇年六月十七日付「事態収拾には努力」では、「人心の刷新が必要ではないか」との辞任要求に対しこう反論している。

「民心を常に新たにすることは政治の要テイだと思う。しかし社会不安が大きいということについては私と諸君とでは見方が違う。デモもいわゆるデモではなく、参加者も限られたものだ。都内の野球場や映画館などは満員でデモの数より多く、銀座通りも平常と変りはない。これをもって社会不安というのは適当ではない。不安が広く行き渡っているとはいえない。」

ここに読み取れる岸の世論観とは、「声の質」より「声の数」、つまり「表明されない意見としての民意」を重視するものである。「強度より数量」という思想は、だれでも一人一票という普通選挙制の原理に対応している。とすれば、岸のいう「声なき声」こそが、代議制民主主義の世論であることは自明である。そして重要なことは、この代議制世論観こそが、世論調査によって数量化された「世論」そのものだということである。世論調査とは個人の声の強度を捨象する認識枠組みであり、「声なき声」を意見分布として顕在化させる行為である。あるいは、世論調査とは「一人一票」という多数決原理が唯一の民主主義的決定原理であるという神話を維持強化する装置とも言えるだろう。また、岸のいう「声なき声」は「意見分布としての世論」を顕在化させる手段として世論調査の存在価値を裏付けるものでもあった。社会学者・山田一成はこう指摘している。

世論調査による認識の異化は、大衆社会における意見分布の不可視性を背景にして生起する現象である。成員同士の間に面識があるような小集団であれば、成員のそれぞれが他の成員の意見を熟知したうえで意見形成や意思決定を行うことも可能である。しかし、現代の大衆社会においては、こうした状況はまったくといっていいほど成立しない。国政であれ地方政治であれ、われわれは世論調査や投票結果などの報道によって、はじめて自分の所属する社会の意見分布を知るのである[12]。

岸の発言に対してデモに参加した反対派も「声なき声の会」を結成し、「声なき声」の争奪戦が開始された。六月四日、岸内閣のスポークスマンである川島正次郎幹事長は、デモ参加者は一部急進分子であり映画館、野球場はいまも満員であるとの談話を発表している。川島幹事長の「世論」認識に関連した興味深い調査がある。中部日本新聞社論説委員・小関順平が一九六〇年三、四月に有力議員四十名（自民二十三・社会十三・民社四）に面接して十問の質問をしている[13]。

第一問「いわゆる〝世論〟は、存在すると思いますか」については、与野党を問わず全員がその存在を肯定している。岸首相と同じく映画館や野球場に「声なき声」を見出した川島幹事長（元東京日日新聞記者）は、「空気のような存在としてある」と答えている。また、「つくられたものと自然発生のものとの差はある」（橋本登美三郎＝元朝日新聞記者）など多くが〝世論〟のとらえ所のなさを指摘している。その中で注目すべきは、同盟通信社政治部記者から情報局輿論調査課長を経て自民党議員となった塚原俊郎の回答である。塚原は理性的な公論（輿論）と雷同的な現実の世論を峻別しようとしていたようである。

「わが国には公論は認められにくいが、概念的には世論はある」。

第二問「民主政治は世論によって運営される政治だといわれますが、その通りだと思いますか」

への回答では、世論民主主義を肯定する議員は自民党七八％に対して、社会党は五四％にとどまった。否定する理由として、鈴木茂三郎社会党委員長は「今日の政治、経済機構の中では世論は必ずしも正しくつくられていない。場合によっては誤まった世論をつくることがある」と述べている。院外で大衆煽動の先頭に立っていた社会党左派議員は選挙結果が示す「世論」に強い不信感を抱いていた。それは、第十問「世論を背景とする団体などによる政治的圧力を感じますか」への回答からも裏付けられる。世論の圧力を感じると答えた議員は自民党七四％、社会党二三％である。社会党左派議員は総評傘下の労働組合を支持母体としており、選挙でも世論の圧力を感じる必要がなかった、と小関は分析している。「後楽園のナイターも大入りではないか」という川島幹事長の世論評価に、当時も、おそらく今日も反撥は強い。だが、岸内閣以上に民情《せろん》を軽視していたのは社会党左派ではなかっただろうか。そのツケは「アンポという祝祭」の後で明らかになった。

新安保条約が自然成立した四日後、六月二十三日朝の臨時閣議で岸首相が退陣を表明すると、社会党左派の煽動した安保闘争は急速に退潮した。メディアも自民党後継総裁選に関心を集中し、七月十九日池田勇人内閣が成立した。その間行われた青森、埼玉、群馬の三県知事選挙で自民党候補はいずれも圧倒的勝利を収めた。六月朝日新聞社全国世論調査（実施は五月二十五・二十六日）の政党別支持率では、自民党四〇％、社会党三〇％、民社党九％、共産党一％で与野党が均衡していたが、二ヶ月後の八月の毎日新聞社全国世論調査（実施七月末）では自民党五〇・三％、社会党二〇・三％、民社党八・二％、共産党〇・四％となり、自民党が過半数を回復している。しかも、同時に行なわれた「安保阻止行動について」の毎日新聞社世論調査では安保阻止の政治ストとデモを

「よくない」と答えたものはそれぞれ四五・一%と四四・五%に達した。政治ストとデモを「よい」と答えたものは僅かに五・六%と八・〇%、「やむをえない」でさえ三一・九%と三三・九%にとどまった。全学連の行動については「よくない」が五九・七%まで上昇し、「よい」は三・六%に急落していた。当然ながら、新安保条約について「よくない」と回答したのは二二・一%であり、「よい」一五・三%と「やむをえない」三三・九%でほぼ半数に達していた(14)。

父の輿論と娘の世論

冒頭で引用した日本史教科書は淡々と「条約の発効をみとどけて、岸内閣は総辞職した」と結んでいる。だが岸内閣を倒したのは、果たして安保闘争の輿論だっただろうか。岸信介は「日米安保条約と私」(一九八二年)でこう回想している。

重大な転機となったのは、六月一五日、一〇万人の国会デモのうち全学連の学生約七〇〇〇人が国会構内に入り、東大生の樺美智子《かんばみちこ》さんが死亡するという事件であった。すでに六月一〇日には、アイゼンハワー米大統領の訪日打合せに到着したハガチー新聞係秘書が羽田でデモ隊に包囲される事件が起こっていたが、私は流血の惨事だけは回避したい、またそれは可能であると信じていた。だが、この樺さんの死に対して、私は、総理という警備の最終責任者として、デモを規則正しく行わしめることができなかったという責任を感じた。あの当時、警察官は疲れきっており、機動隊その他の組織は、今ほど強力ではなかった。もしこのような事態のなかで、アイクが訪日し、天皇陛下ご自身がお迎えに出られたおりに、何かの間違いが生じたら、一国の総理として、腹を切っても相済まない。そこで私は、国会流血事件の翌一六日、アイゼンハワーに対して訪日中止を要請したのである[15]。

とすれば、岸首相に退陣を決意させた契機は一女子学生の死であった。東京大学文学部国史学科四年生・樺美智子（二十二歳）は、安保闘争における最初にして唯一の死者であり、その遺稿集『人しれず微笑まん』（三一書房・一九六〇年）は同年のベストセラーとなっている。

街頭デモを組織した全学連に世論の支持があったとすれば、それも樺美智子の死去に対する同情と共感からなっていたと考えられる。信夫清三郎『安保闘争史』（一九六一年）もこう評している。

六・一五事件のあとで全学連によせられた「支持」は、支持というよりはむしろ同情であり、政策と行動への支援というよりはむしろムードであった[16]。

本書の用語法でいえば、政策への支持が輿論であり、同情やムードは世論と呼ぶべきものである。もちろん、樺美智子の名前はいまも安保闘争の犠牲者として人々の記憶に刻まれている。だが死亡当時、彼女はまず「樺俊雄の娘」として有名であった。事件の三ヶ月前、中央大学教授・樺俊雄は『文藝春秋』一九六〇年三月号に愛娘の写真入りで手記「全学連に娘を奪われて」を発表していた。一九六〇年一月十六日、岸首相の条約調印渡米の阻止を目指した学生七百人が羽田空港ロビーを占拠し、「ゼンガクレン」の名を全世界に知らしめた。その際、警察が検挙した学生の一人が樺美智子だった。樺教授は、その驚きと悲しみを全学連にぶつけている。

全学連による国会乱入は、革新陣営を挙げてまでの世論のきびしい批判にあった。新聞の論調も学生カミナリ族という字を使っての批判的な論調であったし、国民会議も全学連のボイコットを決議するという状態であった。国会乱入が乱入者たちの英雄的快感をあおりたてたとしても、良識ある国民からはほとんど総スカンを食った形である。（略）国会乱入事件後における全学連の指導者の狂人じみた英雄気取の言動が国民のあいそづかしをどれだけ増したことか。それなのに、さらに首相渡米を全学連だけの手によっても阻止してみせるというにいたっては、全学連以外の国民のすべてがあきれはてていたはずである。[17]

ここで樺が口を極めて糾弾した「国会乱入」で三ヶ月後、娘が死亡するとは思いもよらなかったはずである。だが、こうして公にした正論とは別に、人の親として樺の私情が揺さぶられていたことも事実である。手記には、拘置所で娘に面会してその正義感に強く心を打たれるシーンもある。

その時、私の激しい非難と叱責とに対して娘の眼には私に対してうらみがましい眼差しが見られたからである。大人はひきょうだ、ずるいと、娘の眼は言っているようだった。あとで妻は今日ぐらい自分の娘の顔がきれいに見えたことはないとさえ言ったほどである。実は私もあの澄んだ眼をあんなに美しいと思ったことはない。[18]

樺個人の内面で輿論と世論がせめぎ合うドラマをこの手記は見事に体現している。当然ながら、娘の死を契機に、樺における公論と私情のバランスは大きく崩れる。事件後、樺が寄稿した「嵐の議事堂に消えた娘――運命の六・一五」（『文藝春秋』同年八月号）では、先に自ら主張した公論を全面否定している。

われわれは必ずしも民主主義というものをほんとうに理解して、それを実現するのに努力したとは、いえないようであるからである。（略）そういう戦犯者を政治の主宰者にすることに対して、たいして反対の世論が大きくならなかったという、この一事だけをとって考えてみてもわかる。[19]

さらに、「社会学者のくせに全学連の意図をあまりにも知らなすぎる」と周囲から非難されたとも書いている。ちなみに、樺は大衆批判の古典であるホセ・オルテガ・イ・ガセット『大衆の反逆』を日本で最初に翻訳した人物である。その解説で樺はこう書いている。

近代人はその知性と努力とによって、合理的な社会組織と偉大な文明とを作り上げたのであるが、現代の人間はいまでは却って自己の作ったものによって自己を傷〔つ〕けつつあるように見える。そのような傷〔つ〕きつつある現代の人間をオルテガは大衆と呼ぶ。[20]

以下では、戦中戦後を通じて輿論を論じた「現代の人間」樺俊雄の所説を検討してみたい。

樺俊雄の自由主義的輿論

樺俊雄（一九〇四－一九八〇）は東京高輪に生れ、麻布中学、第一高等学校を卒業後、西田幾多郎を慕って京都帝大文学部哲学科に入学している。大学院で東京帝大に戻り、一九二八年立正大学講師、一九三三年同教授に就任した。戦前からクローチェの歴史哲学、マンハイムの知識社会学などの紹介で知られた俊英である。その戦中体験を次のように回想している。

その当時の私は政治には無関心な哲学青年であって、はっきりした認識をもつことも、いささかの抵抗をすることもなしに、戦争に巻き込まれてしまっていた。[21]

自ら積極的抵抗をしなかったことを懺悔しつつ、京都学派や和辻哲郎、小泉信三らの戦争協力を厳しく批判している。また自分は戦時中検閲によって著書を出版できなかったと書いているが、それは事実といささか異なる。私の手元にあるものだけでも『内省と建設』（三笠書房・一九四一年）、『歴史的意識』（育英書院・一九四三年）、『文化と技術』（鮎書房・一九四三年）の単著があり、「政治には無関心な哲学青年」だったとは到底言えない出版統制や思想戦を論じた時局論文も多い。いくつかの例を挙げれば、「出版文化の再編成」（『現地報告』一九四〇年十月号）、「新しき国民道徳の確立」（『文化日本』一九四二年八月号）、「民族精神と日本人」（『健康文化』一九四二年十月号）、「総力戦と哲学者」（『日本評論』一九四三年三月号）、「思想戦の本質」（『時局情報』一九四三年四月号）などである。ここでは「輿論の発見」（『日本評論』一九四〇年四月号）に注目したい。

宿命的対峙というべきだろうか、この樺論文の直前に北村三郎「岸信介論」が置かれている。樺より八歳年上の岸は、その前年満州国総務庁次長から商工次官に凱旋帰国していた。北村は産業統制に辣腕を振うこの革新官僚の勇姿を活写している。それに続く樺論文が、官僚政治の統制主義を徹底的に批判しているのと好対照といえよう。ここで自由主義者・樺は新聞雑誌の輿論指導を萎縮させる当局の言論統制に一撃を加えている。

現在のわが国には輿論が欠けてゐるといふこと、しかもこの長期戦に堪えて最後の勝利をうるためには輿論を基とした政治が行はれねばならぬことは、多数の識者によつて指摘されてゐるところである。（略）最近は官僚政治の欠陥を認識して輿論を求めようとする要望が大分盛んなやうであるが、一体輿論といふものは言論を封じておいて起るものであらうか。

写真６　東大と東京・日比谷野外音楽堂で、6.15デモで死亡した樺美智子さんの合同慰霊祭が開かれた。美智子さんの両親が平和と民主主義を参加者に訴えた。1960年６月18日撮影。（提供・共同通信社）

もちろん、ここでの輿論は公論であり、世論ではない。また同年二月「反軍演説」で議員を除名された民政党・斎藤隆夫の例を引きながら、言論の自由なき日本にアメリカ流の輿論調査が導入できるかと大胆に問いかけている。

言論の自由が最大限に尊重されてゐるアメリカであればこそ、輿論調査も行へるし、調査の結果が社会的効力をもつわけなのであつて、平素から言論が極度に封ぜられてゐるわが国では輿論などは見出されるはずもない。勿論わが国民も人間であるから意見を求められゝば、誰しも意見は出すであらう。けれども、事実も知らされず、言論の発表も最小限にしか許されてゐない各個人の意見を寄せ集めたところで輿論になるわけのものではない(22)。

ここで樺が「発見」した輿論は、事実に基づかない世論（好き嫌い）や各個人の意見の寄せ集めではない。さらに日米開戦後も樺が言論の自由に固執し続けたことは、「政治とジヤーナリズム」（一九四二年）でも確認できる。高度国防国家体制においても輿論を喚起するためには、ジャーナリズムの批判的精神は不可欠であるというのである。

輿論をもつて既成の一般的見解と考へることなく、むしろ既成のドグマを批判することを通して輿論を喚起するやうに心掛けねばならない。またそれには国民大衆の全部がそのまゝで輿論を支持する公衆と考へて〔は〕ならぬのである。言ひ換へるならば、輿論を喚起しようとするに当つては、国家意志とは必ずしも一致せぬ大衆の一部があると考へ、これに対する闘争批判の精神がジャーナリズムを貫かねばならぬ。かゝる闘争精神批判精神がなければ、政治の力は弱いのである。（略）われわれは強力政治を要望するとともに、ジャーナリズムに対しては旺盛なる批判的精神を要望するものである。[23]

ある意味、樺は筋金入りの英米流自由主義者であり、その輿論観は戦時中も敗戦後もほとんど変化していない。一九四七年中央大学文学部教授に就任した樺は、「輿論の社会学」を講じている。

輿論において何よりも重要なことは、それが独立自主的な存在である諸個人の表明する意見であつて、しかも理知的な判断を通して形成されるものだといふことである。[24]

ヨーロッパにおける民主主義の発展史に輿論の成立を跡付けた一般的概説だが、民族精神や時代精神、あるいは「日本の輿論」など「意見の非合理的な一致」irrational consensus は輿論ではない、と繰り返し主張している。すでに当用漢字表が公布され新聞や雑誌で「輿論」は「世論」に置換えられていたが、樺はその後も「輿論」の表記にこだわり続けた。たとえば、「輿論・公衆・大衆」（一九五三年）で輿論と世論は次のように弁別されている。

〔輿論とは〕英語の public opinion という語が示しているように、むしろ公共の意見、すなわち公論というような意味をもっている。いわんや輿論に当てた世論という語がどうかすると解せられるような世間一般の意見といったようなものでもない。むしろ世間一般が在来の慣習や道徳で決めてかかっているような一般の見解が支配している場合には、輿論が問題となることはない。[25]

輿論を「少数の反対意見をもつ多数意見」と定義した上で、この自由主義者は多数決の議会原則を強く支持している。

その反対の意見をもつ少数者といえども、ひとたび多数者の意見が輿論であると決定された以上、その輿論に従い、その輿論の指示する方針に従わざるをえない。それが民主主義の原則であるし、輿論の尊重が民主主義社会において強調される所以もそこにある。[26]

さらに、オルテガの翻訳者らしく、精神の貴族として次のような群集批判も展開している。

本来の意味での輿論をになう公衆は新聞や雑誌を媒介にして間接的に相互接触する集合であって、直接的相互接触の集合体としての群集はややもすると煽動に乗って附和雷同する非理性的なものであると考えられる。[27]

こうした古典的市民社会の輿論観からすれば、樺が六・一五以前の国会デモや全学連の行動を厳しく批判したことも至極当然というべきだろう。

安保闘争のパラドクス

だが、愛娘が死んだ六・一五事件を境に樺の輿論理解は大きく変貌した。「戦犯者を政治の主宰者にする」代議制民主主義の未熟を糾弾し、抗議デモの正当性を訴え、選挙結果が「国民の多数意志」、すなわち輿論の反映であることを否定している。「俊雄の娘」の死は、「美智子の父」として安保闘争の歴史に生きることを樺に選択させたのである。

樺美智子の死の二日後、在京七新聞社は「暴力を排し　議会主義を守れ」と題した共同宣言を発した。樺は、娘の死を伝えた六月十六日付『朝日新聞』紙面を詳細に分析し、その官僚主義的体質を「新聞のうちなる岸」と痛烈に批判している。「体験的新聞批判」（一九六〇年）は次の言葉で結ばれている。

　真の議会政治、真の民主主義を守ろうとするならば、世論《ママ》の伝達者であり、世論《ママ》の形成者である大新聞の編集首脳部にたいして強い反省を求めざるを得ない。[28]

樺の『朝日新聞』批判は、「新聞と輿論」（一九六二年）でも繰り返された。

　六月十五日の事件についての新聞報道のなかで、支離滅裂な、一番出来の悪いのが朝日新聞であったことはすでに定評のあるところである。

その不出来の原因は商業新聞が膨大な部数を誇る大新聞に発展したためであり、その過程で「社会の木鐸」を自負した新聞記者は不偏不党を唱える「一介のサラリーマン」になっていったという。

　今日の階級対立の激化した時期において、いずれかの階級の立場を標榜することも、またどんな階層の立場を標榜することも、営業政策からいって決して有利ではない。それがまさに中立公正を標榜する原因である。[29]

こうした新聞の「中立公正」批判はまちがってはいない。だが、ここにはそれまで戦前──戦後を通じて樺論文でほとんど見かけなかった「プロレタリア階級」「金融資本」の用語があふれている。樺の世界観が「六・一五」を境に自由主義から社会主義に変化していることがわかる。一九四〇年に「言論の自由が最大限に尊重されてゐるアメリカ」を称えた樺は、今度は日ソ親善協会常任理事として日米安保条約を「アメリカ帝国主義を中心勢力とする世界征覇の謀略の一環」[30]と激しく批判している。戦時体制下で親米的自由主義を表明することと、冷戦下に親ソ共産主義を唱えることと、何れが困難であったかは敢えて問わない。

こうして樺俊雄が「安保反対」を唱えてアメリカ帝国主義批判を強めたことで、その主張はむしろ岸信介の国家戦略に接近していった。この逆説に注目したい。野党や総評、全学連などが結集した「安保改定阻止国民会議」の名称が示すように、「安保闘争」とは「安保改定阻止闘争」の略称である。だが、この省略で生じた意味の変化に、後世の人々は混乱することになる。新旧の条文を一読すれば、アメリカ側が改定を渋った理由も明らかであり、新安保条約の方が日本の国益上望ましいことは自明である。安保体制そのものを拒否する安保改定阻止国民会議にしても「旧安保条約のままでよい」と考えていたわけではない。

岸信介が憎んだのも安保改定反対派であって安保反対派ではなかった。この場合、「改定」の有無は決定的に重要である。「安保改定反対」とは占領期の対米従属状態に居座ることであり、岸にとって「安保改定」はやがて安保破棄の自主防衛に向かう一里塚であった。ただ、東西冷戦下での安保条約破棄は西側陣営からの離脱を意味するため、それが選択肢とならなかっただけである。巣鴨プリズンに収監された「A級戦犯容疑者」岸信介は、戦前からの「親英米派」吉田茂などに比べて、反アメリカでは筋金入りだった。反米の岸は冷戦下の反共イデオロギーをテコに「日米相互協力条約」を自主的に強化することで日本国家の独立性を取り戻せると考えた。つまり、安保改定とは国民主体の迂回的回復戦略の一環であった。磯田光一は『戦後史の空間』（一九八三年）で次のように評している。

> 岸信介氏が胸中にかくしていた最終の国家目標が、安保廃棄後における国家形態であったことはいうまでもあるまい。そこにいたるステップとして「改定」をえらび、安保条約を廃棄し

なかったのは、一九六〇年の時点における安全保障の現状に即して、必要悪として安保条約の存続をえらんだにすぎない。ナショナリズムのヴェクトルに関するかぎり、〔安保批判の会の〕竹内好の求めていたものと、岸信介氏が胸中にかくしていたものとはほぼ一致していたのである。それは当時〝声なき声〟といわれたもの、具体的には大衆ナショナリズムの潜在的願望とも一致していたのである。(31)

こうした岸による安保改定のパラドクスに着目した磯田は、言論の過激化をひそかに待望していたのは岸信介本人であったという。当時の自民党国会議員が安保（改定）反対運動の指導者に「もっと激しいデモをやってくれ、そのほうがわれわれは今後アメリカにたいして強腰に出られるから」と伝えたというエピソードも紹介している。(32)

内圧を外政に活用するポリティックスの最近例としては、二〇〇五年春に発生した中国の反日暴動などを想起すればよい。中国政府はこれを日本の国連安保理入り阻止の切り札として大いに利用したといえるだろう。歴史の後知恵を承知でいえば、岸内閣の安保改定はそれに反発した安保闘争とワンセットで外交的に有効だった。それが高度成長期に発生した貿易摩擦などで日米交渉の有力な切り札となったことは否定できない。逆に、冷戦が終わり安保闘争の記憶という「遺産」を食い潰してしまった今日、新たに大衆的な反基地闘争を起すだけの気概もない日本がアメリカにどれだけ侮られているかを思えばよいだろう。小泉純一郎・安倍晋三・福田康夫の属する清和政策研究会（現・町村派）は岸派の末流だが、歴代首相に岸信介ほどの戦略思考があるようにも思えない。あの「声なき声」の時代に、人しれず微笑を送りたいものである。

第七章　東京オリンピック——世論の第二次聖戦

国民のほとんど全部は新たなる戦争を望んでいた。それが彼等自身のうえに更に大きな犠牲を課し負担を加えるものであることを知りながら、しかもなお彼等は戦争を望んでいた。（略）近衛〔文麿首相〕が人望を失ったのは、開戦の決意をなし得なかったからであった。十月、十一月、国民はすべて開戦論者であった。東亜共栄圏はかくして出来あがるであろう。美しい虹だった！　青年たち、少年たち、婦人に至るまで英米を打倒することの美しさにあこがれていた。（石川達三『風にそよぐ葦』一九四九年）[1]

聖火と聖戦と

二〇〇八年春に実施された北京オリンピックの聖火リレーは、チベットでの人権弾圧に対する中国政府への国際的抗議行動で混乱した。特に、ロンドン、パリ、サンフランシスコなど先進国の大都市ではデモ隊から聖火ランナーを守るため警察隊の厳戒態勢が布かれた。二〇〇八年四月二十六日長野市での聖火リレー開催を前に、石原慎太郎東京都知事は同四月二十五日の定例会見で記者の質問にこう答えている。

オリンピックに限らずに、国際的な大きなイベント、行事というのは必ず政治性を持つんですよ。でね、聖火リレーをやり出したのはヒトラーだそうだけれどもね、まあ、あの、こういったイベントをきっかけにですね、チベットというのは非常に不遇なね、残酷なね、非人間的

な存在というものがクローズアップされたのはいいことじゃないですか？　それみんな知らん顔していたんだから。(2)

翌日の「聖火護送」テレビ中継は、平和の祭典の政治性を赤裸々に映し出した。他方、石原都知事は二〇一六年夏の東京へのオリンピック招致を目指しており、すでに二〇〇六年四月二十八日JOC（日本オリンピック委員会）に立候補を正式表明している。それに先立って発表された東京オリンピック基本構想懇談会報告書でその意義はこう謳われている。

振り返れば、昭和三十九年十月十日、東京・神宮の杜の上空には、抜けるような青空が広がっていた。あのとき、多くの日本人が体の芯がしびれるような感動を覚えたのは紛れもない事実である。

しかし、四十年後の現在、東京のみならず日本全体を覆っているのは、残念ながら閉塞感という名の曇天である。経済が多少上向いてきたとはいえ、日本は、目標を見失ったまま漂流を続ける不甲斐なさを、未だに拭い切れないでいる。(3)

起死回生の国民的ドラマを求める想いが伝わってくる。東京オリンピック招致に向けて、さまざまなイベントが予定されているが、世論がそれを支持しているとは思えない。だが、そもそも前回東京大会決定のとき、国内世論は盛り上がっていたのだろうか。ここでは新聞輿論《よろん》とテレビ世論《せろん》の動きを軸に、あの「熱い記憶」を再検討してみたい。

それにしても、昭和三十一年「太陽の季節」で芥川賞を受賞した石原都知事の世代が抱くノスタルジーはよくわかる。東京タワーが建設中だった昭和三十三年の東京を舞台にした映画《ＡＬＷＡ

YS 三丁目の夕日》のヒットなど「昭和三十年代ブーム」も背景は同じだろう。「希望に輝いていた戦後」の到達点が昭和三十九（一九六四）年の東京オリンピックである。

その華やいだ雰囲気は当時四歳だった私も記憶している。たとえば、開会式入場行進を居間に置かれた白黒テレビで家族と観たこと。だが、この記憶を歴史家として改めて検証すると、いろいろ疑念も湧いてくる。我が家にカラーテレビが来たのは小学校入学後なので、当然ながら白黒映像を観たはずだ。しかし、私の脳裏に浮かぶイメージはあざやかな極彩色である。しかも幽体離脱のオカルト体験でもあるまいに、畳の上でテレビを観ている自分の姿も脳裏に浮かぶ。この記憶は、後にドキュメンタリー映像などを観て再構成された創作なのだろう。

そういえば、小学生の娘が宿題のため社会科教科書をもって質問にきたことがある。その第九章「長く続いた戦争と人々のくらし」に、第十章「新しい日本、平和な日本へ」が続くが、その冒頭にこう書かれている。

「上の二枚の写真を見比べて、どんなことがわかるでしょうか。[4]」

そこでは「太平洋戦争に出陣する大学生を送り出す集会（一九四三年十月）」と「アジアで初めて開かれた東京オリンピックの開会式（一九六四年十月）」が対比されている（写真7）。「原子ばくだんの投下と戦争の終わり」の頁の裏に、「東京オリンピックについて調べてみよう」が位置している。教科書では家族に当時の体験をインタビューし、地域の様子の移り変わりを「当時の新聞や資料で」調べることが求められている。単に知識を暗記させるだけでなく、自ら歴史を調べさせようという意図は大いに好ましい。だが、この指示に従って左の写真が教室で正しく解説されるかどう

太平洋戦争に出陣する大学生を送り出す集会（1943年10月）

ほんとうに世界の仲間にもどれたんだね。
アジアで初めて開かれた東京オリンピックの開会式（1964年10月）

写真７　上が1943年の出陣学徒壮行会、下が1964年の東京オリンピック開会式。『新編　新しい社会６　上』（東京書籍）の112、113頁より。

か、かなり不安に思った。確かに、この雨天の出陣学徒の行進（白黒写真）と晴天の選手団入場（カラー写真）の対比は、明暗のコントラストを最大限に表現している。だが、暗い戦前と明るい戦後の断絶をそこに読み取ることが正しい歴史理解なのだろうか。果たして「当時の新聞や資料」を読むと、そこに期待通りのイメージが溢れているだろうか。

もちろん、教科書の意図どおりのコラムも見つかる。たとえば、女子学生として学徒出陣に立ち会った直木賞作家・杉本苑子は開会式の感想を「あすへの祈念」と書いている。

> 天皇、皇后がご臨席になったロイヤルボックスのあたりには、東条英機首相が立って、敵米英を撃滅せよと、学徒兵たちを激励した。文部大臣の訓示もあった。慶応大学医学部の学生が、送る側の代表として壮行の辞を述べ、東大文学部の学生が出征する側を代表して答辞を朗読した。
>
> 音楽は、あの日もあった。軍楽隊の吹奏で「君が代」が奏せられ、「海ゆかば」「国の鎮め」のメロディーが、外苑の森を煙らして流れた。しかし、色彩はまったく無かった。（略）私たちは泣きながら征く人々の行進に添って走った。髪もからだもぬれていたが、寒さは感じなかった。おさない、純な感動に燃えきっていたのである。
>
> オリンピック開会式の興奮に埋まりながら、二十年という歳月が果たした役割りの重さ、ふしぎさを私は考えた。同じ若人の祭典、同じ君が代、同じ日の丸でいながら、何という意味の違いであろうか。(5)

たしかに、杉本は「意味の違い」を指摘しているが、それは「平和の聖火」が「東洋平和を目指した聖戦」を人々に想起させたことも示している。文章は次のように続いている。
もう戦争のことなど忘れたい、過ぎ去った悪夢に、いつまでもしがみつくのは愚かしいという気持ちはだれにもある。そのくせだれもがじつは不安なのだ。平和の恒久を信じきれない思いは、だれの胸底にもひそんでいる。東京オリンピックが、その不安の反動として、史上最大のはなやかさを誇っているとすれば問題である。[6]
オリンピック開会式と「先の戦争」を重ねた新聞寄稿は杉本だけではなかった。たとえば、石川達三「開会式に思う」もその一つである。
わが日本人はわずか二十年にして、よくこの盛典をひらくまでに国家国土を復興せしめたのだ。日本人はそれだけの能力を持っていたのだ。その能力が、かつてはあの大戦争をたたかい、今はオリンピック大会を開催している。その能力とエネルギーの根元は別のものではあるまい。[7]
戦争と平和と方向は逆であっても民族のエネルギーは同質であると、初代芥川賞作家・石川は考えていた。昭和三十三年度芥川賞を受賞した大江健三郎も、開会式の会場でひたすら「戦争」を見つけ出そうとしている。
南入口からオリンピック旗をひろげもった制服の青年たちが入場する。かれらは海上自衛隊員だし、そういえば選手団の先頭にプラカードをもって立っているすべての制服の青年たちは防衛大学生である。かれらが、いつまでも、このようなセレモニー用のおかざりの兵隊でいることができるように、平和を！（略）かれが聖火の最終ランナーに選ばれたとき、日本在住の米人ジャーナリストは、それが原爆を思いださせて不愉快だといった。そこで、われわれは、あらためて、かれが原爆投下の日、広島で生れた青年であることを意識したのだった。（略）ヒロシマの悲惨を背後にひかえて、なお健康にみちあふれた広島生れの青年が、いっさんに聖火台に駈けのぼる光景に、ぼくは感動する。ぼくは愉快だ[8]。

石原慎太郎などは個別競技さえも繰返し戦争のアナロジーで論じている。第二次「聖戦」への意志を読み取るべきだろう。

これはあきらかに飛躍した連想だが、大方の日本選手の試合ぶりを見ていると、私はどうも、かつての太平洋戦争の経過を思い出してならない。はじめ脱兎のごとく、終わり処女のごとし。龍頭蛇尾――。ともかく終盤戦のエネルギーが乏しいことこの上ない[9]。

こうした新聞紙上の論説を読む限り、戦時期との断絶よりもその連続性が印象的である。加えて、多くの寄稿者が「インテリのオリンピック反対論」に言及していることも注目すべきだろう。獅子文六曰く、「これだけ多数の群衆を見ると、オリンピックを冷眼視した日本インテリも、理屈も何もなくなってくるだろう[10]」。石川達三曰く、「日本でオリンピックを開催することについては、批判的な意見も少なくなかった。（略）私もかなり批判的だった。たかがスポーツではないか。何の為にそんな大騒ぎをするのか[11]」。三島由紀夫曰く、「オリンピック反対論者の主張にも理はあるが、きょうの快晴の開会式を見て、私の感じた率直なところは『やっぱりこれをやってよかった。これをやらなかったら日本人は病気になる』ということだった[12]」。

今日では東京オリンピックは高度経済成長への跳躍台となった輝かしい第二次「聖戦」の勝利と

して記憶されており、オリンピック反対論は多くの場合その存在さえ忘却されている。それと対照的に、歴史教育では第一次「聖戦」、つまりアジア太平洋戦争への反対論はどんな小さな記事であっても、良心の証として注目されてきた。戦争の勝敗で記憶のあり方が変わるのは仕方ないが、東京オリンピック反対論がその開会式を報じる新聞紙面においてさえめずらしくなかったことは銘記しておきたい。

新聞輿論と低い参加意識

当時の世論動向については、藤竹暁「東京オリンピック——その五年間の歩み」(一九六七年)が見事な分析を行っている。NHKは開催期間(一九六四年十月十日から二十四日)を挟んで六月から十二月まで東京と金沢で前後五回のパネル調査を実施している。また、NHKの視聴率調査のほかニールセンやビデオリサーチも集中的な調査を行った。その意味で、オリンピックは視聴者動向が詳細に記録された最初のテレビ・イベントといえる。

第十八回東京オリンピックの開催は、一九五九年五月二十六日ミュンヘンで開催されたIOC総会で決定した。同年四月十日の皇太子御成婚パレードから僅か一ヶ月しか経っていない。もちろん御成婚中継もテレビ史上の画期だが、まだテレビ普及率は五〇%に達してはいなかった。今日からすれば意外の感があるのは、新聞が東京オリンピック開催決定を御成婚に続く慶事として全面的に翼賛報道したとは言えないことである。東京決定を報じた翌二十七日付『朝日新聞』は「膨大な予算」を懸念する社説を掲げ、経済評論家・小汀利得《おばまとしえ》の開催反対論を併載している。当時の雰囲気（世論）に対する理性的な意見（輿論）と読むことができる。

第一に、日本人はすぐ波に乗ってウワツイタことをいう。（略）第二に、これをやらぬと国際的面目が保てぬというような考え方に反対する。（略）このような東京の町を見せることは日本のために悪いＰＲとなるのではないか。第三に、勝てる種目がいくつあるのか。せっかく日本へよんで、日章旗が一本か二本しかあがらんようでは、かえって逆効果だろう。（略）第四に、外貨獲得とか国際親善とかの意味からいっても、アマチュア青年の多い外国選手団は、外貨をあまり置いて行ってはくれないだろう。(13)

その後も『朝日新聞』は、高峰秀子「アンバランス」（一九五九年九月二十二日）などオリンピック返上論をくりかえし掲載している。こうした識者の意見《よろん》が国民の感情《せろん》に反していたわけではないことは、一九六一年九月二十五日にスタートした「オリンピック十円募金」活動の停滞状況からもうかがえる。目標額の五千万円はすぐ達成できる計画だったが、国民の反応は乏しく、活動は翌年まで継続された。この結果、国民参加の色合いは薄れ、新幹線建設費を含め一兆八百億円の国家プロジェクトがいっそう目立っていった。

そもそもオリンピックへの認知度は最初から低かった。都政調査会が十九歳以上の都民二千人を対象として一九六二年二月に実施した「東京オリンピックに関する世論調査」でも、二年後の開催年を正確に回答できたのは六八％にとどまった。東京開催の是非を問われて「大いに賛成」と答えたものは三八％にすぎない。「反対」と答えた一〇％を合わせても明確な意見《よろん》をもつものは過半数に達せず、「きまったことだから、まあ賛成」三四％、「反対だがきまったことだから仕方がない」一一％という雰囲気追従派《せろん》と均衡している。[14]

この八ヶ月後、一九六二年十月総理府が行った世論調査でも、オリンピック開催を「昭和三十九年の秋」と特定できた人は全国で四二％、東京で五四％にとどまっていた。さらに「東京大会はりっぱにやれるだろうと思いますか」の設問では、「りっぱにやれる」全国二三％・東京一〇％に対して、「心配だ」全国四七％・東京七三％と懸念が強く表明されている。[15] 東京でのムード停滞の理由を一九六三年一月十一日『朝日新聞』は社説「五輪態勢仕上げの年」でこう説明している。

あらゆるものがオリンピックに名を借りた予算要求となり、オリンピックをまるで〝ニシキの御旗〟のようにふりかざした。これが国民心理を逆に反発させ、オリンピック反対論にまで追いやったきらいがある。[16]

こうした状況に危機感を抱いた池田内閣は一九六三年六月総理府に「オリンピック国民運動推進連絡会議」を設置した。その目的は、①オリンピック精神の涵養、②国旗・国歌の尊重と日本人の品位の保持、③公衆道徳の高揚、④商業道徳の高揚、⑤交通道徳の高揚、国土美化運動、⑥健康増進運動である。特に名目的な①よりも、実質的に②「国旗・国歌の尊重と日本人の品位の保持」が重要だったはずである。それは、一九三七年に設立された内閣情報部の国民精神総動員運動を、その翌年発表された「日の丸行進曲」（東京日日・大阪毎日新聞社懸賞募集当選歌）とともに思いださせる。まさしく情報宣伝の臨戦態勢である。各種のスポーツ・イベントはもちろん、記念切手や五輪たばこ「オリンピアス」の発売から五輪マークの日航機ペイントまであらゆるPR技術が動員

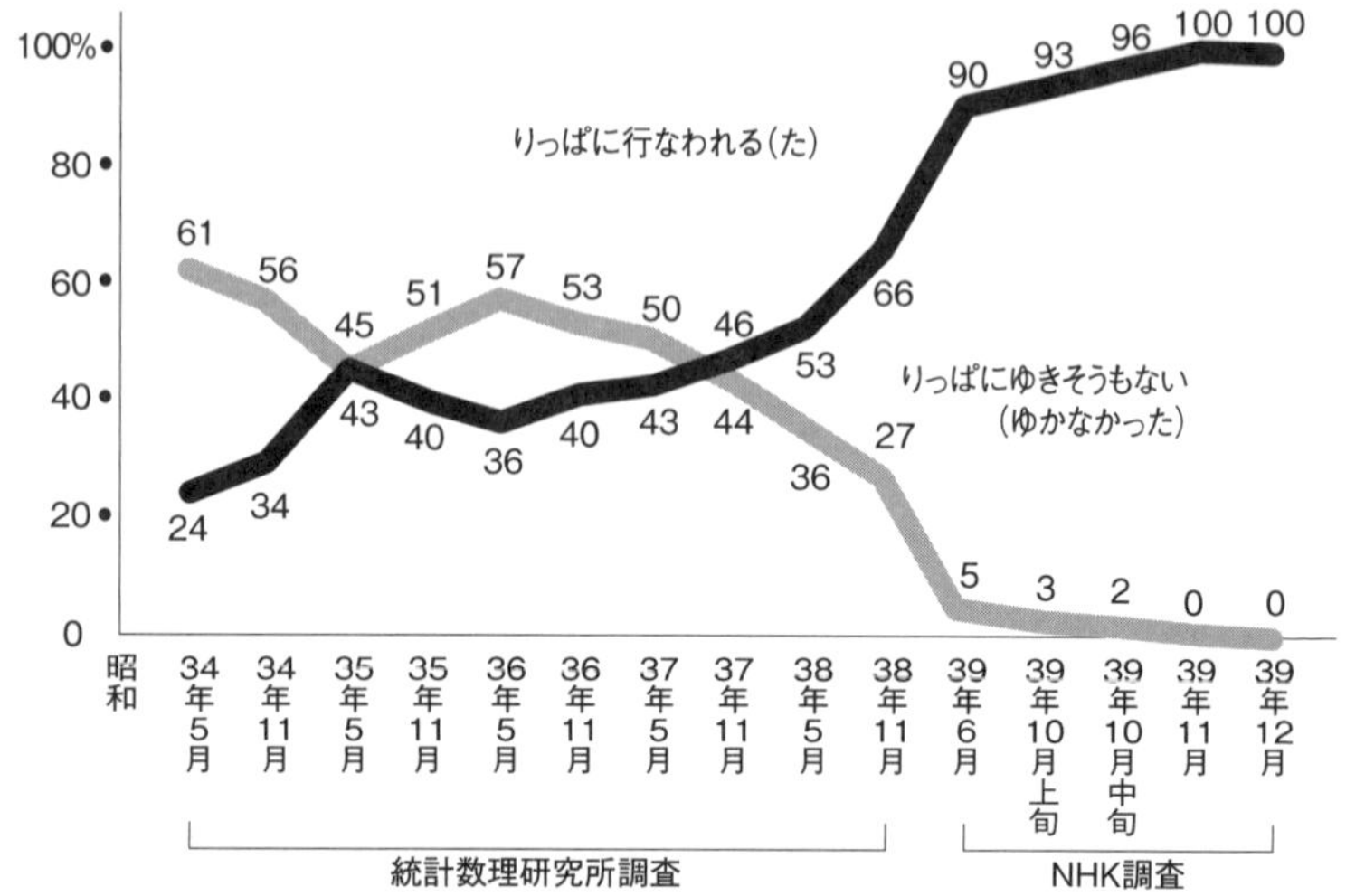

図５　オリンピックはりっぱに行なわれるだろう（行なわれている、行なわれた）と思いますか（東京）
ＮＨＫ放送世論調査所編『東京オリンピック』（1967年）の38頁をもとに組みなおしたもの。

された。一九六三年大晦日のＮＨＫ紅白歌合戦では、恒例のフィナーレ「蛍の光」に代わって「東京五輪音頭」が合唱されている。

しかし、開会半年前の総理府調査でもこの「国民運動」の存在を知っているものは全国で三四％、その運動内容まで知っているものは七％にすぎなかった[17]。上の図５は東京都民に「オリンピックはりっぱに行なわれるだろうと思いますか」とたずねた文部省統計数理研究所とＮＨＫの世論調査結果である。楽観が悲観を上回るのはようやく一九六二年十一月であり、開会一年前でも二七％が懸念を表明していた。大会成功への国民的合意が確かなものになるのは、開会四ヶ月前のことである。

この期待感の急上昇は政府キャンペーンの効果ともいえそうだが、挙国一致のムード（世論）はともかく、主体的な意識《よろん》を高めたとは言えない。開会四ヶ月前のNHK調査でも、東京都民の四七・一％が「オリンピックは結構だが、わたしには別になんの関係もない」と答えた（反対四九・九％、その他三・〇％）。また「オリンピックを開くのにたくさんの費用をかけるくらいなら、今の日本でしなければならないことはたくさんあるはずだ」と答えたものは五八・九％に達している（反対三五・八％、その他五・三％）。さらに直前調査でも「わたしには、別になんの関係もない」は五六・八％（反対四一・〇％、その他二・二％）に増加していた。この調査を分析して、藤竹暁はこう総括している。

開会を目前にひかえて、人びとの正直な感情は関係のないお祭り、ということであったろう。競技を実際にみにいった人は、調査によれば、東京で七％にしかすぎなかったのである。少なくとも開会式までは、その他の人びとにとっては、まったく関係のない出来事として映じていたとしても無理からぬことであった(18)。

オリンピック待望のムードに共鳴する世論《せろん》にやぶさかでないとしても、開会直前まで批判的意見《よろん》は根強く残ったわけである。

テレビンピックの視聴率

前章で論じた一九六〇年安保闘争は白黒テレビ普及の引き金となった皇太子御成婚の後ではあっ

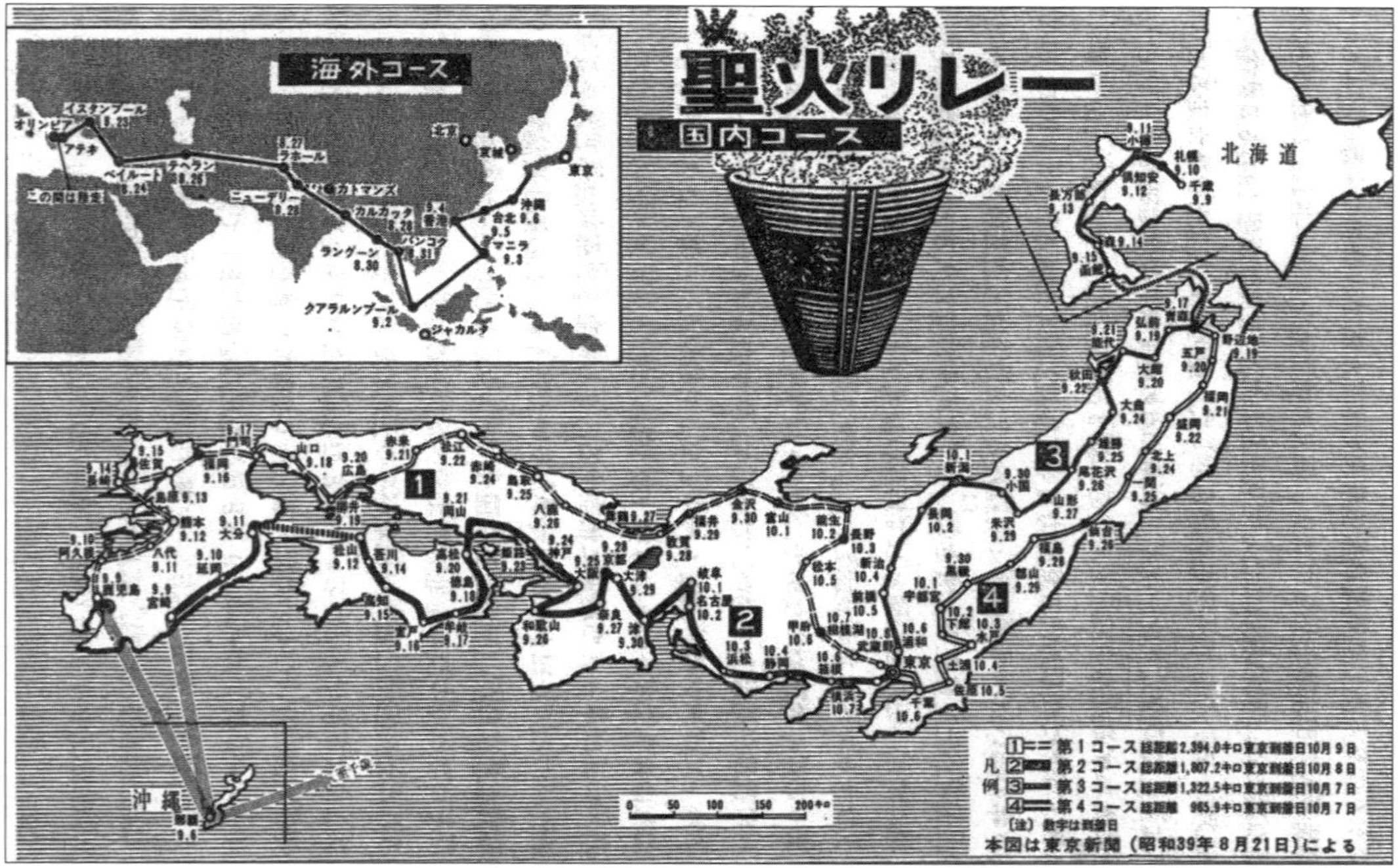

図6　「聖火リレー図」（『東京新聞』１９６４年８月21日付より）

たが、なおテレビ受信機普及率は五四%に止まっていた。「声なき声」を野球観戦客に求めた岸信介首相がテレビ世論を動員することは出来なかった。まだ新聞輿論の影響力は揺るぎなきものだったといえるだろう。だが、その四年後の東京オリンピック開催時にテレビ普及率は九〇%を突破していた。日本はテレビ保有台数でアメリカに次ぐ世界第二位のテレビ大国に成長していた。東京オリンピックは参加九十四の国と地域も史上最多であったが、メディア史上では衛星中継された最初の大会として知られている。世界四十五ヶ国で中継放映されたテレビ・オリンピックは、日本国内ではカラーテレビ普及の踏切板となった。カラー放送は四年前の一九六〇年にスタートしていたが、国内のカラー受信機生産台数は一九六三年度で四千台に過ぎなかった。しかし、オリンピック開催の一九六四年になると生産台数は五万四千台に飛躍した。

　当然ながら、国民の大半にとってオリンピックはテレビ体験であった。意見《よろん》ではなく気分《せろん》を映すブラウン管の前に座った人々は、オリンピックの疑似体験にのめり込んでいった。しかし、現実生活においてオリンピックに自ら直接関与することには消極的であった。このギャップは、オリンピックへの期待度と満足度が開催地の東京より地方で一貫して高かったことにもあらわれている。NHKの直前調査で「早く済んでくれればよいと思う」と答えたものは東京で二四%、金沢で九%であった(19)。オリンピックは参加するよりテレビで疑似体験する方が好まれたのである。

　とはいえ、疑似体験も直接参加への可能性が担保されていてこそ、視聴者に十分なリアリティを与える。その意味では九月七日の沖縄を出発点として全国四コースで行われた「聖火リレー」は格好の参加可能イベントだった(図6)。当時アメリカ軍政下にあった沖縄が出発点に選ばれたことにも明確な政治的意図が存在した。聖火は戦跡をリレーされ、ひめゆりの塔の前では女子生徒が涙で校歌を斉唱した。各地方紙の第一面の扱いは、開会式並みに大きかった。「喜び一色〝平和の火〟」（九月十五日付『長崎新聞』）、「聖火原爆慰霊碑に〝平和〟告げる」（九月二十一日付『中国新聞』）の大見出しが象徴するごとく、聖火は「平和の火」として全国各地で迎えられた。だが、その行程は一九四六年から五四年に昭和天皇が行った全国巡幸をテレビカメラでなぞるものであった。巡幸が唯一行なわれなかった沖縄に聖火はまず届けられた。こうして天皇巡幸の記憶と重ねられた「聖火＝平和の火」リレーによって、日の丸・君が代は「平和の象徴」へと聖変化していった。

日の丸はためく開会式をテレビで見たと答えた人は、NHKが大会期間中に行った調査では九五％に達している。実況中継のほかにNHK総合、民放各局が再放送、ダイジェスト放送を行っている。実況と再放送を両方見たものも四割を超えていた。NHKの直後調査によれば、競技の実況中継を見たものは東京で九九％、金沢で九八％に達した。個別競技の視聴率では女子バレーボール決勝（日本対ソ連）八五％、男子体操八一％、水泳・飛び込み七六％、レスリング七〇％を記録している。しかも、テレビは全三十二会場で行われた各種競技から日本人選手の登場シーンを中心に実況中継した。最新のビデオ技術を駆使して無駄なく編成されたオリンピック放送は、現地での観戦を超える満足感を視聴者にもたらした。テレビ視聴の方がはるかに「直接的」な参加体験だったといえる。NHK報告書で藤竹はこう総括している。

ほとんどすべての人びとにとっては、テレビによって新たに合成されたドラマが東京オリンピックであった。実際に競技場に出かけて実物に接した人びとは、いわばドラマのロケにたちあったようなものではなかったのか。テレビオリンピックこそが、むしろ本物と呼んでさしつかえないものではなかったのか。[20]

しかも、日本選手の出場試合を中心に編集した「ドラマ」は、あたかもオリンピックの主役が日本人であるかのごとき印象さえ与えた。こうしたテレビのメディア・イベント効果については、カート・ラングとグラディス・E・ラングがマッカーサー元帥アメリカ凱旋行事の中継放送を分析した古典的論文「テレビ独自の現実再現とその効果・予備的研究」（一九五二年）によって既に知られていた。

もっとも重要なテレビの効果は、元帥を歓迎する圧倒的な社会的感情のイメージの伝播であった。この効果は政治的戦略に具体化され、他のメディアによってとりあげられ、人びとのゴシップとなり、そして現場の観察者が記録した直接的な現実をつまらないものにしてしまうことによって、大きな力となったのである。われわれはこの現象を「地すべり効果」と名づけた。[21]

テレビが映す社会一般の感情《せろん》を目にした人々は、安心して「みんなと同じように」ドラマに熱狂することができた。こうした「地すべり効果」を生み出すテレビは、今日に至るまで最強の国民統合メディアとなっている。

オリンピック開催期間の中継時間はNHK、民放とも一日約十時間であり、さらにハイライトやダイジェストなど特別編成が行われた。テレビ番組はオリンピック一色となり、国民はテレビ漬けだった。文芸評論家・小林秀雄さえこう書いている。

何か感想を書かねばならぬ約束で、原稿紙はひろげたもの丶、毎日、オリンピックのテレビばかり見てゐて、何もしないのである。こんなに熱心に、テレビを見た事は、はじめてだ。（略）ブラウン管上の映像が口を利いたと感じたからである。私は全身が視覚となるのを感じた。(22)

東京の喧騒を嫌って「オリンピック逃避行」した英文学者・中野好夫も、那須の別荘でもっぱらテレビ観戦をしていた。中野はテレビによるオリンピック体験の居心地のよさをこう表現している。

東京を出てきてほんとによかったと思っている。すべてスポーツは大好きだが、その周辺はきらいなことばかりである。テレビ画像で、そのスポーツだけを純粋無雑にみているにかぎる。どこか遠い外国ででも行われているような錯覚まで起って、なんといってもこれは楽しい。(23)

テレビのみを通じて「現実」を体験した地方のほうが、「ロケ地」東京よりもオリンピックに好意的であった理由も明らかだろう。だが、中野のような国際主義者はやはり例外である。NHK東京都オリンピック放送聴視率付帯意見調査の変化が興味深い。「いちばん感激したこと」への回答の変化である。開催中の十九日調査では「開会式で聖火台に火がともされたとき」三六%、「日の丸があがり、君が代が吹奏されたとき」二八%だったが、閉会式前日の調査では両者は二五%対三五%へ逆転した。(24)国際主義に対する国民主義の勝利である。オリンピック精神と公共道徳の向上を訴えた新聞の社説は建前《よろん》としては支持されたが、一つでも多くの金メダルを求めるテレビの本音《せろん》が圧倒したのである。十五日間のドラマを通じて、新聞の理想《よろん》はテレビの現実《せろん》に敗れたのである。三島由紀夫も女子バレー決勝戦観戦記でこう告白している。

日本が勝ち、選手たちが抱き合って泣いているのを見たとき、私の胸にもこみ上げるものがあったが、これは生まれてはじめて、私がスポーツを見て流した涙である(25)。

テレビ・オリンピックの余韻冷めやらぬ閉会式直後のＮＨＫ調査でも、輿論と世論の分裂ははっきりしていた。「オリンピックは、日本人の民族の自覚を深め、誇りを高めるのに役立った」か、と国民感情《せろん》が問われれば、東京でも八九・八％が「そうだ」と答えた。しかし一方で、「大変な費用がかかったので、いろいろな点で国民に負担をかけ、犠牲を払わせた」かと、冷静に費用対効果の評価《よろん》を問われれば、五四・四％が「そうだ」と答えている(26)。

高度化への国民的ドラマ

総理府に置かれたオリンピック国民運動推進連絡会議の狙いが「日の丸・君が代の復権」にあったことは既に述べた。それは総理府広報室が一九六一年十一月以来、一九六四年二月、同年十二月と繰り返した「国旗・国歌に対する調査」からも窺える。ちなみに占領下で禁止されていた日の丸を自由に使用することをＧＨＱが正式に許可したのは一九四九年元日であり、ＮＨＫが放送終了時に君が代を流し始めたのは講和条約が発効した一九五二年四月二十八日のことである。官庁で日の丸が常時掲揚されるようになったのは、オリンピックを二年後に控えた一九六二年からである。一九六三年四月に読売新聞社は全国世論調査を実施している。オリンピックに関連して「日の丸と君が代の法制化」の是非を問うている。結果は賛成（七六％）、反対（五％）、日の丸に賛成・君が代に反対（四％）、条件付き〔君が代の歌詞をかえる〕賛成（三％）、わからない（一二％）となっている。[27]この段階でもすでに「日の丸・君が代の復権」は確認できるが、テレビ・オリンピックは国民世論から国旗・国歌への抵抗感をかなりの程度まで払拭することに成功した。筋金入りの反戦主義者だった直木賞作家・山口瞳もマラソン観戦記でこう書いている。

戦後になってはじめて、全くなんらの抵抗感なしに、全くのいい気持ちで日の丸の旗があがるのを見た。ツブラヤ君、ありがとう。[28]

大会終了後の一九六四年十二月に実施された内閣総理大臣官房広報室調査で確認してみよう。

◇今度のオリンピックで、日の丸の旗に対するあなたの感じは、これまでと多少変わりましたか。

「変った」二〇％　「変らない」七二％　「わからない」八％

◇日の丸の旗を、多くの人が掲げるように、国としても、もっと力を入れるべきだと思いますか。

「力を入れるべきだ」六九％　「その必要はない」二一％　「わからない」一〇％

オリンピック開催半年前の一九六四年二月調査と比べると、「力を入れるべきだ」は一一％上昇し、「その必要はない」は八％下落している。[29]

もちろん、こうしたナショナリズムの高揚を警戒する意見は論壇《よろん》では珍しくなかった。小田実「〝世紀の祭典〟五輪の現実」（『時』十二月号）はその典型だろう。

今度のオリンピックで私がおそれていたそのひとつは、ナショナリズムの無責任な賛美だった。そして、そのおそれは、幸いなことに、かなり期待にはずれた。（略）日の丸がどんどんあがり、君が代が、じゃんじゃん鳴りひびいていたなら、人々のナショナリズムもいやがうえにも喚起されていたことだろう。その喚起は多くの場合、人を狂信、熱狂にかりたてるのだ。ナショナリズムに酔うこと自体がわるいというのではない。酔うことによって、たとえば、酔わない人、酔えない人を「なんだこいつは」と白い目で見始めることがおそろしいのである。[30]

いうまでもなく、「日の丸がどんどんあがり、君が代が、じゃんじゃん鳴りひびいていたなら」という表現も、テレビ観戦を前提にしている。しかし、「テレビのオリンピック」と競合した「文筆のオリンピック」も意気軒昂だった。復興日本のナショナリズムに新聞もまた酔っていたことは否定できない。遠藤周作は「祭のあと」で、それを「戦争中の報道班員のようにみんなが駆りだされていく[31]」と表現している。

一方で、このナショナリズム気分に満足しないナショナリストも少なくなかった。例えば、オリンピック開会直前に『大東亜戦争肯定論《せろん》』をものした林房雄である。大会終了の半年後に刊行した下巻のあとがきにこう書き付けている。

一国の復興は、経済の繁栄だけではかることはできない。精神の確立――国民的自信の復活が肝要である。日本は繁栄している。だが、魂の旗はまだひるがえっていない。[32]

テレビに映された日の丸は本物の「魂の旗」ではないということだろう。しかし、テレビ文化は「直接―間接」、「本物―コピー」の境界を無化していった。いみじくも、同じ一九六四年にマーシャル・マクルーハンは『メディア論――人間の拡張の諸相』を刊行している。メディアが人間の感覚を拡張するというマクルーハン理論を、大江健三郎は次のように表現している。閉会式で大江の隣に座った初老の日本人は、トランジスタ・ラジオを聴きながら双眼鏡を覗き、カメラのシャッターを切りまくっていた。

かれは機械の眼、機械の耳をもっとも信頼しているのだ。できればテレビだって、スタンドにもちこみたかったくらいだろう。（略）かれには眼のまえのお祭りより、ラジオの中継が、より真実なものだった筈だからだ。すなわち、かれはラジオの耳や、テレビの眼をもったロボット、消費文明ロボットみたいなものではないか？　マス・コミがオリンピックを日本じゅうに浸透させた、いちばんの原動力だが、この消費文明ロボットは、本当にラジオの耳でしかものをきかず、テレビの眼でしかものを見なかったのではないか？

さらに続けて、大江はオリンピック疲れの「一億総虚脱化」を眺めてこう予言している。

さあ、次は世界博覧会だ！　という声がリモート・コントロールから発せられると、再び、われら消費文明ロボットは夢中になって動きはじめるのではないか？　そのうちに消費文明ロボットは、電源をつかいつくして、それこそ本当に虚脱してしまうのではないか？　本当の虚脱、それはもう二度と起きあがれない状態におちいることである。[33]

この予言は一九七〇年大阪万博までの展開を見抜いている。日本はオリンピック開催から早くも四年目に世界第二位の経済大国に成長した。しかし、高度経済成長は一九八〇年代の高度情報化に引き継がれ、動員の「電波」が止まることはなかった。はたして二十一世紀のいま、二回目の東京オリンピックを開催するほどに、高度化の「電源」は残っているのだろうか。

第八章　全共闘的世論のゆくえ

もちろん、〔世論の表明としての〕デモや暴動や破壊的ストライキはいまでもある。しかし、もし世論調査というものがなかったら、われわれはもっと多くのこうした混乱やより暴力的な事態に悩まされていただろう。(W・P・ダヴィソン「コミュニケーションとしての世論調査」一九七二年[1])

大学全入時代の落とし穴

過ぎてしまえば、「二〇〇七年問題」とは何であったか、覚えている人は少ないのかもしれない。いわゆる「団塊の世代」(一九四七年から一九四九年生れ)の定年退職によって引き起こされる社会変動が、二〇〇七年に始まると、メディアは盛んに報じてきた。直前世代よりも二〇%、直後世代よりも二六%も多い団塊八百万人の大量退職を前に、その退職金を狙う金融業界やリフォーム業界から、スーツ需要の激減を懸念する紳士服業界まで経済ニュースがあふれたものである。

もうひとつの「二〇〇七年問題」は、いよいよ大学全入時代が到来するというものである。十八歳人口の急速な減少に伴い、大学進学希望者数と大学・短大の入学定員が均衡するため、大学は完全に買い手市場のサービス業となると予測されてきた。確かに「大学全入時代」が本当であれば、それは国民的関心事といえそうである。

一方、「大学全入時代」という言葉は一九九〇年代後半から大学経営者が口にしはじめた業界用語だが、今では新聞紙面に完全に定着している。幸いにも、というべきだろうか、実際の二〇〇七年度入試ではマクロレベルの定員割れは生じていない。言うまでもないことだが、「全入」はあくまでも全大学の定員数を合算した統計上のはなしであり、誰もが志望大学に入れ、浪人がいなくなるというわけではない。とはいえ、建前上は入試があっても実質的には誰でも自由（フリー）に入れる「Fランク大学」は確実に増加している。すでに一般入試を受けて入学する学生は私立大学全体で半数を割り、学内進学・推薦・AOなどが主流化している。

しかし、さらに冷静に考えると二〇〇七年度大学進学率の全国平均は五一・二％であり、同世代人口の半数は大学に進学していない。「大学全入時代」という大学ビジネス用語の独り歩きは、大学に行かない（行けない）人々の存在を無視する危険性があるのではなかろうか。もちろん、経済的理由から進学を断念する高校生も少なくはない。

だが、それ以上に問題なのは、「大学全入」という先入観が、学習の動機も意欲もない生徒を「大学くらい行っていないとみっともない」という消極的な理由から進学させている現実である。もちろん、意欲も学力も問わず全員平等に大学入学を認めるべきだとする立場もあるだろう。青春時代には誰しも無駄な時間が必要だ、と。それならば、大学の質的低下を嘆くことはないのだろう。

しかし、「大学全入」をそうしたレジャーランド化の意味で使っている人はおそらく少ない。その結果、「大学全入」は大学進学が本来どうあるべきかという真面目な問いを封印する呪文になる。

たとえば、全国民が大学進学した場合、大学卒という学歴は選抜の目安ではなくなるだろう。その場合にどのような変化が生じるかは、大学進学率が八二％に達したお隣の韓国を見れば、一応想像できる。単なる大卒は意味を持たず、アメリカ留学が今やエリートの必要条件となっている。私には日本社会も同じ道を歩みはじめているように思える。ロンドン大学聴講の小泉純一郎、南カリフォルニア大学留学の安倍晋三につづいて、スタンフォード大学留学の麻生太郎が首相に就任する可能性もあったわけだ。こうした大卒プラス留学のシステムが現在以上に乗り越え難い学歴格差社会をもたらすことは確実である。

経済インフレのダメージを最も受けるのは、大資本家でも貧困層でもない。堅実に蓄えた貯金が紙くずになる中間層である。学歴インフレも同様であり、エリート校と底辺校の中間で文化的崩壊が起こる可能性が高い。それを避けるためには、全員が大学に進学する社会よりも、大学に進学しないものが不利にならない社会を構想することがまず必要ではないだろうか。そのためにも、「大学全入」という幻想をまず捨てるべきだと私は考える。

しかし、一方で「大学全入」という言葉が、いまや大学の経営を牛耳る全共闘世代によって喧伝されていることは偶然だろうか。私の目には「大学全入」というスローガンは、「大学解体」を唱えた全共闘世代の長征の果てと見えるのである。

ここでは、この「団塊の世代」が主役をつとめた一九六八年の大学紛争（当事者用語としては「大学闘争」）における世論（私的心情）と輿論（公的意見）を考えてみたい。二つの「二〇〇七年問題」は、「団塊の世代＝全共闘世代」のイメージを媒介として大学問題に収斂する。

インテリの輿論と全共闘の世論

大学紛争と「世論」で想起されるのは、一九六七年「第一次羽田事件」で亡くなった中核派の京大生・山崎博昭に宛てた社会学者・樺俊雄の追悼文である。戦後学生運動での死者としては、六〇年安保騒動での東大生・樺美智子に次いで二人目である。第六章で述べたように、俊雄は美智子の父であり、輿論／世論の相違を熟知した社会学者だった。

暴力者によって世論が曲られるとき、心あるものは立ちあがって世論を正さねばならぬ。権力者に追随するもの、権力者を倒すヂェスチャーを示すに過ぎぬ者、彼らのみにくい仮面をはいだのは山崎君の死だ。(2)

ここで樺は「世論」をヨロンとセロンのどちらで読みあげたのだろうか。後述するように、樺にとって「立ちあがって正さねばなら」ないのは、新聞紙上の輿論《よろん》だったはずである。このとき、三派全学連は佐藤栄作首相の東南アジア歴訪を阻止すべく、ヘルメットに角材で「武装」した部隊を大量動員した。新聞社説は学生の「暴徒化」を批判的に報じたが、角材（ゲバ棒と呼ばれた）をもって戦う学生側にも奇妙な「ゲバ棒の論理」が存在した。文字付きプラカードを掲げたデモ行進が許されるなら、プラカードの基底部だけをもったデモも合法である、と。つまり、角材は言葉《よろん》で表現できない怒りの象徴とされた。こうしてゲバ棒は情念《せろん》のメディアとなった。

始まりが「羽田事件」だとすれば、終わりは「安田講堂」だろう。一九六九年一月十九日、東大

写真8　東大・安田講堂前で、ゲバ棒を手に気勢を上げる反日共系の学生たち。1969年１月15日。（提供・毎日新聞社）

全共闘の学生が占拠していた安田講堂は機動隊によって封鎖解除された。その翌日、政府は東京大学の同年入試の中止を発表した。高橋義孝ほか『私の大学再建案』(新潮社・一九六九年)は、その一ヶ月後に緊急出版されている。梅原猛、江藤淳、向坂逸郎、中野好夫など左右の論客が約四十年前に展開した意見を読むと、今日に至る大学改革の空虚さに滅入ってしまう。序文を執筆した高橋義孝(当時、九州大学教授)は、ゲーテ『ファウスト』、マン『魔の山』などの訳者であり、辛口の評論で知られていた。その半年前、高橋は「新聞・投書・世論《よろん》」を、こう書き起こしている。

かつて使われていた輿論の「輿」は、字画の多いのをきらわれて当用漢字表から追われ、今ではほとんど廃字に近いものとなり、輿に代わって「世」が採用されて、「輿論」は「世論」となり、これを「ヨロン」と読んでもらうつもりらしかったが、世論はどういうものか「ヨロン」とは読まれず、「セロン」「セイロン」と読む人が多い[3]。

まだ一九六八年当時は「世論」を「セロン」と戦前的に読むインテリが多かったことがわかる。主義を叫んでゲバ棒をふるう全共闘運動は、輿論《よろん》と世論《せろん》を弁別する伝統的教養を解体した象徴的出来事とみなすこともできようか。象牙の塔の理性的討議を拒否して、街頭デモと大衆団交による要求貫徹を目指した彼らは、ブルジョア的公共性(「市民的公共性」とも訳される)の確信的破壊者であった。東大法学部の研究室を荒らされた「市民主義者」丸山眞男が全共闘学生に投げた言葉はこの意味で理解するべきだろう。

「軍国主義者もしなかった。ナチもしなかった。そんな暴挙だ[4]」

写真９　集団就職で、鹿児島、熊本から上京した「金の卵」たち。1968年３月。（提供・毎日新聞社）

全共闘体験という集合記憶

それにしても、「団塊の世代」の八百万人の中で、一体どれくらいが「全共闘体験」をもっているのだろう。確かに、高度経済成長は大卒者の社会的需要を高め、大学は爆発的な量的拡大を遂げていた。一九六八年六月現在、大学数八四五（うち短大四六八、私大六六九）に在学者は約一三四万（うち短大二三万、私大一〇三万）人に達していた。同年代の約二〇％が大学生であり、それは昭和初年の中等学校生の比率を超えていた。六〇年安保闘争で全学連は「全国三十万同志諸君」と学生に呼びかけたが、七〇年安保のアピールは「全国百六十万同志諸君」へと変化している。学生数は五倍以上に増大していた。

それでも、当時同年代の八割はなお大学

に進学していなかった。しばしば忘れがちなことだが、「全共闘世代」は同時になお「集団就職世代」である。しかも、すべての大学で紛争が起こったわけではなく、紛争校のすべてに全共闘ができたわけではない。過半数の大学自治会は代々木＝民青系の影響下にあった。年少の読者のために解説すると、「代々木」とは日本共産党本部のある地名であり、その学生組織が日本民主青年同盟である。当時、共産党は全共闘を「トロツキスト暴力学生」と批判して大学の秩序回復を訴えていた。内閣調査室報告では一九六九年七月末現在、二一二大学五五七自治会のうち反代々木系全学連の自治会は三六・六％に止まっていた。[5]

大都市圏二一大学の学生に対する読売新聞社調査（一九六八年八月）は、学生の政治意識を多次元解析により四類型にまとめている。「自民党を中心とする保守集団」一〇％、「一般学生集団」六一％、「過激派を含む革新系集団」二一％、「あらゆる問題に無関心な集団」八％である。[6]「過激派を含む革新系集団」すべてが全共闘に関与した（その過半数を占めるのは代々木系による敵対的関与であるが）としても、大学生の二一％、つまり同世代の四％だけの体験に過ぎない。山口文憲『団塊ひとりぼっち』（文春新書・二〇〇六年）は平均的な団塊大学生の姿として、早稲田大学政経学部に在籍していた柳井正（現ユニクロ会長）の回想を引用している。

暴力に偏りがちな学生運動にはどうしても馴染めず、映画やパチンコ、マージャンで、ブラブラしていた四年間だった。[7]

教育社会学者の新堀通也はアンケート調査（一九六七年十一月実施）から活動的な「政治型学生」を全学生の二％、全国で約三万人と推定している。

四年制大学三六九校中、一万名以上は二六校もある（文部省、昭和四二年度指定統計書一三号）。仮りに一万としてその二%とは二〇〇名。これは学内を混乱に陥いれるには不足しない人数である。(8)

逆にいえば、有名大手の総合大学ほど動員可能な学生の絶対数が増えるため、紛争は発生しやすかった。大学紛争史という観点では、一九六五年慶應義塾大学、一九六六年早稲田大学、明治大学、中央大学の授業料値上げ反対ストなどが先駆的だったが、スポットが当てられたのは最初に「全共闘」が成立した一九六八年の日本大学である。まさしく日本一のマンモス大学が闘争の原点となった。一方で、記録映像としてテレビで流されるシーンは、東大安田講堂攻防戦のものが圧倒的に多い。こうした量と質の「日本一」によって全共闘体験は「団塊の世代」の共通体験として記憶された。歴史的記憶には偏差《バイアス》があり、平均的な体験が重視されるわけではない。東大安田講堂がシンボルとなる理由は、その偏差値の高さに由来している。

たとえば、戦争の体験と記憶の偏差を考えれば自明である。前線で敵軍と実弾を撃ち合う兵士の数は動員された総兵力のごく一部であり、大半はその後方に展開している。都市部の空襲は激しかったが、それと無縁な日常生活を送った農村部もまた多かった。しかし、「あの時代」の記憶として、のどかな後方陣地や農村生活が回想されることは少ない。「全共闘体験」も極端だが同じ構図である。

さらに言えば、その政治的経歴から一般企業や官庁に就職できなかった高学歴者が文筆業や大学や予備校の教師など広義の「記憶産業」に従事したことも大きかったはずである。私の体験でも、予備校には全共闘時代の冒険談を面白おかしく語ってくれる人気講師が何人もいたものである。

「東大紛争」をめぐる輿論と世論

児島和人が「大学問題をめぐる世論の諸相」（一九六九年）でリストアップした一九六八年・六九年度の世論調査だけでも二十件（調査項目の一部に大学問題を含む調査を含めれば二十八件）が存在する。[9] 総理府、各新聞社・放送局はもちろん大学関連機関なども学生と国民の世論動向を解明しようと努めたことがわかる。国際的に広まった学生反乱の時代、各国で世論調査の社会制御機能がフル活用され始めた。

「世論の爆発」を回避するため、学生への世論調査は頻繁に繰り返された。日本私立大学連盟が一九六七年に加盟六十二大学で実施した学生実態調査では、学生の要望として「すし詰め教室の解消」四五％、「よい教師をそろえる」四三％が群を抜いており、学生急増に応えて拡張された私立大学の弊害が読み取れる。[10] だが、国立大学の状況はやや異なっていた。新堀通也によれば、国立大学の学部レベルで比べれば戦前の方がマスプロ教育であったという。たとえば旧帝国大学の法学部は学生三十人に教官一人の割合だったが、戦後の国立大法学部では約十人に一人に改善された。国立大学の場合、マスプロ化は旧制高等学校を改組した教養部に特有の問題であり、その意味で全共闘支持が一・二年生で目立って高いことも理解できる。いずれにせよ、国立／私立、都会／地方、四大／短大で学生の状況は異なっており、一律に「学生」一般の世論を論じるのは困難である。以下では、最も注目された調査対象である東大生に絞って考察してみたい。
全共闘カルチャーを示す標語として、「右手に『朝日ジャーナル』、左手に『少年マガジン』」はよく知られている。なるほど一九七〇年東京大学読書調査によると、愛読している定期刊行物ベストテンは『朝日ジャーナル』、『少年マガジン』、『世界』、『文藝春秋』、『中央公論』、『少年サンデー』、『週刊朝日』、『展望』、『エコノミスト』、『サンデー毎日』である。[11] この上位二誌を東大生の教養と娯楽のシンボルとすることは一応説得的である。しかし、後述するように全共闘とその支持者が東大生全体に占めた低い比率を考えれば、このベストセラー二誌が全共闘カルチャーのシンボルたり得るかどうか疑問が残る。むしろ、その標語は全共闘運動をマス（大量・大衆）において拡大解釈するためのプロパガンダであり、必ずしも運動文化の実態に即したものではなかっただろう。あるいは、入試出題率ナンバー・ワンを誇る新聞社と発行部数最大を誇る出版社が刊行する両誌は、日本一のエリート大学・東京大学と日本一のマンモス大学・日本大学という二つの全共闘のメタファーなのだろうか。当時「本郷学生隊長」だった島泰三はこう述べている。
東大と日大は出発点の社会的な位置づけが異なる大学で、青年たちもまったく違った層だったが、闘争のなかでおどろくほど似かよった考えを語るようになっていた。[12]
「帝大解体」を唱えた全共闘は、伝統的な「高級文化―大衆文化」、つまり「岩波文化―講談社文化」の枠組みの超克を目指しつつも、それに縛られていた。岩波的「教養主義」の克服が目的であったとすれば、左手に講談社の『少年マガジン』を選んでも、右手に『世界』と言いたくはなかったはずである。

一方で、テレビ第一世代である全共闘の言語コミュニケーションに対する不信感がマンガとの親和性を高めたことは否定できない。学生の言語不信は、大衆団交で連発された「ナンセンス」で明らかだろう。言葉《よろん》に対する感情《せろん》の叛乱とよぶべきかもしれない。

こうした全共闘的文化意識からすると、『世界』編集部が一九六九年二月初旬に実施した「東大闘争と学生の意識」調査（無作為抽出三四〇〇名の学生・院生）は大変興味深い。郵送法で回収率五八％という異常な高さは、全共闘が批判した「岩波文化」へのアンビヴァレントな心情をよく示している。『世界』編集部もこう付記する。

全共闘系学生のそれ（回答以外の記述）は、『世界』の掲載論文に対する批判が多く、〝『世界』フンサイ〟という落書きまであったが、そう考える人達さえ真面目に回答してくれた事実は、自らの真実を知らしめたいという学生達の欲求がどんなに強いものだったかを示しているように思う。(13)

三田誠広『僕って何』や村上龍『69』など、いわゆる「全共闘小説」の読者にすぎない私にとっては、この調査結果はなかなか新鮮である。まず、一九六八年七月の医学部処分問題による最初の安田講堂占拠に対する機動隊導入による運動の高揚、同年九月の民青と全共闘の武力衝突、十一月二十二日の全共闘・民青の対抗動員による学内大集会、翌年一月の安田砦陥落まで、四つの画期ごとに全共闘への態度を聞いている。当事者には自明なことだろうが、東大生全体において全共闘支持は少数である。四時点のいずれでも、「批判的」「対決」が「参加」「支持」を上回っている（図7）。

図7　「全共闘への態度」の時期的変化

「《学生意識調査》東大闘争と学生の意識」(『世界』1969年9月号)
66頁グラフをもとに組みなおしたもの

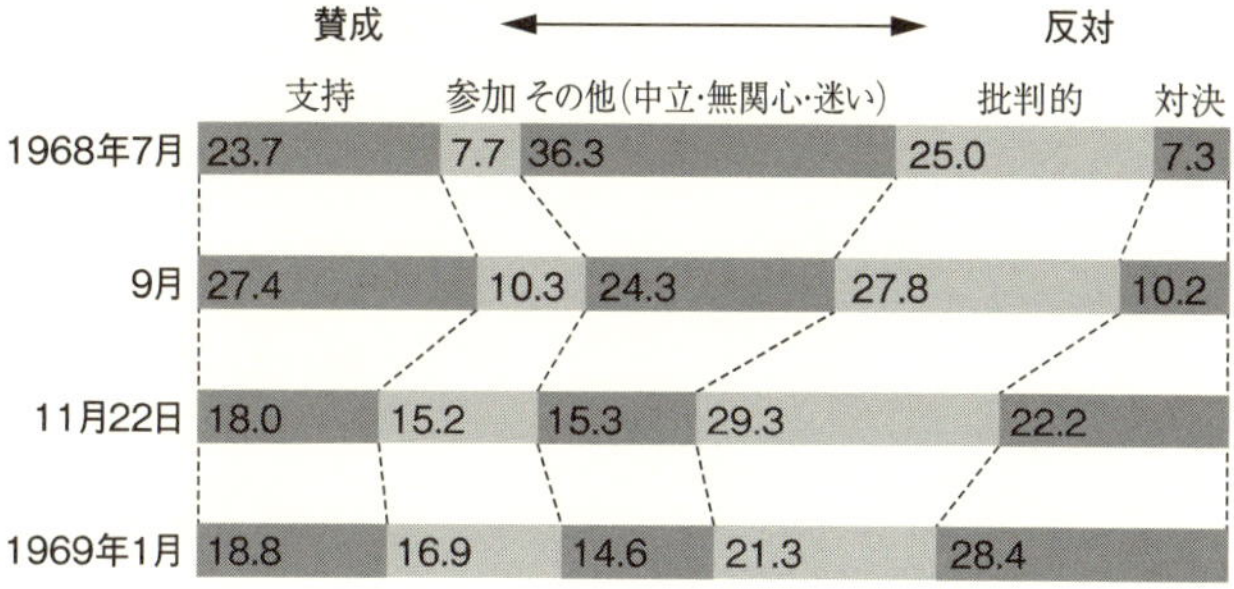

「信頼する思想・運動団体」の分布を見ると、なし（六八・一％）が圧倒的で、左翼党派では民青（一三・五％）が群を抜いて多い。民青支持率は教養（一一・六％）、学部（一三・二％）、大学院（二六・一％）と高学年になるにつれ上昇している。一方、反代々木系は反帝学評（四・六％）、フロント（四・六％）、革マル（三・四％）、中核（二・五％）、ML（二・二％）、ブント（一・八％）、その他（五・六％）となり、セクトへの関与は高学年になるほど減少する。なるほど、「もう若くないさと　君に言い訳したね」（荒井由実作詞『「いちご白書」をもう一度』）。

むろん、ノンセクト・ラディカルは数多くいたわけで、全体として「デモ」（七〇・九％）「討論」（八四・六％）への参加率は高い。ただし、集団的なデモや討論は必ずしも主体的とは言えないし、ストや封鎖に反対する側で参加したものも含まれている。東大における全共闘と民青の能動的な活動家は、多く見積もって「ビラ作り、ビラまき、立看作り」（四〇・二％）、少なく見積もって「ヘルメット着用」（三四・二％）と言えるだろう。それも学部ごとに大きな差があり、特に法学部では「デモ」六三％、「ビラ・立看」二二％、「ヘル着用」二〇％と極端に低い。出身階層との関係では、親の所得の高低で参加形式に大きな差がでている。富裕層出身者の参加が平均を上回るのは「討論」八八％、「ビラ作り」四二％であり、それ以外では「デモ」六五％、「ヘル着用」三二％と少なくなっている。

〔秩序回復を求める〕〝一般学生〟の多くは豊かな家庭の子弟であり、〝民青系〟学生の多くは貧しい家庭の出身だということになる。(14)

この『世界』編集部の分析が正しいとすれば、スト継続を主張した全共闘は「中流」家庭の出身となる。ちなみに父親の職業では、「大学教師」「医師」「農林漁」層で全共闘への批判者が多く、デモ参加者の主流は「自営商工」「経営管理」「事務」層である。学歴インフレによるエリート没落の危機を痛切に感じたのは、こうした新旧中間層の子弟である。また、全共闘参加派は卒業後の希望進路として「研究者」三七％が最も多く、「官庁」一・七％、「経営」〇・七％は極端に少ない。東大卒であっても、学歴インフレの中で既にエリート・コースの保証は失われていた。学生が抱えた不満と疎外感について、当時、新堀通也はこう分析していた。

戦後、青少年一般の地位は急上昇しているのに、大学生の地位は逆に急低下した。大学生の質の低下と量の増大とは彼らからエリート的価値を奪い去り、このことを彼ら自身もよく承知している。（略）大学生になることを唯一の目的として努力してきたのに、その結果得たものがこの低下した地位だというのでは、何のために大学に入ったのか分からない。（略）期待と負担が大きかっただけに、入学した後の幻滅、虚無感、虚脱感も大きくなる。(15)

総理府の青少年調査でハイティーンの悩みごとトップが「就職・職業」から「勉学・進学」に変わるのは一九七〇年以降である。大学の大衆化は急速に進んでいた。

ルサンチマンとラディカル

大学教授を団交で吊るし上げた全共闘学生の心情を竹内洋は次のように見ている。

かれらは、理念としての知識人や学問を徹底して問うたが、あの執拗ともいえる徹底性《ラディカル》はかれらのこうした不安とルサンチマン（怨念）抜きには理解しがたい。内面化した物語（教養知識人）と現実（ただのサラリーマン）の不整合から生じたアノミー（価値や欲求の不統合状態）だった。だから運動の頂点ではいつも大学教授を団交にひっぱりこみ、無理難題を迫り醜態を晒させた。教養主義という学歴貴族文化への「絶望的求愛」である。[16]

エリート養成所から大衆的サラリーマン製造所に変わった大学の価値下落に彼らは怒っていたのである。そうした屈折した学歴コンプレックスは、封鎖中の東大正門に張られた「いやみたっぷりのビラ」、「祝御入学　機動隊さんえ　東大全学共闘会議」[17]に、いかんなく示されていた。しかし、学歴インフレの中では、東大だけで通用する挑発といえよう。樺美智子が死亡した一九六〇年六月に国会周辺で機動隊が撃った催涙弾は三発のみだったが、一九六九年一月の東大安田講堂攻防戦ではヘリコプターによる催涙液撒布に加えて三千数百発が撃ちこまれた。それは大学生の希少性の低下と対応している。

この「機動隊による封鎖解除」の是非に対しては、「やむなし」三一・二%、「遅すぎたくらい」一二・八%、「学生の力で解除」一二・八%、「あくまで非暴力で解除」八・一%と東大生の過半数が解除を支持しており、「あくまで封鎖続行」の全共闘支持は一四・六%に止まった。「いったん撤収、再封鎖」一六・四%を含めても三割にすぎない。『世界』編集部は、さらにこう書いている。

激しい両極分解の中で、「参加」から「対決」へ、「対決」から「参加」へという一八〇度の転換が、わ、ず、か、で、はあるが行われていることには驚かされる。[18]

一八〇度転向者の一二%を「わずかではある」とする評価にこそ「驚かされる」。だが、街頭公共性への参加は公的意見（輿論）よりも私的心情（世論）に規定されると考えれば、特段おどろくべき現象ではないのだろう。ワイマール共和国末期、街頭宣伝でゲバルトを繰り返したナチ党と共産党でさえ、下部メンバーではかなりの相互乗り入れが生じていた。一九二九年フランクフルト社会研究所が労働者・サラリーマンを対象に行ったアンケート調査報告で、E・フロムは次のように書いている。それは後にファシズム論の名著『自由からの逃走』を執筆する起点となった考察である。

彼らは、金を持って人生を楽しんでいるように見える人すべてに対する憎しみと怒りに満たされていた。社会主義の綱領の中で、所有階級の転覆を目的とする部分は彼らに強く訴えた。他方、自由とか平等という綱領項目は、彼らにとってまったく何の魅力もなかった。彼らは自分が尊敬する強力な権威なら何にでもやすやすと従ったからである。彼らは、自分たちにその力があるかぎりにおいて、他を支配することを好んだ。彼らが信頼できないということは、たとえばナチズムの綱領が彼らに呈示された時に明らかになった。(略) 彼らの本性の中で、社会主義に満足せず、また意識下で反対していた部分にも訴えかけたのであった。このような場合には、彼らは信頼できない左翼から信念を持ったナチスに転向したのであった。[19]

だが、この分析結果はその後五十年近く研究所内部に封印され、フロム没後の一九八〇年に初めて公刊された。マルクーゼによれば、「ドイツの労働者が社会主義的態度であったにもかかわらず、あるいはそうだったからこそ、基本的につねにファシストだった」という印象を呼び起こすことが懸念されたためだという。フロムの所見では、少なからざる共産党員や社会民主党員が「政治信条」においてラディカルだが「生活心情」において権威主義的であり、その性格構造からしてもナチズムの勝利を阻止しうる可能性は存在しなかった。今日、元全共闘を名乗る権威主義者を大学キャンパスで目にするたびに、私はフロムの憂鬱を思うのである。

輿論では何を言っているかが問題だが、世論ではどのように言っているかが重要である。それは、ラディカリストにとってタテマエの言葉（輿論）より、ホンネの心情（世論）の方が重いからである。日大闘争でスト破りを行った体育会系右翼は「昭和維新の歌」を歌い、バリケードの中の全共闘は「ワルシャワ労働歌」を歌ったという。だが、両者がともに愛したのはヤクザ映画の主題歌「唐獅子牡丹」であった。それは、東大全共闘と情を通じた三島由紀夫が「楯の会」で合唱する歌でもあった。

青年の社会不満と愛国心に関しては、文部省社会教育局と総理府広報室が一九六七年十一月に実施した未婚青年一万人調査「青少年の意識――価値観、愛国心等について――」がある。日本社会の現状に「不満がある」青年の六三%が「愛国心あり」と答えている一方、「不満がない」青年では五三%に止まった。また、不満青年は「国民としての責務を果たすためならどんな苦労をしてもよい」七・二%、「自分の幸福をいくらか犠牲にしても国のために尽くしたい」四・四%、「自分の仕事を通じて国の発展進歩にいくらかでも役立ちたい」四一・三%と回答したのに対して、満足青年の回答はいずれも五・三%、三・一%、二八・一%と著しく低い。この調査結果を分析した文部省青少年教育課・井上清は、こう総括している。

わが国の現状に対して不満のあるグループは、不満のないグループよりも愛国心に関して肯定的に答える者が多く、国の現状に対する不満が直ちに愛国心の否定につながるということは

いえないことを示している。(20)

とすれば、最後まで安田砦に踏みとどまった島泰三がなぜ右翼的とも受け取れる愛国心を吐露するのかも理解しやすい。一九六八年一月、島は自ら参加したエンタープライズ入港反対闘争について、こう書いている。

ほとんどすべての日本人は愛国心の塊であり、日本を守るためには命を捨てる覚悟を持っている。(略) この心情としての民族主義は、「敵」アメリカ軍基地への突入を果たした「暴力学生」への幅広い共感となった。佐世保でも博多でも、人々は青年たちの勲《いさおし》を語った。第二次世界大戦後のアメリカによる日本支配に対して、青年たちが行った果敢な反撃に日本人が何事かを感じた一瞬だった。(21)

ここにも、国民世論《せろん》への「絶望的求愛」の姿勢が読み取れる。

安田砦決戦前の緊急世論調査

この「求愛」行動を国民はどう見ていただろうか。内閣総理大臣官房は安田講堂への機動隊導入に先立ち、全国成人男女三〇〇〇人を対象に「学生運動に関する世論調査」(一九六八年十一月二十九日―十二月五日)を実施した。その結果は同年十二月二十七日の閣議で「速報」として報告されている。政府は実力行使が世論に動揺を与えないと確信したはずである。その概要を総理府広報室はこう総括している。

最近の学生運動に対する概括的意見としては「困ったことだ」五二％「厳しく取締まれ」二六％など批判的なものが大多数で「共感をもっている」（六％）または「支持する」（一％）ものは極めて少数である。（略）学外の暴力デモについては「許せない」というものが八九％で、学内の場合によりいっそう厳しい批判がもたれており、新宿事件についても、批判的な感想をのべたものが圧倒的に多くみられる。したがって、騒乱罪の適用についても「当然だ」二六％あるいは「やむをえない」三二％と肯定的なものが、「適用疑問だ」九％、または「絶対反対」二％など否定的なものよりはるかに多い。[22]

同報告書は「町村部、農林漁業、女、低学歴層などでは学生運動に対する関心が低いと思われる者が多い」と断じ、「大卒者」と「大学生」だけの個別データを表示している。

◇いまの学生運動に対する社会一般の受けとり方についてあなたはどう思いますか。

	全体	大学卒	大学生
「学生運動を理解できなくてとまどっている」	三五％	四〇％	四二％
「学生を甘やかしている」	二五％	三〇％	八％
「学生運動に無関心である」	一〇％	一三％	一九％
「学生の言い分に耳をかさない」	六％	八％	二三％
「学生運動をよく理解している」	二％	二％	—
「この中にはない、わからない」	二二％	七％	八％

回答者本人ではなく「社会一般」の受けとり方、すなわち公的意見＝輿論の配置状況をたずねる

設問だが、「よく理解している」二%という小さい数字の意味は大きい。一般国民が大学平常化を望む気分（世論）は明確だが、大学問題についての明確な意見（輿論）は広がりをもっていなかったようである。

家族に大学生がいる世帯はまだ全体の一割以下にすぎなかったから、国民一般は大学紛争の情報をマス・メディア、とりわけテレビ映像から得ていた。天王山というべき東大安田講堂の攻防戦は、ニールセン関東地区調査によれば「陥落」の一月十九日午後六時には累積視聴率七二％に達した。機動隊導入の十八日との両日で関連番組の到達率は九七％、世帯平均視聴時間は一時間五十四分に達し、ほぼ全世帯が注視していたことがわかる。ただし、それが学生運動の理念への関心に由来するとは言えない。現代版「千早城」「大坂夏の陣」として興味本位で観戦する視聴者もいたはずである。

もちろん、視聴者ばかりではない。全共闘運動の側でも軍記物の物語性が強く意識されていた。東大全共闘ヒーローの一人、今井澄《きよし》（当時は安田講堂防衛隊長、後に参議院議員）は東京拘置所から『ガロ』編集長・長井勝一にこう書き送っている。

危機の時代と、みせかけの〝平和〟といった奇妙なバランスの中に、カムイ伝が〝つまらない〟原因があるのでは、ないでしょうか。忍者武芸帳は、革命のロマンを描き、カムイ伝は、革命の戦略、戦術を描こうとしている、といっていいでしょう(23)

白土三平の貸本マンガ『忍者武芸帳』（一九五九―六二年）と『ガロ』連載の「カムイ伝」（一九六四―七一年）を、革命における「ロマン―戦略・戦術」の対比と見ている。それは「統一と団結」

を旗印にした民青的な戦略・戦術への反発であり、滅びの美学への共感だった。大島渚監督の《忍者武芸帳》（ATG）は一九六七年二月に公開されているが、各大学の拠点を安田トリデ（東大）、時計台トリデ（京大）、本館トリデ（広大）、大隈トリデ（早大）などと学生が呼んだのは、「忍者武芸帳」影一族のイメージを自己投影していたからであろう。

東大全共闘議長・山本義隆も熱烈なマンガ愛好家で、その隠れ家にはつねにマンガ本の絶えることがなかったと伝えられるが、これを反体制運動の新しい潮流とよべるかどうかについては、慎重に吟味する必要があろう。というのは、似たような事例なら戦前にも求められるからである。木村毅によれば、国家社会主義者・高畠素之は『資本論』の翻訳中も、座右から博文館本の『加藤清正』を手放さなかったといい、非合法共産党委員長・佐野学の鞄の中にはいつでも『講談倶楽部』が入っていたという[24]。戦前のプロレタリア運動ではこうした娯楽文化の利用をめぐり「芸術大衆化論争」が展開され、その中で「岩波文化VS講談社文化」の枠組みが形作られていった。「日本文化の欠陥」を「講談社文化と岩波文化の対立」で定式化した遠山茂樹らによる岩波新書『昭和史』（一九五五年）から引用しておこう。

「講談社文化」は、講談社出版の娯楽中心の出版物に代表される文化で、国民の圧倒的部分にうけいれられていた。「岩波文化」は、岩波書店刊行の教養書に代表される文化で、国民の小部分の文化人に限定されていた。前者は一般人の思想・生活感情の停滞的な側面をつかみ利用し、卑俗な娯楽・実用と忠君愛国・義理人情思想とをないまぜにしてそそぎこむ内容のものであった。後者は外国の最尖端の思想をとりいれながら、それが生活にむすびつかず、国民にもひろく普及せぬような形でのあり方の文化であった。そしてこの両者の間にはまったく通路をもたぬ断層があった[25]。

エリートの「最尖端の思想」が大衆の「生活感情」から孤立しており、「国民に共通する基盤を欠いているという点」に、「ファシズムにたいする国民的抵抗」不在の原因があると断じている。この昭和史パラダイムは、都市的欧米文化―農村的国粋文化、エリート的密教―大衆的顕教、さらに男性的総合雑誌と女性的家庭雑誌などの二極化図式をその下位構造としていた。本書の枠組みでいえば、輿論―世論の断絶である。

そう考えると、よど号事件の赤軍派が講談社の『少年マガジン』連載中の「あしたのジョー」を引用したのも、特権的な「活字的輿論」published public opinionへの反発だったのだろうか。メディア論的に考えると、マンガが全共闘世代をとらえたのは特権的な大学人の輿論に対する不信感のゆえであった。大学の権威が「思索のメディア」である学術雑誌に象徴されていたとすれば、それを否定する「行動のメディア」としてマンガ雑誌が対置された。『ガロ』の投書欄で二十歳の学生はこう述べている。

ぼくは言葉を論理的に振り回す人に対して否定的です。現在、言葉は、その内実を失っています。言葉は単なる記号でしかないのです。言葉で論理を謳歌することは、無意味です。ぼくは、言葉によるコミュニケーションについて否定的です[26]

大衆団交で学生が連呼した「ナンセンス」という叫びは、「言葉によるコミュニケーション」の拒絶を象徴的に示している。「暴力をやめて話し合いで」と訴える教員は、丸山眞男のように暴力的なつるし上げにあった。その意味でも、大学輿論に対する学生世論の叛乱とよぶべきなのである。

この象徴的な決戦場が東大安田講堂となる。前衛マンガであれ講談読物であれ、軍記物では楠木正成や真田幸村など悲劇の討死を遂げる側に世論の支持が集まるはずだが、テレビ観戦で全共闘への共感が高まった形跡を世論調査で確認することはできない。陥落間もない一九六九年二月に総理府が実施した「警察の警備活動に関する世論調査」を見てみよう。

◇一月十八、十九日東大の安田講堂などにたてこもった学生を機動隊が実力で排除しましたがこのことについてはどう思いますか、この中ではどうでしょうか。

「むしろ遅すぎた」一五・一％「当然だ」二六・五％「やむをえない」三五・四％「やるべきではなかった」五・八％「ない、わからない」一七・二％

◇学生運動に対する警察の取締りについてはどう思いますか、なまぬるいと思いますか。行き過ぎていると思いますか。それともこの程度でよいと思いますか。

「なまぬるい」二九・六％「行き過ぎだ」八・五％「この程度でよい」三七・六％「わからない」二四・三％[27]

「安田砦」陥落を転機として、世論の支持を失った学生運動は急速に退潮していった。一九六九年八月、政府は「大学の運営に関する臨時措置法」を強行採決、成立させた。これに反対して京都大学で全学封鎖が行われるが、九月二十一日これも機動隊導入によって解除された。紛争大学も二月の七十一校から二十二校に減少し、年末には「長期紛争校」十八校すべてが平常化した。

シュプレヒコールの波　通り過ぎてゆく

翌一九七〇年三月に総理府が全国大学生二千人を対象に実施した「大学生の意識」調査結果を内閣調査室は『調査月報』一九七〇年六月号に掲載している（クロス分析結果は同一九七一年三月号）。

◇あなたは、いまの数多くある学生運動組織のうち、どの組織にもっとも好感をもっていますか。

「代々木系全学連」六％「反代々木系全学連」一〇％「民族派学生組織」一％「新学同（創価学会系）」一％「その他」三％「ない」六四％「わからない」一五％[28]

一九七〇年安保闘争を三ヶ月後に控えたこの段階で、どの学生運動組織にも「好感」を持たない（六四％）・無関心（一五％）の学生が全体の八割近くを占めている。さらに内閣調査室はクロス分析の結果から、運動参加学生の自己イメージについて次のようにコメントしている。

代々木系、反代々木系のイメージは誠に無邪気なもので、自分たちは「純粋」で「理論的」だが、相手は「権力的」、「暴力的」、「派閥的」で「政治偏重」であると考えている。悩みはほとんどないのである。強いてひろえば、反代々木系が、自分たちはやや「派閥的」だと気にしていることと、代々木系が、すこし「政治偏重」を気にかけている位である。[29]

政府刊行物の表現としてはいささか軽い気がするが、そこに執筆者の余裕を読み取るべきだろう。以下は安田講堂陥落からわずか一年後の調査である。

◇あなたは、大学に入ってから、デモに参加したことがありますか。（あるものに）どんな性質のデモですか。
「学生生活に関連がある学内デモ」一一％「政治的主張をもった学外デモ」八％「学内学外の両方」一一％「答えられない」五％「参加したことはない」六五％[30]
デモへ一度も参加していない学生は六五％に達している。大学紛争の季節は終わっていた。内閣調査室は「わが国学生運動の現状」（一九七〇年）で、学生運動を本土決戦に追い詰められた旧日本軍にオーバーラップさせて叙述をしている。

過激派集団は「戦略なき玉砕主義」にもとづく「情勢無視の暴力行動」の連続から多大の人的痛手（羽田事件以来、昨年末までの検挙者一万八、五九二人、起訴三、三六八人）、心理的打撃を受けて「十一月決戦」に「敗北」するや、本年六月二十三日をピークとする「七〇年安保六月決戦」にそなえて「組織体制整備」に入った。（略）一部でハネ上がり的集団暴力闘争を行ない一、三二七人の検挙者（六月闘争中の全検挙者は一、七九八人）を出しているが、概ね予想以上に平穏なものに終っている。[31]

当時、こうした大学の沈静化について東京大学助教授・富永健一は「『新左翼』運動の理念と現実」でこう述べている。

東大紛争そのものの中には、安保問題についての議論もなければヴェトナム戦争についての議論もなかった。このことは、各種の紛争記録や共闘派学生の発言、またいわゆる造反教官の書いた諸論文などに、そのような言及がないことによって明らかである。（略）戦争の当事者でもなく徴兵制度もない日本の場合、反安保や反戦の問題が直接に学園紛争の争点となりうるような媒介物は、大学の中に存在していない[32]。

この引用文に元全共闘の読者が反発する様子が思い浮かばないわけではない。また、個別の例外を数え挙げることもさほど困難ではないだろう。しかし、その後の歴史的展開から見れば、この説明は十分に納得できる。

一般国民においては、大学紛争の記憶の風化は予想外に早かった。時事通信社が一九六九年十二月に実施した「新左翼」に関する全国世論調査で、「〝新左翼〟という言葉を知っているか」に対して「知っている」は三三%にとどまった。「べ平連」「反戦青年委員会」「反日共系全学連」の認知度がそれぞれ五三%・五二%・七一%だから、言葉そのものが大衆的ではなかったことがわかる。

◇これらの団体が、一〇・二一反戦デーや、総理訪米の際に駅や街頭で行なった過激な行動についてはどう思いますか。

「賛成」一%　「反対」八三%　「わからない」一六%[33]

世論において居場所を失った過激派の暴走は、連合赤軍による「よど号」ハイジャック、大量リンチ殺人、あさま山荘事件と続いた。一連の事件を実況したテレビの過熱ぶりは放送史上の語り草となった。それ以後、学生向け世論調査で「デモ参加」や「支持する新左翼党派」を聞くことは統計的にも無意味になってしまった。

安田砦陥落から十二年後の一九八一年、中島みゆきが歌う「世情」がヒットした。それは学生世論の挽歌として、いまでは全共闘世代の郷愁をさそうテーマソングとなっている。

シュプレヒコールの波　通り過ぎてゆく　変わらない夢を　流れに求めて

本来はＴＢＳのドラマ『3年Ｂ組金八先生』第二シリーズの挿入歌だった。中学校に突入した警官隊が、放送室を占拠していた中学生を逮捕・連行する場面で効果的に使われている。この「荒れる中学生」は、いわゆる団塊ジュニアの先駆けである。だが、この歌に共感したのは、むしろその両親たちだっただろう。テレビが映す反抗シーンは大学生から中学生へと低年齢化したが、もうそこに「平和」や「反戦」というテレビ的に絵になる大義はなかった。

その意味では大学紛争は「テレビ第一世代の反乱」とよぶべきかもしれない。日本のテレビ放送は一九五三年に始まるが、家庭用テレビ受信機は一九五九年皇太子御成婚ブームを契機に急増し、一九六〇年には普及率五四％に達する。この一九六〇年に十歳だった少年少女はテレビ普及とともに成長し、一九六八年に大学に入る。その翌年、テレビ受信機普及率は九〇％を超えて受信契約者は量的飽和に達している。一九六〇年安保世代の全学連がなお活字的な教養主義に染まっていたとすれば、テレビ第一世代の全共闘文化はいかにもテレビ的であった。その党派別ヘルメットがテレビのカラー映像を意識したものであることはよく指摘されている。一九六六年から放送されていた特撮ヒーロー番組『ウルトラマン』（ＴＢＳ系列）が典型的だが、テレビには「地球の平和を守るため」の戦闘シーンが氾濫していた。当時のテレビ番組には平和や正義のための暴力を無条件に肯定する気分が横溢していた。テレビっ子だった私も平和や正義をよく口にしたが、それは戦争ごっこに必要な道具立てだったからに他ならない。とりあえず「人権のため」と叫んでおけば、大人はたいがいの暴力を黙認するだろう。子供心にそう確信していた。「文明のため」の西部劇『ローン・

レンジャー』や「民主主義のため」の『コンバット』を見て育った団塊世代も、あるいは同じだったろう。メディア環境からすれば、先に引用した富永健一の分析には限界がある。「戦争の当事者でもなく徴兵制度もない日本」でも「反安保や反戦の問題が直接に学園紛争の争点となりうるような媒介物」こそ、テレビだったのである。

だが、『3年B組金八先生』をみる中学生たちのテレビ視聴時間は一九七四年から減少を続け、一九八三年には二時間を割っている。彼らにとって「ブラウン管＝テレビ」は自明ではない。テレビゲームやビデオのモニターでもあった。「テレビ第一世代」の子どもたちは、「テレビ第二世代」とはならなかったのである。

全共闘のヒーロー？　小沢一郎

ソビエト連邦が消滅して三年後の一九九四年、「二一世紀をどう考える。今こそ語りはじめよう全共闘世代」と呼びかけた『全共闘白書』が刊行された。元全共闘活動家二五六人のアンケートが収録されている。彼らが「いま最も嫌いな政治家」（上位五位・複数回答）のダントツは小沢一郎（二二・六％）で、第二位・中曽根康弘（五・九％）以下の政治家はおよそ比較にならない。しかも、剛腕・小沢は「いま最も好きな政治家」でもトップの土井たか子（七・二％）に続く第二位（二・五％）である。これが元全共闘の屈折した愛情表現であることは、その次の問「好き嫌いは別にして、いま最も注目している政治家」で小沢が再び第一位（二九・一％）となり、横路孝弘（六・一％）以下を大きく引き離しているところからも明らかだろう[35]。政界の「壊し屋」の異名をとる小沢一郎への熱い眼差しは、この全共闘世代の気分をよく示している。

現民主党党首の小沢一郎は全共闘より少し前の一九四二年生れだが、慶應大学卒業後、日大大学院を中退して一九六九年衆議院選で当選している。彼もまた日大紛争の政治的空気を吸っていたわけである。『全共闘白書』刊行当時は、自民党を離党して新生党を結成していたが、その後、新進党、自由党、民主党と政界再編の台風の目となってきた。全共闘の標語「連帯を求めて孤立を恐れず」は、小沢一郎にこそ相応しいスローガンかもしれない。そういえば、寄り合い所帯の民主党はなんだか「全共闘」の風情があるような気もする。

とはいえ、私は中島みゆき「世情」の第二節を世論研究の戒めとしたいと考えている。

世の中はとても　臆病な猫だから　他愛のない嘘を　いつもついている(36)
包帯のような嘘を　見破ることで　学者は世間を　見たような気になる

第九章　戦後政治のホンネとタテマエ

いわゆる新聞論調、マス・メディアの論調のような輿論、あるいは、集団示威のような輿論、あるいは、世論調査で捉えられる輿論――これらはいずれも、政治家から政治的主導権を取上げようとしますから、政治家にとって、歓迎されない、おもしろくない輿論であります。（京極純一「輿論の政治」一九七六年[1]）

田中角栄人気の構造

今となっては信じられない数字だが、二〇〇六年九月二十六日発足した安倍晋三内閣の支持率六三％は、小泉純一郎内閣、細川護煕内閣に次ぐ歴代三位であった（朝日新聞社世論調査）。自民党総裁選の当日まで各種メディアで繰り返し報じられた世論調査は、あたかも「首相公選」を実現させた感さえある。もちろん、キングメーカーによる指名や派閥領袖の密室談合で首相が決まるよりも、世論調査の支持率で決まる方が民主的に見える。しかし、漠然とした人気投票に過ぎない現状の世論調査の利用が、国益にそった指導者選出の方法として本当に相応しいものなのだろうか。そうした思いで戦後史を振り返ったとき、注目すべき政治家はやはり田中角栄だろう。二〇〇五年読売新聞社の「戦後六〇年」全国世論調査（面接方式）でも、「戦後日本発展の功労者」のトップは田中角栄で、五人に一人が名を挙げている。第二位吉田茂、三位佐藤栄作と続くベスト三の顔ぶれは一九九四年調査から変化していない。[2]「金権政治家」「闇将軍」としてバッシングされながらも、根強い国民的人気を保持していることがわかる。

一九七二年、佐藤栄作退陣後の後継選挙、いわゆる第一次角福戦争は札束が舞う「実弾」選挙として記憶されている。佐藤が後継者に指名した東大―大蔵官僚出身の学歴エリート福田赳夫に、低学歴の叩き上げ田中角栄は競り勝った。マスコミも「庶民宰相」「今太閤」と囃し立て、田中内閣発足時の支持率六二%は歴代内閣の記録を塗り替えた（ちなみに、それまでの最高はサンフランシスコ講和条約締結直後の第三次吉田茂内閣五八%である）。この高支持率は一九九三年の非自民・細川護煕内閣が発足直後に七一%をはじき出すまで約二十年間破られることはなかった。現在、田中内閣発足時の支持率は、小泉、細川、安倍内閣に次ぐ歴代四位だが、当時の田中ブームはその数字以上のインパクトがあったはずである。確かに、田中内閣六二%―細川内閣七一%―小泉内閣七八%と数字は上昇しているが、調査票の回収率はそれとは逆に急速に下落している。田中内閣時の回収率は八七%だったが、小泉内閣時では五七%に過ぎない。積極的な支持者は世論調査の回答を拒否しないと仮定すれば、未回収分≒回答拒否≒非支持の増加が見かけ上の支持率を引き上げていることになる。やや乱暴な操作だが、「未回収≒非支持」票として支持率算出の分母に加えると、田中―細川―小泉の歴代内閣の支持率はいずれも五〇%前後に並んでしまう。なぜこうした仮定の試算をするかといえば、小学生だった私が記憶する「今太閤」ブームは決して小泉フィーバーに劣るものでなく、一六%も差があったとは思えないからである。

写真10　日中国交正常化の実現──「毛沢東・田中会談」を終えて。1972年９月28日撮影。（提供・共同通信社）

田中角栄（一九一八―一九九三）は、新潟県刈羽郡二田村（現・柏崎市）の家畜商に生まれ高等小学校を卒業後、十五歳で上京して住み込み店員などしながら私立中央工学校に学んだ。一九三八年応召して満州に渡るが肺炎により除隊帰国し、一九四三年田中土建工業を設立し軍需景気に乗って事業を拡大していった。戦後、一九四七年の総選挙で日本民主党から立候補し、二十八歳の若さで衆議院議員に初当選した。以後、一九五七年に三十九歳で岸信介内閣の郵政相として初入閣、池田内閣の蔵相、佐藤内閣の蔵相、通産相を歴任した。一九七二年六月その政権構想を『日本列島改造論』（日刊工業新聞社）として公刊し、翌月五十四歳で首相に就任する。「決断と実行」をスローガンとした田中内閣は、発足三ヶ月足らずで北京に乗り込み戦後処理の懸案であった日中国交正常化を成し遂げた。それは「コンピュータ付きブルドーザー」の異名をもつ田中らしい仕事ぶりだった。金権主義者がホンネを語る唯物論者であるとすれば、タテマエを語る唯物主義者、すなわち共産主義者とも意気投合できたはずである。

内政では「日本列島改造」ブームが土地投機、狂乱物価を引き起こし、内閣支持率は急落した。その金権体質が厳しく批判され、内閣発足わずか二年半で退陣している。その後も最大派閥を率いて政権復帰をめざしたが、一九七六年、首相時代にアメリカのロッキード社から闇献金を受けたとして逮捕された。刑事被告人となり離党したまま自民党を陰で操るキングメーカーとして君臨したが、一九八五年脳梗塞で倒れた。最大派閥が総裁候補を擁立できない状況は、責任を追及されない立場で政権をコントロールする「権力の二重構造」を生み出した。そのため力量の劣る弱小派閥領袖がただ扱いやすいという理由で首相に就くシステムが出来上がった。こうした数と金の力にものをいわせる田中派の政治手法は、経世会（竹下派）―平成研究会（小渕派―橋本派―津島派）へと受け継がれた。小泉純一郎が「ぶっ壊す」と宣言した自民党政治とは、この「田中派」政治にほかならない。

田中金脈に対する正義感と好奇心

田中首相が金脈問題を国会で追及されて退陣したのは一九七四年十二月である。その口火を切ったスクープとして立花隆「田中角栄研究」（『文藝春秋』一九七四年十一月特別号）は雑誌ジャーナリズムの金字塔とも評されている。しかし、そこに目新しい事実や発見があったわけではない。多くの政治記者にとっては既知のデータの寄せ集めであり、特に衝撃的な内容ではなかった。ジャーナリズムの本質が資料の発見よりも、その編集と分析であることを典型的に示した事例だろう。田中の地元紙『新潟日報』の五十嵐幸雄は、こう回想している。

その内容、特に本県関連については、すでに本紙上で取り上げたことのある問題ということもあって、あれほどに発展するとは気がつかなかった。同月二十一日、郷里に帰っていた小沢辰男氏（当時・自民党経理局長）と会った時も、同氏は、自民党内に問題化の動きがあったものの、内閣改造を前にした反主流派の揺さぶりであり、たいしたことになるまいという見方であった。(3)

『文藝春秋』が特集を組んだ意図は、「編集だより」にこう書き付けられている。

世上金権政治ということが言われるが、その実体をわれわれははたしてよく知っているだろうか。政治に金をかけるな、などと中学生的正義感をふりかざすのではない。そもそも金権政治とは何なのか、この際とくと知っておきたいのである。「特集・田中角栄研究」は、正義感からではなく好奇心から発した企画である。新聞その他のマスコミが教えてくれないから本誌が企画するのである。(4)

実は、『文藝春秋』はその二ヶ月前に「正義感」から発した別の特集、「危機に立つ自民党」を打っている。そこに石原慎太郎「君　国売り給うことなかれ」が掲載されている。有権者に与えるインパクトでは、石原論文の正義感《よろん》より立花論文の好奇心《せろん》がまさっていたということだろう。しかし、三十年を経て読み比べてみると、石原論文は衝撃力において立花論文を圧している。賞味期限においては好奇心は正義感より短いということだろう。自民党衆議院議員の石原は、直前の参議院選挙で田中が行った金権選挙の様子を具体的に告発している。

今回の選挙で、高額の現金は、駅の売店でよく売っている、みやげもの入れの、ビニールの外張りのついた丈夫な紙袋で運ばれたようだ。あれなら、第一人目にもつかない。一袋にちょうど一億入るとか[5]。

こうした田中の政治手法を「ある種の甲斐性のように見立てて、そこにひそむあやうさを決して事前に告発しようとはしなかった」ジャーナリズムを石原は厳しく批判している。

田中総理を、大衆よりもさらに熱心に、今様紀伊国屋文左衛門や太閤秀吉に見立ててたたえたのは日本の新聞ではなかったか。首相就任と同時に、だれの名義かはしらぬが、とにかく軽井沢に一度に二つも別荘を買い込む野卑を、あるいは一匹何百万とかいう鯉を飼う悪趣味とおなじように、新聞は、たたきあげの甲斐性として、むしろほほえましく扱ったではなかったか。他の先進国では信じられぬ現象に違いない。もしも就任早々のアメリカ大統領が、フロリダに別荘を二つも買い込んだならば、アメリカの世論は黙ってはいまい[6]。

結果的には「日本の世論」も黙ってはいなかったわけであるが、田中派がそのマスコミ支配を通じて世論に介入した事実も指摘しておくべきだろう。

メディア権力としての田中派

田中角栄は一九五七年郵政相としてテレビ局の大量免許交付を断行した。その後もテレビ局と新聞社の統合系列化を推し進め、現行の新聞社＝キー局＝地方局体制を完成させた。特にロッキード裁判被告であり、田中内閣の自民党幹事長をつとめた橋本登美三郎（一九三七年「南京事件」時の南京通信局長、のち朝日新聞社外信部長）は郵政族を牛耳り、田中派は新聞社や放送局に隠然たる影響力を誇った。

そうしたメディア支配の一端は、一九八二年NHK全国世論調査への政治介入事件として露呈している。「ロッキード裁判」関連項目が予定していた質問票から削除された事実が、『週刊ポスト』一九八二年四月二十三日号でセンセーショナルに報じられている。この世論調査を企画した神戸四郎によれば、削除された質問の一部は以下である。

◇問4　ロッキード裁判の被告である田中元首相の政治活動についてさまざまな意見がありま す。リストのような五つのうちあなたのお考えにいちばん近いものはどれでしょうか。

①汚職で起訴された人物が政治に大きな影響を持つのは好ましくない　②能力や識見が選挙で有権者に認められたのだから問題はない　③政治倫理にあまい政治風土では批判しても仕方がない　④まだ判決がでていないのだから批判しても仕方がない　⑤わからない[7]

社会部長の依頼でまずこの問4が削除され、さらに島桂次報道局長の指示で他の関連五項目すべてが削除されたという。政治部出身で池田勇人の番記者だった島局長は、その前年にも「三木発言カット事件」をおこしている。一九八一年二月四日『ニュースセンター9時』の特集「ロッキード事件五年――田中角栄の光と影」で放送予定だった三木武夫元首相のインタビューが業務命令で削除された事件である。政治的圧力によるNHKの番組改変は何も今に始まったことではない。事件発覚後、神戸は世論調査所次長を更迭されたが、田中派に食い込んだ島は一九八九年NHK会長に就任している。

当然ながら、田中自身も世論調査を気にしていたことは間違いない。秘書・早坂茂三は、首相退陣後の肉声を次のように伝えている。

大学生を対象にしたアンケート調査でね、わたしは「尊敬する人物」のトップだそうだ。しかし「好きな人」のトップではなかったらしい。だからマスコミにいじめられるのかもしれない。東京・駒場の東京大学教養学部、あそこでやっぱりアンケート調査をやったら、二十対六ぐらいでわたしのことを認めているんだ。だからといって、わたしは東大の学生を買収したことはないぞ。連中の顔も知らない。これが女の子であれば、絶対に六〇パーセント以上の支持があるとうぬぼれているんだがね。(8)

いうまでもなく、「尊敬する・しない」は輿論public opinionであり、「好き・嫌い」は世論popular sentimentsである。とすれば、刑事被告人・田中角栄は輿論よりも世論で支持を失っていた。朝日新聞社が一九八三年八月、ロッキード裁判第一審判決直前に全国（括弧内は新潟県）で行った世論調査がある。

◇あなたは、田中角栄元首相が好きですか。きらいですか。
「好き」二二（四二）％「きらい」五〇（二〇）％「その他・答えない」二八（三八）％
だが、「その他・答えない」は、あるいは心のなかで「好き」とつぶやいていたのだろう。続く質問結果がそれを示している。
◇田中元首相にどんな感じを持っていますか。
「面倒見がよい」五（一一）％「金権体質」二二（一一）％「庶民的」五（七）％「潔くない」一〇（四）％「努力家」一〇（一七）％「強引」一八（一〇）％「実力者」二四（三五）％「その他・答えない」六（五）％[9]
新潟県で全国より上昇する「面倒見がよく庶民的な努力家・実力者」が四四（七〇）％、新潟で全国より下降する「強引で潔くない金権体質」は五〇（二五）％となっている。田中が読み間違ったとすれば、それは「きれいごとではメシは食えない」とホンネを露出させて世論を誘う旧来の手法が、タテマエにも気を配る余裕ができた都市大衆の感性から離れていったことに無自覚すぎたからだろう。

戦後日本人のスケープゴート

メディア研究者による田中角栄論では、藤竹暁が鋭い指摘をしている。田中角栄は日本人が高度経済成長で獲得した中流階層意識のスケープゴート（贖罪山羊）である、と。食うや食わずで成り上がった戦後の自画像を日本人は田中に投影し、それに攻撃を集中することで自らの不満や不安から解放されているというのである。

田中角栄は貧しい庶民から、腕一本で、裸一貫で宰相の地位まで昇った。彼が昇った距離は、日本人の誰よりも長く、そして高いであろう。それだけに、民衆はそこに興味を見出した。しかし、民衆は大きな忘れ物をしていた。モラルパニックに襲われた民衆は、田中角栄とは正反対の方向で潔癖な立場に自分の身を置いたのだが、そのとき、民衆は戦後に自分たちがたどってきた生活の歴史を忘れ、戦後社会において信奉してきた立身出世の価値感を忘れていた。モラルパニックは民衆が一瞬にして健忘症にかかったとき、最大の効果を発揮する。(10)もちろん戦後政治の「影」を一身に背負わされた田中も不幸だが、それ以上に不幸なのは、他人にそれを転嫁したため本来は自分で決着をつけるべき過去を直視できなくなった日本人だとも言える。藤竹はこう問いかけている。

マスコミは悪玉を討つ民衆の助太刀のような立場に立っている。だが、民衆は果たして、敵討をしたのであろうか。田中角栄に象徴化された戦後政治は、民衆にとって仇敵なのであろうか。そうではなくて、それは民衆自身の戦後であり、民衆に豊かな戦後を提供した慈父ではなかったのか。もしかしたら、民衆は慈父を仇敵と見違えて、刺したのではなかったか。(11)

土地投機、狂乱物価を招いたとされる「ばらまき行政」も地域格差是正や弱者救済の再分配機能を果たしていたし、それが「一億総中流」福祉国家を幻視させたのだと言えなくはない。いずれにせよ、田中角栄を直視できなくなった日本国民は、田中政治の遺産――内政における日本列島改造、外交における日中国交回復――と冷静に向き合うことが難しくなったのではあるまいか。裸一貫から豊かな生活を目指した戦後日本人の影が田中角栄であれば、高度経済成長を達成した日本社会が抑圧した影を、私たちはいま現在急成長を続ける中国社会に見ているのではないだろうか。近年の日本国内における対中イメージの悪化、いわゆる嫌中感情の増大は、自我の心理学として検討した方がよさそうである。

戦略性を欠いた日中外交

そもそも、田中内閣成立以前において、日本人が中国に親近感を抱いていたわけではない。一九六〇年から繰り返されている時事通信社の月例調査（図8）で対中感情は一九七〇年まで「嫌い」が圧倒的だった。対中感情の「好き」が「嫌い」を抜くのはまさしく国交回復の一九七二年であり、その後は一九八九年天安門事件までほぼ「好き」が「嫌い」を上回っている。つまり戦後史全体を見れば、必ずしも「日中友好」が二国間の主旋律だったわけではない。

田中内閣発足前の中国イメージは「反対感情の共存《アンビヴァレンス》」であった。「嫌いな国と名指しする中国への嫌悪感」と「国交正常化を求める多数意見」の並存は、世論《せろん》（私情）と輿論（公論）の分裂と呼ぶこともできるだろう。もちろん嫌悪感にも文化的、政治的に幅があったが、国交回復の期待にも経済的「利益志向型」、同文同種「親近型」、侵略戦争「贖罪型」、国際的な「平和志向型」、「大勢追従型」など意見《よろん》と呼べない要素が多く含まれていた。児島和人は一九五三年六月の朝日新聞社「朝鮮休戦と国際問題調査」のデータから、国交回復を要求する中核意見として「利益志向型」二七％、「親近型」一六％、「平和志向型」七％を抽出する。一九七一年の中国の国連復帰や米中接近などを契機として、新たに「大勢追従型」が流れ込み多数意見を形成したと分析している[12]。政治的には無定見というべき「利益志向型」と「大勢追従型」が過半を占める日中友好の世論は、当然ながら熱し易く冷め易い。

また、佐藤栄作首相の後継争いも日中国交回復交渉には大きく作用していた。田中角栄が属していた佐藤派は親台湾（国民政府）派であり、佐藤が後継指名した福田赳夫も親台湾派であった。必ずしも親中派ではなかった田中が総裁選で日中国交回復の早期実現を訴えたのは、福田を追い落とす選挙戦術でもあった。つまり、親中派の大平正芳、三木武夫など他派閥領袖を抱き込むために選択された選挙公約である。派閥政治の論理が外交方針を規定していたといっても過言ではない。アメリカがキッシンジャー大統領補佐官の戦略に基づいて親台湾の国内世論を振り切ったのと比較すれば、田中の日中復交は総裁選のムード《よろん》に押《せろん》された決断である。その証拠に田中の中国認識は、おどろくほど単純である。たとえば、『田中角栄回想録』にある次のような言葉である。

　中国がこれ以上に強大になっても、日本の脅威には絶対ならないよ。中国は侵略国家ではないんだ。広大な領土と十億の民をまとめるのに精いっぱいでね。国をまとめるということが中国の目標なんだ[13]。

しかし、国をまとめることを目標にする国家は、果たして平和志向の国家といえるだろうか。世界史の教科書を繙けば、国民統合のために外敵を必要とし、内政のために戦争を遂行した事例は無数に存在する。「内政の優位」は必ずしも「侵略の否定」とはならない。もっとも判りやすい例は、

図8——戦後日本人の対中「好き」・「嫌い」の感情の変化の軌跡
出典:時事月例世論調査、数値は年平均値。

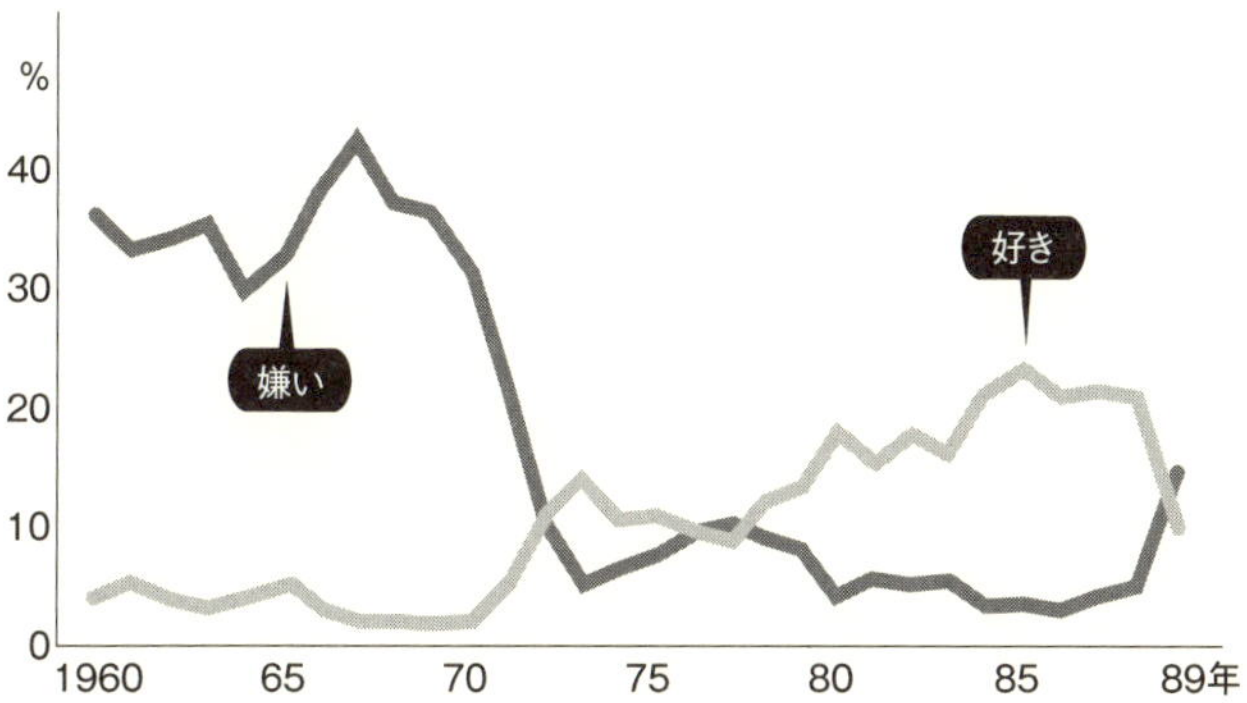

図9——中国に対する親近感と関係認識
出典:内閣府「外交に関する世論調査」

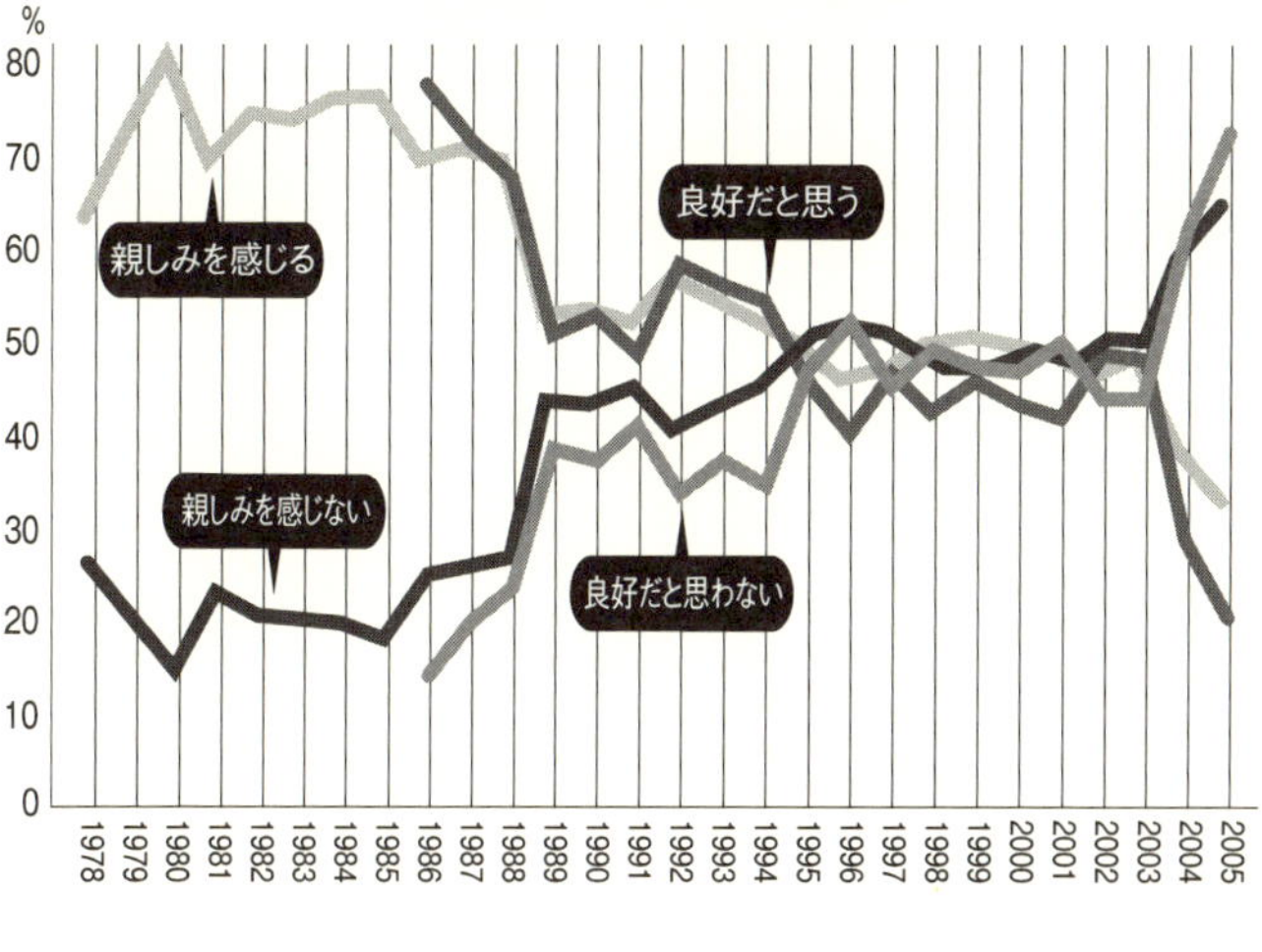

絶えず海外への軍事介入を繰り返す多民族国家アメリカではないだろうか。国内が分裂している国家は、むしろ対外強攻策に出る可能性の高い国家である。

毛里和子は田中外交における「戦略性の欠如」を次のように総括している。

> 米国の場合ともっともちがうのは、田中首相を対中正常化という政治決断に踏み切らせたのが、自民党内の親中国派（「井戸を掘った人々」）を含む幅広い世論であり、財界主流の「中国ブーム」だった点だ。田中は日中正常化方針を明言することによって、総理の座を手にすることができたと言ってもよい(14)。

だが、本当に「幅広い世論」が田中訪中の前に存在したかどうかは、見解のわかれるところである。確かに、中国の国連加盟に対する先進各国世論を比較調査した西平重喜は、こう総括している。

> アメリカ人だけが中国の加盟に極度の反対をし、日本政府はそれに同調していたが、日本の世論はその他の西欧諸国の世論に近く、早くから中国の国連加盟を望んでいたのである(15)。

しかし、日中復交が国民政府（台湾）を排除してまで行われるべきかと問われれば、回答はまた別の様相を呈した。日本人の心情《せろん》は「二つの中国論」に傾いており、外交上の意見《よろん》を問われてはじめて中華人民共和国に正統性を認める者が多かった。世論と輿論は「二つの中国」問題の上でながらく揺らいでいたのである。田中訪中の一年前、一九七一年九月のNHK世論調査（カッコ内は直前の一九七二年七月調査）でも「（日中国交回復のためには）国府と切れてもしかたなし」と答えた者は一一（一二）％にすぎず、「（日中国交回復を進めるが）国府との関係は慎重に」三九（三五）％、「（日中国交回復を進めるが）国府を犠牲にするな」二七（二六）％と、親台湾派の心情も無視できなかった[16]。田中内閣発足当時の親中派世論を過大評価するべきではない。

日中国交回復の待望論は自然発生的というよりも、マスコミが先導したキャンペーンの成果というべきだろう。中嶋嶺雄は一九七〇年以後の新聞論調の変化を次のように要約している。

> 七〇年になると『朝日新聞』がいち早く「一つの中国」論に踏み切ったのである。七一年夏までには『読売新聞』『日経新聞』がこれに続き、中国の国連参加が決まった同年秋には『毎日新聞』も、それまでの「北京は台湾を統治していない」との現実認識を急に消し去り、「国交正常化は広範な国民世論を」との主張だけを繰り返すようになった。全国紙のなかで「国交回復」時点まで慎重論を唱えていたのは『産経新聞』のみであった。こうしてマスコミの大半は、「二つの中国、一つの台湾」論が多数を占める世論に先行して、雪崩現象的に「一つの中国」論の立場を鮮明にし、世論の方向づけに努めていった[17]。

こうした「世論の方向づけ」については、高橋正則が「世論の操作についての一考察」（一九七四年）で衛藤瀋吉の次の見解を紹介している。

> 七〇年六月二十三日付けの朝日新聞世論調査によれば、「中国と国交を結ぶためには台湾との関係は切れてもやむを得ないという意見」に賛成したのは僅か一九%で、反対者は四六%に達していた。世論の示すところを愚として、朝日は国民に対する日中関係の「教育」に邁進すべく一大決心をしたものと思われる[18]。

末尾の一文を本書の用語法に置き換えれば、「世論の示すところを愚として、朝日は国民に対する日中関係の輿論指導に邁進すべく一大決心をした」となる。もし、『朝日新聞』がそのように表明した上で行ったことであれば、言論機関のあるべき姿として私は高く評価したい。しかし、「輿論指導」が明示的に語られることはなかった。特にニクソン訪中発表をうけての世論調査（一九七一年八月）では「バスに乗り遅れるな」と言わんばかりの誘導尋問調もみられた。

◇「このままでは、日本はとり残される。いますぐ中国との国交正常化の交渉をはじめるべきだ」という意見があります。あなたは、この意見に賛成ですか。反対ですか。

「賛成」六三％　「反対」一一％　「その他の答」六％　「答えない」二〇％

◇「佐藤首相のもとでは、中国政策の転換はできない」という意見があります。あなたは、この意見に賛成ですか。反対ですか。

「賛成」三六％　「反対」二一％　「その他の答」五％　「答えない」三八％[19]

この質問からも朝日新聞社が日中国交回復にむけた親中派内閣を望んでいたことは自明であり、その方針から田中角栄を後押ししたことは確かだろう。その「輿論指導」が結果として不当であったとは思わないが、「このままでは日本は取り残される」と危機感《せろん》を煽りながら政策《よろん》を忍び込ませる世論操作の危うさに自覚がなかったとすれば問題だろう。こうした「マスコミによる日中問題への積極的キャンペーン」の影響を、佐藤政権期の内閣調査室は次のように分析している。

少なくとも国民は、ようやく感情的に中共を容認しうる状況に至ったが、なお政策選択では、慎重・漸進的方向を支持するという理性的態度を示しているとみることができるであろう。巨視的には対中親近感を高め早期復交を求めながら、微視的には、より理性的でクールな反応を示しているというのが、最近の日中問題に対する世論の状況である。[20]

この時期の感情的世論と理性的輿論の並存は、今日の状況から考えればなおバランスのとれたものだったともいえるだろうか。

「日本社会の影《シャドー》」としての田中＝中国

日中国交回復後、中国に対する親近感は「旧田中派」勢力の増減とみごとに対応している。二四一頁の図9は内閣府「外交に関する世論調査」をまとめたものだが、「角影」の大平正芳内閣から「田中曽根」と呼ばれた中曽根康弘内閣まで一九八〇年代に日中友好ムードは全盛期を迎えた。しかし、一九八九年天安門事件が勃発すると「中国に親しみを感じる」は急落し、「親しみを感じない」が急増している。学生デモに対する弾圧シーンはテレビ中継され、人権抑圧国家のイメージが印象づけられた。国交回復二十周年の一九九二年には天皇訪中など友好イベントが組まれたが、好感度の上昇は僅少に止まった。一九九六年に台湾海峡でのミサイル発射など軍事的挑発があると危機意識が高まり、一九九八年の江沢民主席来日、翌年の小渕恵三首相訪中でも状況は好転せず、二〇〇一年小泉純一郎首相の靖国参拝問題によって対中感情は一層冷え込んでいった。そして、二〇〇五年春の反日暴動で「親しみを感じない」はついに六割を超えた。このグラフを見る限り、日本国民の友好への期待感は時とともに幻滅に変ったと言えるだろう。

天安門事件を挟んだ中国イメージの激変については、真鍋一史がデータを詳細に分析している。中国イメージでは「中国が好きかどうか」（感情的成分）が「将来の日中関係はよい方向に進むかどうか」（認知的成分）、「中国との国際交流はさかんにすべきかどうか」（評価的成分）に影響を与えている。つまり、中国が好きだと思っている人ほど日中関係を楽観視するという傾向があり、一方で中国に対する関与のレベルが高い人、つまり中国情報の接触頻度が高い人ほど中国に対する態度は否定的になるという傾向である。

それは人がある特定の対象について見るとき、その対象をあるがままに見るというよりも、むしろそれがそうあってほしいと思っているような姿でその対象を見ているということだからである[21]。

この傾向は田中角栄に対する日本人の態度とよく似ている。つまり、「今太閤」が好きな庶民ほど田中派支配に楽観的であり、政治情報に関心が高い高学歴・都市住民ほど金権政治に否定的だということである。

中国における対日世論調査を論じる余地はないが、二〇〇四年秋の中国社会科学院日本研究所の調査（三三〇〇人対象・有効回答二九八七人）で「日本に親しみを感じない」五三・六％という数字とほぼ一致している[22]。日中両サイドで「友好」幻想から現実直視に移ったと見ることもできる。「外交に関する世論調査」では、親しみ（世論）だけではなく、日中関係の関係認識（輿論）も問われている[23]。「良好だと思う」は、一九八六年には七六・一％もあったのに低落を続け、台湾海峡危機に先立つ一九九五年段階ですでに四五・三％となり、「良好だと思わない」の四五・七％と逆転している。二〇〇五年では「良好だと思う」一九・七％、「良好だと思わない」七一・二％に達している。親近感の低下がダイレクトに関係認識の悪化と結び付いていることがわかる。これは親近感と関係認識が必ずしも連動しないロシアや韓国と異なる傾向を示している。親近感はないが関係も悪化しないというロシアへの態度、あるいは関係は悪くても親近感はあるという韓国への態度が、ある意味で成熟した対応といえるのではあるまいか。

とすれば日本人は中国に「他者」としての距離感を保つことができていないのではないか。その原因の一つに、田中内閣とメディアが演出した日中友好ブームの強烈な原体験を挙げることも誤りではない。「日中友好」が「田中角栄」と二重写しになるため、田中角栄を直視できない日本人は中国を冷静に見つめることも難しくなるのではあるまいか。それゆえ自民党内で親中派を形成した旧田中派の凋落に、「日中友好」の黄昏を予感してしまうのである。

結局、田中角栄を戦後日本人のスケープゴートにした私たちは、経済拡大至上主義に驀進する現代中国に「田中角栄の日本」を見ているのかもしれない。そうした思いは、田中追い落としの狼煙となった福田赳夫のインタビュー記事「なぜ蔵相を辞めたか」(『文藝春秋』一九七四年九月号)を読んで深まった。サブタイトルとして「人間は権力とカネの亡者に過ぎないという人間観に私は耐えられない」と大書されている。辞表をたたきつけた福田は、田中内閣の経済成長政策をこう批判している。

日本は今日世界第一位の石油輸入国ですよ。こういう日本がだね、今後も急速な経済成長をつづけようとするなら、世界の資源配分のなかでの日本のとり分は、加速度的に拡大されざるを得ない。そうすれば、いままで以上の国際的な摩擦がおこる。批判ももちろんたかまる。(略)物価の上昇速度についても、高度成長路線を思い切って転換しないかぎり、世界の、平均以上の上昇速度にならざるを得ず、強い者と弱い者との格差がますます広がらぬわけにはいかない。国際収支も加速度的に不均衡になり、国内の環境汚染はますます進んで行く。このような日本のありかたに対して、世界の世論はごうごうたる批判と非難を浴びせるにちがいない。(24)

この日本社会批判の論点は、ほぼすべて現代中国に当てはまる。今日、中国の強引な資源外交は国際的な批判を浴びており、その国内格差拡大と環境汚染も広く知られている。おもえば「エコノミック・アニマル」、「経済侵出」は一世代前の日本人の自虐的表現だったわけだが、今日この表現が当てられる対象は、もちろん日本人ではなく中国人である。低成長期に入った日本人が現代中国に嫌悪感を抱く理由の一つは、自分史における暗黒面を見せつけられた気分になるためではないだろうか。だとすれば、田中角栄とその時代を敢えて直視する中で、私たちは対中関係を考え直す必要があるように思える。その糸口としては、やはり輿論（政治戦略）と世論（私的感情）をひとまず切り離すことが有効なのではあるまいか。

第十章　テレビ世論のテンポとリズム

公共的に論議される事態にたいする知的批判は、公的に演出される人物や擬人化へのムード的順応に席をゆずり、合意 consent は知名度 publicity がよびおこす信用 good will と一体化する。かつては公開性 Publizität は、政治的支配を公共的論議の前へ引き出してくることを意味していたが、今では知名度は、無責任なひいきの反応の集約にすぎない。市民社会は、広報活動によって造形されるようになるにつれて、ふたたび封建主義的な相貌を帯びてくる。（J・ハーバーマス『公共性の構造転換』一九六一年[1]）

教育問題という議題設定

「大学共通一次試験」（一九七九―八九）の第一期生である私にとって、選択肢から選ばせる世論調査はマークシート式入試問題を連想させるものである。さらに進化した現行「大学入試センター試験」世代が、ネット世論調査にあまり違和感を抱かないのもそのためだろう。そこで、次のような問題を作ってみた。受験生になったつもりで解答していただきたい。

【問1】次の発言A・Bは同じ政治家のものです。傍線部a・bについて、以下の問いに答えなさい。

A「戦後教育[a]は個人、自主性の尊重に重点を置いて成果をあげた。しかし、人間として成長する基本型を欠いている。思いやりの心を育て、国を愛し、国家の発展に尽くす世界的人間を育てたい。」

B「私は、第二臨調の次に必要なものは教育大臨調だと考えている。文部省の中教審程度のスケールの小さい技術論による教育改革ではなく、教育体系の基本的なあり方まで掘り下げるような教育大改革があってしかるべきだと思う。」

a「戦後教育」の見直しのために首相直轄の諮問機関を作ったこの政治家を選びなさい。

〔①岸信介　②佐藤栄作　③中曽根康弘　④小渕恵三　⑤安倍晋三〕

b「中教審」がaの内閣に提出した答申を次の中から選びなさい。

〔①教員養成制度の改善方策　②後期中等教育の拡充整備　③当面する大学教育の課題に対応するための方策　④教科書の在り方　⑤初等中等教育と高等教育との接続の改善〕

＊＊＊

これは難易度の高い「悪問」である。予備校講師ふうに解説してみたい。aの政治家は、⑤安倍晋三ではない。確かに、安倍内閣は二〇〇六年十月十日、改革の目玉商品として教育再生会議を立ち上げた。発言Aの「戦後教育」で「戦後レジームからの脱却」という安倍首相のスローガン、あるいは「国を愛し」で同内閣が成立させた新しい教育基本法の「我が国と郷土を愛する」の一節を思いだして、⑤を選んだ人もいるだろう。しかし、GHQ占領下に制定された一九四六年憲法、一九四七年教育基本法の改正は、多くの自民党政治家にとって悲願であった。たとえば岸内閣当時、一九五九年自民党運動方針では「正しい民主主義と祖国愛を高揚する道義を確立するため、現行教育制度を改革する」と書かれていた。また「世界的人間」だけで、一九八七年「〝国際〟国家」の標語で流行語大賞（特別功労賞）を受賞した中曽根康弘と断定するのも危険である。佐藤栄作も一九七四年に世界的な栄誉であるノーベル平和賞を受賞している。結論からいえば、発言Aで人物を特定することは困難である。

この問題では発言Bの「第二臨調」が決め手となる。つまり第二次臨時行政調査会（会長・土光敏夫経団連名誉会長）が一九八一年から八三年までだったことを知っていれば、それ以前の①岸信介と②佐藤栄作はありえない。正解は、第二臨調を行政管理庁長官として担当した③中曽根康弘（首相在任期間は一九八二年十一月二十七日から一九八七年十一月六日）である。Aは中曽根首相の一九八三年一月二十四日施政方針演説、Bは自民党総裁選に向けて抱負を語った一九八一年七月二十七日の発言である。

b「中教審」、つまり中央教育審議会は一九五二年に文部大臣の諮問機関として発足しており、その答申は岸内閣で①、佐藤内閣で②と③、中曽根内閣で④、小渕内閣で⑤が出ている。安倍内閣の中教審（山崎正和会長）は二〇〇七年二月一日に発足している。

＊＊＊

このようにトリッキーに本章を書き起こしたのは、安倍内閣から福田内閣に引き継がれた「教育の再生」が私にはネタばれの手品のように見えるからである。「教育改革」というテーマは、戦後政治で何度も繰り返されてきた。また、あえて「大学入試センター試験」に模したのも、それが以下で検討する臨時教育審議会（以下、臨教審と略記）答申の「大学共通一次試験」批判から生まれた

「教育改革」の一つだからである。もちろん、一九八〇年代の臨教審（岡本道雄会長）をめぐる輿論／世論を振り返ることは、その新世紀版である小渕―森内閣の教育改革国民会議（江崎玲於奈座長）、そして二〇〇八年現在の教育再生会議（野依良治座長）の意味を考えることにもなるだろう。

「教育問題」の普遍性

今日もメディアは、いじめや少年犯罪を報道し続けている。しかし、中曽根政権誕生の一九八二年当時の新聞縮刷版をめくると、教育問題の状況は四半世紀後の現在とは比較にならないほど深刻だったように見える。一九七〇年代後半から教育現場では「子どもの反乱」が続発し、窓ガラス破損、教師への暴力などで校内への警察導入も繰り返された。さらに家庭内暴力、いじめ自殺、登校拒否などが社会問題となり、激しい受験競争にその原因をもとめる識者も多かった。もちろん、大学全入時代と呼ばれる現在、受験戦争は国民総動員の総力戦というより限定的な局地戦の様相を呈している。それでも、いじめや登校拒否などの問題が解決していないことを考えれば、受験競争悪玉論が見当違いだったことは明白である。

中曽根内閣成立は一九八二年十一月末だが、翌八三年は横浜の中学生による浮浪者狩り事件で幕をあけた。さらに町田市で教師が中学生を刺す事件が続き、メディアは荒廃する学校を報道し続けた。「政界の風見鶏」と呼ばれたように、世論の風向きを見極めるに敏な中曽根は、教育改革を内閣の最重要課題に掲げている。総選挙の最中の一九八三年十二月十日に「教育改革七つの構想」を発表し、偏差値に偏らない入試制度、受験中心でない教育など、後の「ゆとり教育」路線につながる構想も打ち上げた。すでに「ゆとりと充実」の提言は一九七六年中教審の答申にあるが、臨教審答申の「個性重視の原則」によってゆとり路線に拍車がかかった。

マスコミは「ゆとり教育」を好意的に取り上げたが、国民の気分とは大きくズレていたといえるだろう。一九八六年七月に総理府が実施した「学校教育と週休二日制」に関する世論《せろん》調査で、小学校の授業時間数と教育内容について「現在程度でよい」と答えたのはそれぞれ六八・七％、四九・五％であり、土曜日授業も六三・九％が支持していた。(2)「ゆとり教育」を国民世論が望んでいたわけではないのである。いずれにせよ、この一九八三年総選挙で教育問題は争点化されたわけではなく、自民党は大敗している。

それでも、教育問題が世論を誘導しやすい改革テーマであることは確かだろう。私自身も教育学研究科に所属する研究者として日々痛感するのだが、「教育」とはまことに捉えどころのない対象である。だれでも一家言をもつことができる稀有なテーマである。なぜなら、だれでも教育を受けた経験があり、自分の子どもがいれば、あるいは会社などで部下がいれば、だれもが教育を行う立場にある。つまり、専門家の意見も素人の実感によって容易に否定できるため、専門知の権威を誇示しにくいジャンルである。中曽根内閣の臨教審も現在の教育再生会議も、教育学の専門家はほとんどメンバーにいない。だれでも議論に参加できる教育問題は、一般大衆が政治参加の気分を味わうには最適の公共性をもっているといえよう。

さらにいえば、だれでも語れる教育は必ずしも見通しのよい問題領域ではない。とりわけ、学校はブラックボックスである。つまり、教育現場は工事現場とよく似ているのだ。目隠しの塀がめぐらせてあって、外からは中がよく見えない。いつも雑音だけが外には聞こえてくる。もちろん「教育的配慮」という善意の塀なのだが、それがかえって部外者の監査をむずかしくしている。改革を語るは易く、実行は難い領域なのである。しかも、改革の効果がはっきりと見えてくるのは、一世代後というわけである。「子どものため」と称する大人の政治的玩具になりやすい領域ともいえるだろうか。

中曽根支持率の特異性

中曽根は一九八四年秋の自民党総裁再選に向けて、教育改革の争点化を本格化していった。自民党内では第四派閥の傍流であり、「田中曽根内閣」と揶揄されたように、主流の木曜クラブ（田中派）に依存する党内基盤の弱い政権であった。そのため、他の政治家以上に世論動向には敏感だったといえるだろう。一九八四年二月二十五日の衆院予算委員会で、なぜ中教審でなく首相直属機関かを問われて次のように答えている。

国民の世論の情勢を見ますと、全国津々浦々にわたりまして教育改革を要望する声が沸き上がって、強くなってまいりました。この国民的基盤に立ってもう一回この問題を考えてみる必要がある。[3]

中曽根は「国民の世論」を「国民的基盤」と言い換えた上で、「首相直属」の諮問機関設置に反対する文部省、自民党文教族を抵抗勢力と位置づけた。また同時に、自らの所信とする教育基本法

写真11　臨教審の事務所開きで看板を掲げる（右から）中曽根首相、岡本道雄会長（元京大総長）、森喜朗文相。総理府5階にて、1984年8月31日撮影。（提供・毎日新聞社）

改正を棚上げすることで民社党・公明党など中道野党の協力をとりつけている。確かに世論調査を見る限り、当時も国民の「教育への関心」は高かった。総理府の世論調査でも一九八二年十月に七五％、一九八五年二月に七一・八％が「関心あり」と答えていた。[4]もっとも、それが臨教審の教育改革支持へと直結していたわけではない。一九八四年八月七日「臨時教育審議会設置法」は自民・公明・民社の賛成で成立した。この二ヶ月後、自民党総裁への再選を果たした中曽根は、「風見鶏」の評判を意識してかどうか、一九八四年十一月二十九日都内の総裁再選祝賀会でこう挨拶している。

行政改革、財政再建などというものは、グライダーみたいなもので、国民の皆さんの風がなかったら、落っこっちまう。まさに今の私の政治は、そういうものだろうと、かように銘じている。[5]

教育改革にも「風」を呼び込もうというわけである。しかし、翌一九八五年二月調査で臨教審設置を「知っている」と答えたものは六八・四％にとどまり、三一・四％が「知らない」と回答していた。ちなみに、この調査で臨教審の教育改革に対する期待感は、「期待している」四〇・六％、「期待していない」三二・五％となっていた。[6]それは、同年三月に朝日新聞社が行った中曽根内閣への支持率四五％、不支持率三〇％とほぼ対応している。

政治的妥協から臨教審設置法の第一条には「教育基本法の精神にのっとり」と明記されているが、中曽根が臨教審を「戦後政治の総決算」の重要な要素と考えていたことはたしかである。それを嗅ぎつけた進歩的ジャーナリズムからは、「教育の右傾化・反動化」と厳しい批判をあびている。

ここで中曽根内閣の支持率の変動グラフ（図10）を確認しておこう。支持率と不支持率が三七％

図10――中曽根内閣の支持・不支持（朝日新聞調査）

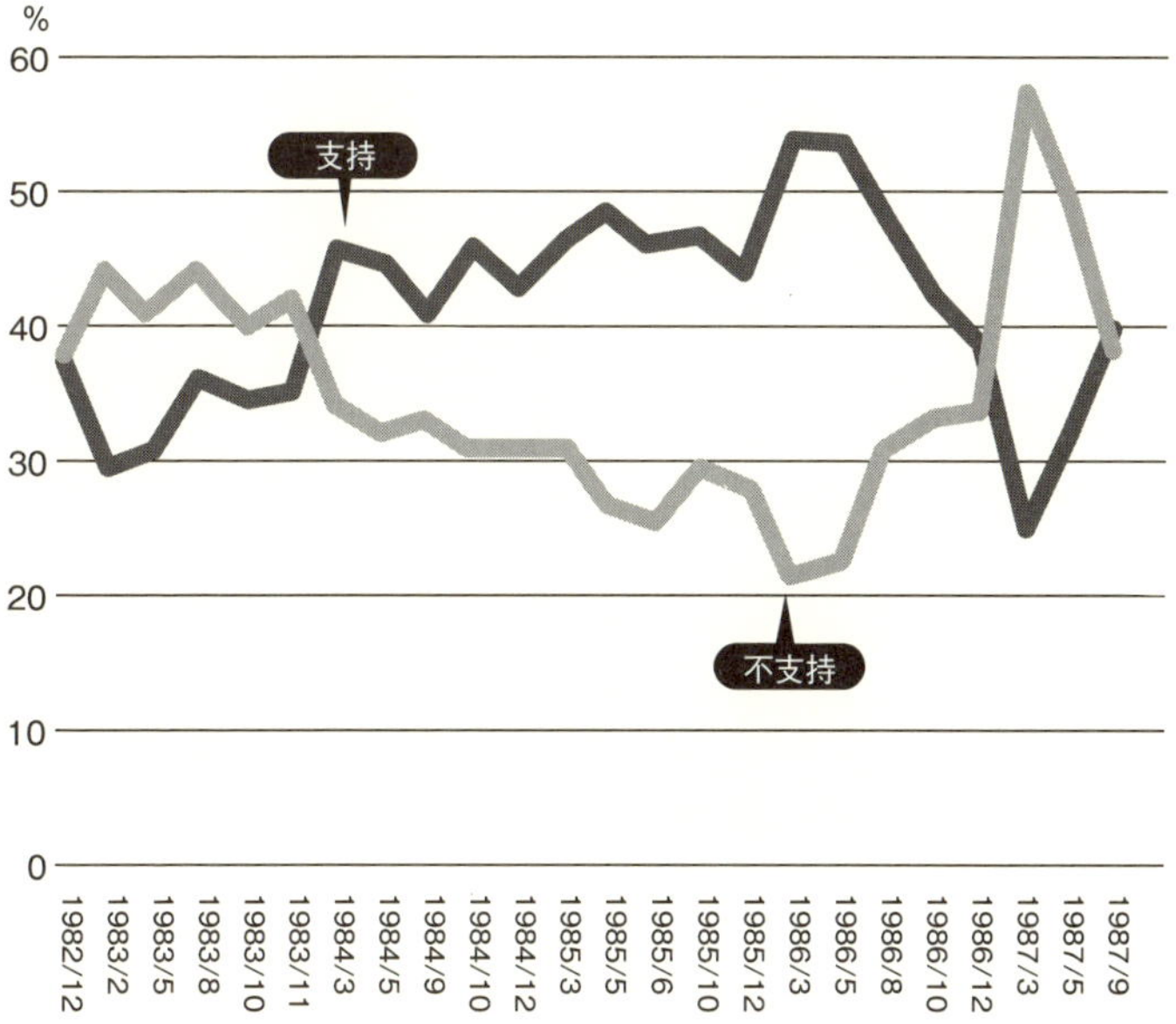

の均衡点から出発したが、政権発足当初の派手な改憲論や日本列島「不沈空母」発言などタカ派的体質がマスコミに鋭く追及されたこともあり、最初の一年間は不支持率が支持率を上回っている。しかし、一九八四年になると各社の世論調査とも支持率は急上昇する。結果的には、五年にわたる長期政権を実現した。ＮＨＫ放送文化研究所の世論調査でも、政権発足時に内閣を「評価する／評価しない」は四三％：四九％だったが、五年後の退陣時には六六％：三三％と大きく逆転している。[7]

◇あなたは、五年間の中曽根内閣を全体的にどう評価しますか。

「高く評価する」八・四％「一応評価する」五七・五％「あまり評価しない」二五・一％

「まったく評価しない」四・四％「わからない、無回答」四・七％[7]

評価する理由の上位には「外交政策」「行政改革」「防衛政策」が並ぶが、「教育改革」に高い評価は与えられていない。それでも、中曽根が文部官僚や自民党文教族の「抵抗勢力」を押し切ってみせたパフォーマンスのイメージ効果はあったであろう。特に官僚主導、すなわち学歴偏重への批判は大衆世論には効果的だった。当時、教育改革の課題として衆議院内閣委員会で人事院が示した数字がよく引用された。中央省庁の局長級以上二百名の学歴は、国立大学一九一人（東大一五七人、京大十一人、その他二十三人）、私大三人、その他六人だった。[8]

確かに偏差値教育による受験競争激化、また校内暴力に対する管理教育は深刻だったが、ここで政府が主唱する学歴偏重批判は大衆的ルサンチマンを「抵抗勢力」に向ける効果をはたした。もちろん、具体的結果がすぐには見えない教育改革よりも、電電公社改革、国鉄民営化など「新自由主義」路線の政策が好感されたと見るべきだろう。この点、約二十年後に小泉内閣が行った郵政民営化が連想されるが、確かに国鉄民営化は郵政民営化と比すべき難事業だったといえるだろう。一九八六年十一月、国鉄分割・民営化関連八法案が参議院を通過し、これにより社会党支持母体である総評（日本労働組合総評議会）は壊滅的な打撃を受けた。もちろん、教育改革も「総評御三家」の一つ、日教組をターゲットに実行されると野党が警戒したのは当然だろう。

中曽根内閣の支持率は政権末期に売上税の導入を試みて急落するが、その撤回表明後は再上昇に転じている。四〇—五〇％台の内閣支持率が続いた期間は、臨教審の設置期間三年とほぼ重なっている。一連の新自由主義的改革を支える理念として臨教審の自由化論争が効果的に作用したと考えることが可能だろう。こうした中曽根内閣への高支持率の特異性についてはすでに多くの指摘が存在する。新聞や論壇雑誌での厳しい批判と世論調査の高い支持率の間に大きなギャップが読み取れる。その背景に生活保守主義の浸透を確認することもできる。高度経済成長を達成し、石油危機を乗り越えた一九八〇年代、一億総中流意識が国民全体に広がっていた。ＮＨＫの世論調査によれば、一九七三年田中角栄内閣当時「日本に生まれてよかった」と思う人はすでに九一％に達していたが、一九八三年の中曽根内閣時には九六％にまで達していた。エズラ・Ｆ・ヴォーゲル『ジャパンアズナンバーワン』が翻訳されたのは一九七九年だが、「日本は一流国だ」と思う人は同じ十年間で四一％から五七％に増加している。[9] 一九八五年九月のプラザ合意を起点とする「バブル経済」も、蛍光灯のように距離感を欠いた明るさを中曽根時代に与えていた。

「神の声」を伝える巫女

同時代の観察者にとっても、中曽根人気は「異常な現象」だった。一九八五年二月二十七日「闇将軍」田中角栄が病気に倒れ、その「角影」がうすれると、中曽根は独自色を打ち出していった。終戦四十周年の一九八五年八月十五日には靖国神社に公式参拝し、日中間で外交摩擦を引き起こすが、かえって内閣支持率は安定成長軌道に乗った。さらに防衛庁が発表した「中期防衛力整備計画」で、翌一九八六年以後の防衛費が対GNP比一・〇三八%となることが判明する。『世界』一九八五年十一月号は「軍事費GNP一%枠突破——次に来るものは?」、『朝日ジャーナル』十一月一日号は「イメージ・ファシズム」をそれぞれ特集している。朝日ジャーナルのいうイメージ・ファシズムが世論ファシズムであることは、特集面のリードから明らかである。

「戦後否定」の中曽根内閣が世論調査で依然として高支持率を保っている。歴代自民党政権の政策、政治姿勢と支持率の関係から見ると異常な現象だ。なぜか。いくつかの答えが浮かんでくるが、もっとも深刻に受けとめなければならないのは、中曽根氏が早くからテレビ文化時代の「世論」の特性を見抜き、大衆側にも、マスコミ側にも巧みに対応したことである。(10)

特集冒頭に置かれた加藤典洋「『世論』が少数意見になるとき」だけは、二十余年を経てなお新鮮な切り口といえるだろう。加藤はフランス論壇で「見せ物政治」politique-spectacleや「世論調査僭主化」sondocratieが話題となっていることを紹介しつつ、日本の特殊性を次のように指摘している。

日本にギャロップ社やソフレス社のような世論調査機関がないのはなぜだろうか。朝日、読売、毎日をはじめとする大規模な全国紙が世論調査機関を代行しているからである。しかしそれを「代行」といってよいだろうか。むしろこれらの全国新聞は、本来、ニュートラルな立場から「世論」を調査し、分析し、結論を出すべき〝世論調査機関〟を自分で雇うことで、それを「僭称」し、本来報道機関から独立して存在する筈の世論調査機関の成立を「阻害」してきたのではなかっただろうか。[11]

確かに、自社で調査した世論調査の結果を同じ社の記者が客観的に分析することは難しい。さらに、それを批判することはなかなか困難である。加藤の表現では、「〝神〟と神の声を聞き、翻訳し、解読する〝巫女〟の関係」ということになる。新聞は一方で世論を反映すると称して、世論を隠れ蓑に自説を展開しているのではないか。そこに自らの責任で主張された意見はなく、誰も最終的な責任を問われない空気の支配が生れる。本書の用語法でいえば、輿論 public opinion を指導すべき大新聞社は、世論《せろん》 popular sentiments の霊媒 medium として多数派の顔色を読み続けた。

こうした「神の声」と大新聞の「巫女」機能については、その後いくつかのメディア研究が行なわれている。前田壽一「国民世論とマスコミ世論――中曽根内閣下の朝日新聞における世論調査結果と社説」(一九八八年)は、新聞社が実施した世論調査結果の生データを「国民世論」、それに基づく社説の報道姿勢を「マスコミ世論」に分けて、両者の比較分析を行っている。[12]前田の「国民世論―マスコミ世論」は「神の声―巫女」や「世論―輿論」にある部分で重なるだろう。すでに繰り返し述べたように、私自身は国民の「世論」を「輿論」として言語化する「輿論指導」をメディアの正当な使命だと考えている。

さらに、「行革」「情報化社会」「国際国家」というシンボルの言説分析から新聞報道を批判的に解読する試みとして、山腰修三「〈新自由主義〉に関するメディア言説の編成」（二〇〇五年）がある。中曽根の保守主義について朝日新聞と読売新聞はしばしば「対立」する論調を展開していたが、表面上の対立にもかかわらず両紙は電電改革（ＮＴＴへの分割民営化）を「情報化」「国際化」と争点連関させることで、「新自由主義」言説への国民的合意を生産していった[13]。山腰の分析は「巫女＝朝日新聞と読売新聞の社説」による「争点文化＝輿論」の編成／指導に焦点をあて、「合意＝世論」の製造プロセスを解明したといえるだろうか。

いずれにせよ一九八五年当時、加藤典洋ほか多くの戦後民主主義者にとって「中曽根内閣の支持率の〝好調〟」こそ、「世論」をはじめて〝他者〟と見なす契機であった。戦後、陸海軍の廃止によって「世論に惑はず」という「軍人勅諭」の戒めは人々の記憶から消えたわけだが、「戦後の総決算」の中で「世論」への不信感はよみがえった。

ポピュリズムの先駆者

中曽根人気は、テレビ的なパフォーマンスから説明されることも多い。サミットの記念写真の撮影に際し、各国首脳を押しのけて堂々と中央に割り込んだことなど、「経済大国日本」を実感させる出来事だった。日米貿易摩擦に際しては、首相みずからテレビの前で「国民一人あたり百ドルの外国製品を買いましょう」と呼びかけた。レーガン大統領との「ロン・ヤス関係」演出のために、劇団四季代表・浅利慶太をブレーンとして重用し、「日の出山荘」炉辺会談では法螺貝を吹いてみせる演技指導まで受けたという。学者や官僚でなく舞台演出家を身近において重用した首相は、おそらく中曽根が最初だろう。私生活でもテニス、水泳、座禅をする姿をテレビに撮影させるなど、多彩な視聴者サーヴィスを繰り広げている。遠くから見れば良く見える中曽根＝富士山説を『東京新聞』はこう表現している。

赤川次郎氏の小説のような分かり易さ、アントニオ猪木のような体格の良さと大きなアクション、団十郎のような格好良さ[14]。

さらに、フォーク・グループ「かぐや姫」のファンを公言して、そのコンサートに出かける自己顕示のスタイルなど、X JAPANやエルヴィス・プレスリーを熱唱する小泉流の先駆者というべきかもしれない。中曽根自身、一九八五年四月、旧制静岡高校同窓会で次のように講演している。

戦後民主主義の中で、おまえは何をやったかと言われたら、大衆民主主義時代にふさわしい政治手法を、一生懸命努力して開発した。そのノウハウの特許は、私にあると答える[15]。

確かに、それは新しい政治スタイルであった。一九六〇年安保紛争に際して「新聞はスポーツ紙以外は読まない」と言い放った岸信介や、一九七二年退陣表明の記者会見で「偏向的な新聞は大嫌いだ」と言った佐藤栄作と異なり、中曽根は新聞各紙を熟読する自画像をテレビで押出し続けた。そうしたメディア利用は、テレビ局認可やその再編によってマスコミの闇支配を強めた田中角栄とも違っていた。中曽根はマスコミに自身を晒すことで、自民党や国会を飛び越して世論に直接訴えようとした。マスコミの機能と効用をだれよりも理解していたといえるだろう。一九八二年自民党総裁に選出された直後の記者会見でこう述べている。

国民にわかりやすい政治、新しい政治を開拓してみたい。総裁室や首相官邸とお茶の間を結ぶような、一歩進んだ新しい政治と民衆のあり方を考えてみたい(16)

一方で、中曽根は『青年の理想』(一洋社・一九四七年)、『日本の主張』(経済往来社・一九五四年)、『新しい保守の論理』(講談社・一九七八年)など自らの理想を論理的に主張する著作を多数公刊した輿論志向の強い政治家である。この輿論政治家は弱小派閥の領袖として、その政権基盤の脆さを大衆世論に直接訴えかけることで克服しようとしたのであろう。傍流派閥で活字的輿論の限界を味わうことで、かえってテレビ的世論を強く意識する独特の政治手法を会得したようである。すでに安保紛争直後の一九六〇年七月、中曽根は首相公選制を唱えて次のように述べている。

現在の選挙制度は大正十四年の普通選挙より発するが、ラジオもテレビもなく、地方では新聞が二日遅れという当時では、代議士に首相を選ばせる理由があった。しかし、今日では国民は市町村会議員よりも岸(信介・当時の首相)、大野(伴睦・当時の自民党副総裁)といった中央政治家のほうをはるかによく知っている。国民はこれらの政治家の良し悪しを皮膚で感じとる。その感覚は平凡ではあっても多数集まれば正しいものである。かくて国民投票によって選ばれた首相は、派閥の思想や利害とは無縁に、常に政治と大衆の心のギャップを埋めて政治を安定させ、象徴天皇の下に民主主義をたくましく前進させる力となりえよう(17)。

中曽根こそ日本におけるテレ・ポリティックスの開拓者であった。こうしたテレビ時代の輿論政

写真12　衆参同日選での自民大勝の余裕で、静養先の軽井沢では連日テニスなどスポーツ三昧で若さを誇示する中曽根首相。1986年 8 月22日撮影。（提供・毎日新聞社）

治家を前にして、新聞という「巫女」は「神の声」を独占できなくなっていた。一九八六年六月十一日付『朝日新聞』には、「首相と民意　頻繁にマル秘世論調査」の記事が掲載されている。中曽根内閣が世論調査で「民意」を探り、支持率の変化を政策立案や政治日程作りの重要な判断材料にしていると報じている。

首相のもとで内々の世論調査が頻繁に行われている。大手の広告代理店などが請け負って、五〇〇人から一〇〇〇人を対象に、さまざまなテーマについて反応を探っているのだ。国鉄分割・民営化法案が国会に提出される直前の一月の調査では、分割・民営化方針を支持する答えが七〇％を超えた。五月には衆参同日選挙をめぐる調査も。「総選挙と参院選を一緒にやってもおかしくない」が六割強だったという。首相は昨年夏、靖国神社の公式参拝に踏み切った際、「国民の多数が望んでいる」と語った。（略）首相が強気の姿勢に出るとき、そこでは自らつかんだ「民意」が裏打ちされていることは間違いない(18)。

世論を製造する私的諮問機関

臨教審との関係でいえば、中曽根内閣の高い支持率は「諮問行政＝世論誘導」として論じられることも少なくなかった。鈴木善幸内閣で行政管理庁長官に就任して以降、中曽根はこの手法を我がものにした。第二臨調と臨教審の委員として青写真を描いた瀬島龍三（伊藤忠商事相談役）は、第二臨調が二年間に五回も答申を出した意図を世論との関係で次のように説明している。

むずかしい条件の中で行革を成功させるには何が必要かを考えたが、第一は世論の喚起。第二は臨調が最後まで結束していくこと、第三が最小限実行すべきもの、つまりベストでなくベターなものを出す。これが成功の条件だと考えた。世論喚起の中で、一つは何かピンとくる言葉がいる。二番目は、答申は第一次臨調のように、最後に一回ということでなく、逐次答申をすべきだ。その方がマスコミが取り上げるし、国民も問題意識を持つであろう。それから三番目は、やはり何か一種の国民運動に持っていくべきだ(19)

行革の世論を喚起するためには、マスコミに答申をニュースとして繰返し取り上げさせる必要があった。ニュース製造、あるいは世論喚起のマシンとしての諮問機関は、臨教審にも引き継がれた。臨教審でも四回の答申が出されたが、その内容よりも答申のタイミングが重要だった。臨教審の第一次答申は一九八五年東京都議会議員選挙、第二次答申は一九八六年衆参同日選挙、第三次答申は一九八七年春の統一地方選挙という政治日程に照準が合わせられていた。

当然ながら、新聞各社は答申の取材合戦に血道を上げ、競い合って「改革熱」を煽り立てた。こうした取材ネタをリークする手法は、私的諮問機関ではさらに乱用された。国家行政組織法第八条にもとづく正規の諮問機関とちがって、私的諮問機関は閣議了解や省令などの手続きだけで設置できる。もちろん、その手法も中曽根の独創というわけではない。大平正芳内閣は一度に九つの私的諮問機関をつくり、学者、文化人、財界人を大量動員する議題設定システムを立ち上げている。大平後継の鈴木内閣で行政管理庁長官となった中曽根は、第二臨調に大平ブレーン集団を取り込んでいった。臨教審の委員や専門委員にもそうした知識人が数多く登用されている。党内基盤の弱い中曽根にとって、党外勢力の結集は不可欠な戦術だったはずである。

中曽根内閣は、「高度情報社会に関する懇談会」、「文化と教育に関する懇談会」、「平和問題研究会」、「経済政策研究会」、「国際協調のための経済構造調整研究会」などの首相直轄のシンボル言語製造機を備え、さらに官房長官の私的諮問機関「閣僚の靖国神社参拝問題に関する懇談会」や「日米諮問委員会」、「日中二十一世紀委員会」などが改革に向けた争点の枠付けを行った。こうして「私的」と冠する諮問機関によって、公的問題を自由に議題設定することが可能になった。

中曽根が持論とする首相公選制が国会議員の投票をスキップするように、私的諮問機関も報道機関を飛び越す世論製造のシステムにはちがいない。タイミングを計って投げ出される報告書にマスコミはとびつき、ブレーン集団の文化人がジャーナリズムで書きまくり、その躍動感が「働く内閣」のイメージを膨らませていく。もちろん、諮問行政に対して、新聞にコメントを寄せる政治学者の評価は厳しかった。一九八五年一月二十二日付『毎日新聞』で、神島二郎はこれを「腹話術政治」、篠原一は「議会政治に対する挑戦」と呼んでいる。中曽根はそうした批判を意に介さず、一九八五年九月十六日第九回自民党全国研修会で次のように述べている。

政治には感激が必要だ。国民と一緒に〝政治目標〟を御本尊にしたお神輿をかついで、一緒に汗を流してやるこの感激の分かち合い。これが政治なのだと私は思っている。そういう政治こそがテンポとリズムの合った政治である。[20]

おそらく、掲げた政治目標である「お神輿＝輿論」と「テンポとリズム＝世論」を渾然一体としたのが、中曽根流の大衆民主主義なのであろう。つまり、中曽根時代において「世論と書いてヨロンと読む」多数派が形成されたといえる。第一章で指摘したように、一九六〇年代の半ばに元朝日新聞社用語課長・宇野隆保は、「セロンという読み方がふえる傾向にあるといわれますから、ヨロンの方は、やがて消えていくようになるのかもしれません」と「セロン」という読み方の増加を予測していた[21]。しかし、中曽根内閣後の一九八九年NHK「第三回現代人の言語環境調査」では、東京圏の十六歳以上で世論を「ヨロン」と読む人は六三％、「セロン」と読む人は三四％と完全に逆転していた[22]。その後、世論を「ヨロン」と読む傾向はますます増加している。

この「世論＝ヨロン」の主流化こそ、加藤典洋が「戦後民主主義の国民感性レベルでの地崩れ現象」として捉えたものの徴候なのではなかろうか。

この新たな現象に直面して、大新聞が戸惑う図は、何より日本の全国紙がこれまで一度も「世論」に対決し、「世論」に抗して「世論」に働きかけるという経験を積んでこなかったという事実をぼくに思いださせる[23]。

ここで加藤が書く「『世論』に対決し、『世論』に抗して『世論』に働きかける」ことは、「世論と書いてヨロンと読む」言語環境では原理的に封じられているのである。次のように書かなければ、その意図は通じない。「『世論』に対決し、『世論』に抗して『輿論』に働きかける」と。世論に抗する足場は、輿論である。これを意識的に使い分けることではじめて、私たちは世論を批判する根拠を持ちうるのだ。その上で、新聞の本来の使命とは「世論」popular sentiments から〝自立〟して「輿論」public opinion を立ち上げることだろう。そのために、私はなんどでも「世論／輿論」の使い分けを訴え続けるつもりである。

また、「読み方はヨロンでもセロンでも正解」と教え、「(読み方はどうでもよい) 世論尊重こそが民主主義」と説いてきた戦後教育こそ改革すべき対象である。世論が「ヨロン」である限り、世論の暴走、あるいはブレーキを欠いた民主主義――ポピュリズムと呼びかえてもよい――を正しく批判する枠組みを私たちはもてないのである。この点に限れば、「輿論」のための教育改革は必要である。

今日の教育再生運動の一起点たる臨教審の基本答申(第二次答申)には、意外にも「教育基本法の精神」の項目が立てられ、次のように謳われている。

今次教育改革は幅広い国民的合意を基礎に、教育基本法の精神をわが国の教育土壌にさらに深く根づかせ、二十一世紀に向けてこの精神を創造的に発展させ、実践的に具体化していくことでなければならない[24]。

二〇〇六年十二月十五日その教育基本法は改正されたが、この二十年間に変貌した「国民的合意」とは、輿論(意見)なのか世論(気分)なのか、冷静に考えてみたいものである。

第十一章　世論天皇制と「私の心」

天皇制とは空気の支配なのである。従って、空気の支配をそのままにした天皇制批判や空気に支配された天皇制批判は、その批判自体が天皇制の基盤だという意味で、はじめからナンセンスである。（山本七平「『空気』の研究」一九七五年）[1]

過ぎ去らぬ記憶

四月二十九日が国民の祝日「昭和の日」になった最初の年だったためでもあろうが、二〇〇七年のゴールデン・ウィーク前後の新聞紙面には昭和天皇関連で注目すべき記事が多かった。四月二十六日付『朝日新聞』は、昭和天皇の最期をみとった卜部亮吾侍従の日記に「靖国神社の御参拝をお取りやめになった経緯　直接的にはA級戦犯合祀が御意に召さず」とあると報じた。『日本経済新聞』も憲法記念日を前に、五月一日から「富田メモ研究委員会検証報告」の大型連載を開始した。富田朝彦・元宮内庁長官の日記は二〇〇六年に同紙がスクープしたが、特に次の言葉に読者の関心は集中していた。

「だから　私あれ以来参拝していない　それが私の心だ」[2]

富田メモが記録したこの昭和天皇発言は、首相の靖国参拝をめぐる輿論（公的意見）と世論（世間の雰囲気）に大きな一石を投じるものである。この日経のスクープ直後、注目に価する投書が『朝日新聞』「声」欄に掲載された。

　次の首相の靖国神社参拝の賛否を尋ねた朝日新聞の世論調査で「しない方がよい」が六〇％に上がった。半年前の調査では四六％だった。今回の調査の直前、A級戦犯合祀に不快感を示す昭和天皇発言のメモが明らかになり、靖国参拝反対の世論を押し上げたのかと考えると、気持ちは複雑だ。（略）私が今回一番気がかりなのは、昭和天皇がA級戦犯合祀に不快感を示したことが、発言から十八年たってなお世論を左右していることだ。政治家の靖国参拝に反対する心情が、昭和天皇のお墨付きを得たかのようにみえる。日本は戦後、民主主義国になり、天皇は現人神《あらひとがみ》から象徴に変わった。だが国民の一人ひとりが考えをきちんと築かないと、歴史の後戻りもなしとは言えまい(3)。

　確かに、メディアが「私の心」の政治的位置づけを欠いたまま「御意」としてストレートに報道することには私も疑問を感じる。天皇の公式の「お言葉」を輿論（公論）と考えるならば、「私の心」は世論（私情）と見なすこともできるだろう。明治天皇は「万機公論に決すべし」（五箇条の御誓文）といい、「世論に惑はず」（軍人勅諭）と述べている。いずれにせよ、すでに没後十八年を経た故人の「私の心」が輿論と世論に大きな影響を与えているという事実は重要である。以下では、終戦直後の天皇制危機と昭和末期の天皇危篤報道にスポットを当てて、象徴天皇制の世論（〝せろん〟と書いて〝よろん〟と読む世論）を考察してみたい。

まず、最近の朝日新聞社の憲法世論調査で見てみよう。二〇〇六年から第九条への質問形式が変わり、また天皇制への質問は数年おきであるため二〇〇四年調査から引用する（「その他・答えない」は省略。カッコ内の数字は二〇〇一年調査）。

◇憲法九条を…

「変える方がよい」 三一％（一七％）「変えない方がよい」 六〇％（七四％）

◇天皇制について、あなたの考えに近いのは、次のうちどれですか。（択一）

「天皇を元首と定める」 四％（三％）「天皇はいまと同じ象徴でよい」 八三％（八三％）

「天皇制を廃止する」 一〇％（一一％）(4)

二〇〇一年と二〇〇四年の調査で第九条の評価についてはイラク戦争や北朝鮮問題など国際情勢の変化により数字が大きく動いているが、天皇制支持の数字はほとんど不変である。だが、こうした世論調査を眺めながら、いつも疑問に思うことがある。非武装平和の護憲主義者の中にも、一定数の天皇制廃止論者が含まれるはずだが、この人たちは憲法世論調査で「改憲」を選択しているのだろうか。ちなみに、西平重喜によれば、一九六一年二十三区都民調査（統計数理研究所）では改憲派にも護憲派にもほぼ一〇％の天皇制廃止論者がいたことがわかっている。(5) 新聞の世論報道では、こうしたクロス・データも是非公開して欲しいものである。

加えて言えば、国民主権と天皇制との関係をもっと議論すべきだという意見《よろん》は、天皇制廃止論者だけでなく天皇の元首化を唱える保守派の側にもあるはずだ。しかし、今日の改憲・護憲の世論調査において、天皇の地位（第一条）への関心は極端に周辺化されている。

◇憲法の中で、関心のあることを一つあげるとしたら、どのようなことですか。（回答カードから一つ選択＝カッコ内の数字は二〇〇一年四月）
「天皇の地位」三％（四％）「第九条」（戦争の放棄）三一％（二〇％）「基本的人権」一九％（二一％）
「その他・答えない」一〇％（七％）を除いて数値の高い順に、「政治制度」一二％（一五％）、「男女の平等」八％（一一％）、「表現の自由」七％（七％）、「司法制度」五％（六％）、「地方自治」五％（九％）である。(6) つまり第一条の争点化を求める比率は最下位にとどまっている。

だが、現行憲法の成立史を考えれば、そもそも第一条と切り離して第九条を論じることに無理はないのだろうか。

終戦時、アメリカ国内でも天皇の戦争責任追及の声は圧倒的であった。一九四五年九月二十七日、東京の米国大使館において昭和天皇とマッカーサー元帥が行った初会見でも、「輿論」と「空気」がそれぞれ話題になっている。通訳を務めた外務省の奥村勝蔵メモでは、マッカーサー発言は次のように要約されている。(7)

世界ノ輿論ノ問題デアルガ、将兵ハ一旦終戦トナレバ普通ノ善イ人間ニナリ終ルノデアル。然シ其ノ背後ニハ戦争ニ行ツタコトモ無イ幾百万ノ人民ガ居テ憎悪ヤ復讐ノ感情デ動イテ居ル、斯クシテ所謂輿論ガ簇出《そうしゅつ》スルノデアルガ其ノ尖端ヲ行クモノガ新聞《プレス》デアル、米国ノ輿論、英国ノ輿論、支那ノ輿論等々色々出テ来ルガ、「プレスノ自由」ハ今ヤ世界ノ趨勢トナツテ居ルノデ、其ノ取扱ハ仲々困難デアル。

写真13　天皇裕仁、ＧＨＱ最高司令官マッカーサーと米大使館において会談。アメリカの軍事力の下で「戦力は、これを保持しない」「象徴」天皇という構図はすでにできている。1945年９月27日撮影。（提供・毎日新聞社）

アメリカにおける「天皇の処分」に関する当時の輿論調査は、次のような結果であった。
◇日本が敗けたら、われわれは天皇ヒロヒトをいかにすべきでしょうか。(アイオワ世論調査、一九四五年二月)
「政府の首班にしておく」三％「どこかの遠い所へ流罪にする」一〇％「戦犯として裁判する」六九％「死刑にする」九％「その他」二％「わからない」七％
◇日本人は天皇を軍の統率者としてよりはむしろ神と考えている。天皇は日本の戦争犯罪に対して処罰さるべきだと思いますか、さるべきでないと思いますか。(ミネソタ世論調査所調査、一九四五年四月)
「処罰せよ」八六％「処罰すべきでない」四％「わからない」一〇％(8)

奥村メモでは先のマッカーサー発言のあと、昭和天皇は次のように「個人」的心境を表明している。

「此ノ戦争ニ付テハ、自分トシテハ極力之ヲ避ケ度イ考デアリマシタガ戦争トナルノ結果ヲ見マシタコトハ自分ノ最モ遺憾トスル所デアリマス。」

この発言を受けて、マッカーサーは天皇「一人ノ力」で戦争に向かう「一般ノ空気」(世論)を変えることの困難さに理解を示している。

「陛下ガ平和ノ方向ニ持ツテ行ク為御軫念アラセラレタ御胸中ハ自分ノ充分諒察申上グル所デアリマス。只一般ノ空気ガ滔々トシテ或方向ニ向ヒツツアルトキ、別ノ方向ニ向ツテ之ヲ導クコトハ一人ノ力ヲ以テハ為シ難イコトデアリマス。恐ラク最後ノ判断ハ陛下モ自分モ世ヲ去ツタ後、後世ノ歴史家及輿論ニ依テ下サルルヲ俟ツ他ナイデアリマシヤウ。」

このマッカーサー発言で「一般ノ空気」は「輿論」と対置されている。少なくとも、一九〇三年生まれの奥村には、輿論と世論の違いは明確だったはずである。

しかし、輿論と世論を峻別する思考法は、この会見の半年後、昭和天皇が開戦理由に「国内の与論」を挙げた際には忘れられていたのだろうか。極東軍事裁判開廷直前の一九四六年春、昭和天皇が側近を相手に戦争の経緯や心境を語った『昭和天皇独白録』にこうある。

「若しあの時、私が主戦論を抑へたらば、陸海に多年錬磨の精鋭なる軍を持ち乍ら、ムザ〲米国に屈伏すると云ふので、国内の与論は必ず沸騰し、クーデタが起つたであらう。実に難しい時であつた。(9)」

ここで「国内の与論」は「一般ノ空気」と同義である。大正期から「輿論の世論化」が進行していたことは第一章で言及したが、この傾向は天皇の発した言葉においても確認できるわけである。あるいは、「国内の与論」は天皇に対する戦争責任の追及を回避すべく意図的に語られた言葉なのだろうか。責任ある意見である輿論（与論）は、無責任な世論（空気）と異なるはずだからである。いずれにせよ、「世界ノ輿論」を納得させるために、象徴天皇制と戦力放棄はワンセットで起草されることになる。それに先立って、天皇制護持をGHQと国内の輿論に訴えるために開始されたのが、戦後日本における輿論調査だった。

シンボル天皇制の世論調査

第二章で詳述したように、戦前にも戦時中にも輿論調査は行なわれていたが、一般に世論調査は戦後GHQ占領政策の産物と考えられている。この「ポツダム科学」パラダイムでは、言論統制と世論調査はあたかも戦前軍国主義と戦後民主主義を象徴する闇と光のようにみえる。だが、こうした断絶史観は「国体の護持」、すなわち天皇制の連続性を過小評価していないだろうか。すでに述べたことだが、占領下でまず輿論調査に着手したのは、言論統制の総本山・情報局である。一九四五年十二月三十一日情報局廃止以後、情報局輿論調査課は内務省地方局に移され、一九四六年一月二十六日総理官邸内の内閣審議室輿論調査課となっている。

情報局輿論調査課から内閣審議室輿論調査課まで課長に留任した塚原俊郎は、のちに吉田茂首相の側近となり自民党広報委員長、総理府総務長官などを歴任した人物である。塚原にとって輿論調査とは「連合国軍に対して」国体護持を訴える手段であった。一九四六年三月塚原が元同盟通信社上海支社長・松本重治に「輿論調査のありかた」有識者懇談会への出席を依頼した際、松本は輿論調査の実践的意義を吉原一真にこう語ったという。

いま話題になっている世論調査は、国民の意識の底に、ひっきょう憲法改正の期近きと見て、新憲法の天皇制の合理的基礎を国民投票に求めているあらわれではなかろうか。憲法改正が終り、天皇制のあるべき姿がどのように定着するか、それがおちつけば世論調査の一応の目的は終り、その任務というものは達せられたものとみることができる。政府といい、民間といっても世論調査の今の日本における位置や期待の底にはそういうことがあるのではないかと思う。[10]

つまり、彼らにとって輿論調査の実践的な目標とは、天皇の地位を新憲法で明確に保証させることであった。そのため、GHQに対する切り札として、「輿論調査こそデモクラシー」というスローガンは必要以上に高く振りかざされた。このことが「アメリカ輸入の輿論調査」という神話を人々に刷り込んだ一因である。当初、GHQは内閣審議室の直接調査を認めなかったため、情報局がすでに一九四五年十一月一日に設立していた外郭団体・日本輿論研究所によって、十一月二十一日ラジオ放送された天皇制に関する座談会（清瀬一郎・牧野良三・徳田球一）の聴取者調査が行われた。その結果は「天皇制への支持者」九五％、「否定者」五％であった。これを報じた『読売報知』には、次のように前置きがされている。

外電によれば将来国民の総意によって決定されるだらうといはれてゐる天皇制存否の問題をはじめ、選挙法の改正、婦人参政権問題、さては戦争犯罪人摘発に関する諸問題等、輿論の動向の正確な調査は各方面から要望されてゐるので、政府では輿論調査機関として文部省指導の社団法人輿論調査研究所を新設せしめたが、民間においては既に活動を始めた神田区岩本町日本輿論研究所、目黒区自由ケ丘日本輿論調査会、徳川義親侯の主宰する豊島区目白町財団法人恒久平和研究所等輿論調査機関が誕生し、それぞれ各種の輿論調査を開始した。[11]

つまり輿論調査の結果が「天皇制存否」にかかわることは、広く国民一般にも新聞報道で周知されており、その調査団体は政府主導で組織されていた。情報局によって設立された日本輿論研究所も「民間」扱いになっているが、同研究所は一九四五年十二月に各界指導者五千人を対象とする郵便法による調査も実施している。「天皇制支持」九一・三％、「反対」八・七％の結果は一九四六年一月に新聞、ラジオで大きく報道された。後に所長となる清水伸はこう回想している。

わが全国各新聞紙はもとより外国にもただちに紹介されて、当時一大反響をよんだのは、天皇制に対する日本の輿論状態がおぼろげながら計数化しえたことと、強烈に見えた打倒論も案外ごく一部分の声でしかなかったことが示唆され、加うるにこの支持論の内容が明確にされたことによった。(12)

現行憲法の公布までには、さらに多くの新聞社によって天皇制に関する輿論調査が繰り返された。一九四六年三月六日、政府が発表した新憲法草案に対して、毎日新聞社が行った調査は典型的である。ここではまず「新憲法＝象徴天皇制」に梯子《はしご》をかけた後に、「天皇制廃止」が質問されている。

◇政府の新憲法草案の、天皇制を認めるか？
「認める」　八五％　「認めない」　一三％
◇天皇制を廃止して、共和制をとるべきか？
「賛成」　一一％　「反対」　八六％(13)

天皇制廃止は最も高い読売新聞社の一九四六年三月調査でも一三％にとどまり、天皇制支持が圧倒的だった。こうした結果は調査前から十分に予測できたはずであり、むしろ新聞投書などに登場する声高な廃止論を数量化することで単なる少数意見へと意味を減縮させることが目的だった。天皇制に関する輿論調査の繰り返しによって終戦直後の輿論は象徴天皇制支持に導かれたと、米山桂三は結論づけている。[14] 一九四六年十一月三日現行憲法公布により象徴天皇制が成立するが、新憲法施行の一年後、一九四八年八月の読売新聞社調査で天皇制は次のように問われている。

◇天皇は「国民のあこがれ」であり、「国家の象徴」として新憲法できめていますが、あなたはこの日本の「天皇の制度」をどう思いますか。

「あつた方がよい」九〇・三％ 「なくなつた方がよい」四・〇％ 「わからない」五・七％

◇天皇の退位についてあなたはどう思いますか。

「在位された方がよい」六八・五％ 「退位されて皇太子にゆずられた方がよい」一八・四％ 「退位されて天皇制を廃した方がよい」四・〇％ 「わからない」九・一％[15]

さらにGHQの占領が終了した一九五二年四月に実施された読売新聞社世論調査は、憲法改正との関連で次のような質問をしている。

◇あなたは天皇の権限をもっと強くすべきだと思いますか、それともいまのまゝでよいと思いますか。

「今のまゝでよい」五六・一％ 「もっと強くすべきだ」二六・七％ 「もっと弱めるべきだ」一〇・八％ 「天皇制廃止」一・二％ 「わからない」一五・二％[16]

「独立」直後であり、天皇の元首化を求めて改憲運動を進めようとする動きも自民党内部には存在していたが、論壇ではなお独立を機会に昭和天皇の退位が盛んに議論されていた。退位を当然視する意見（輿論）は保守派までも含めた知識人には広く共有されていた。

一九五二年五月三日「平和条約発効並びに日本国憲法施行五周年記念式典」（新聞表記は「独立

記念式典」）における天皇の「お言葉」の結びにも「世論」が登場している。それを伝える『朝日新聞』同日付夕刊の一面トップの見出しは、「『退位説』に終止符――お言葉　御決意を表明」である。

　この時に当り、身寡薄なれども、過去を顧み、世論に察し、沈思熟慮、あえて自らを励まして、負荷の重きにたえんことを期し、日夜ただおよばざることを、恐れるのみであります。こいねがわくば、共に分を尽し、事に勉め、相たずさえて国家再建の志業を大成し、もって永くその慶福を共にせんことを切望してやみません。[17]

新聞記事はこの部分に、「世論の動向を察せられて独立後の辛苦を国民と分たれようとする御意思を公にされた」と解説している。この「お言葉」の目的が国民感情（世論）への呼びかけであったことはまちがいない。もちろん、当用漢字表告示後の公文書や新聞では、天皇が「輿論」と「世論」のいずれを意図して発言したか確定は困難である。

　その後も内閣総理大臣官房広報室は一九五五年から一九六八年まで、天皇制強化の賛否を問う世論調査を毎年のように繰り返した。だが、一九六〇年代になると天皇制の強化も反対も一〇％を割るようになった。[18] 一九五八年ミッチー・ブームを経て、「大衆天皇制」の現状肯定が広まったともいえるだろう。[19]

　それと同時に、天皇制の是非、すなわち意見ではなく、天皇に対する感情を問う文字通りの世論《せろん》調査が繰り返されるようになった。一九六〇年代から始まった政府広報室、各全国紙、共同通信社、時事通信社、ＮＨＫなどの各調査は、いずれも好意的回答が約六〇％、無関心が三〇～四〇％、

「反感をもつ」はわずか三%前後にとどまっている。戦後二十年間の天皇関連世論調査を分析した斎藤道一も、①肯定的心情の圧倒的強さ、②質問方法を変えても変化しない心情の固さ、③時間的変化のなさ、の三点を指摘している。[20] この間、第九条、すなわち再軍備への世論は大きく変化したにもかかわらず（第五章参照）、第一条・天皇制の感情的基盤は極めて安定していた。

しかし、斎藤は支持率の世代別変化も分析し、戦後生まれの若年層、特に都会で生活する高学歴層で天皇への「反感」や「無関心」が増加しており、そこに天皇制の危機を想定していた。だが、一九六六年当時の青年がすでに六十歳を超え、都市化、高学歴化が進んだ今日の「天皇観」世論調査でも好感・反感の分布構造はほとんど変わらない。その点では、「若い世代の天皇制入門」として打ち出されたミッチー・ブームなど皇族婚礼イベント、いわゆる「週刊誌天皇制」が世論に与えた影響が大きいだろう。[21] もちろん、共産党機関誌『前衛』は朝日新聞の皇室報道が果たした役割まで含めて、その世論調査を厳しく批判していた。

皇居開放がいいかわるいかという議論は、天皇制の存在を前提とした議論であり、このワクのなかでの議論は、〝ミッチー・ブーム〟をいっそうわきたたせる役割をはたしたのである。二月二七日付で『朝日』が発表した世論調査も、〝皇室民主化〟のワクのなかでブームをたかめる役割をもっていた。この世論調査を『朝日』は「民主化、多数の希望――九四%が知る美智子さんの名――皇太子ご婚約『よかった』が八七%」の大見出しで発表したが、この世論調査は、〝親しまれる皇室〟のワクを出ないように、注意ぶかくおこなわれた。[22]

当時の共産党にとって天皇制と民主主義の両立はありえず、「皇室の民主化」は「最も巧妙なことばの魔術」であった。斎藤も皇室の大衆化を「主体的能動的な人民の発展としてよりは無自覚的受動的な大衆の運動として推進されている[23]」と評したが、それは戦後天皇制が主体的な市民の輿論ではなく無自覚的な大衆の世論に依存している、と言い換えることもできただろう。

とすれば、この大衆天皇制とは「世論天皇制」と呼ぶべきだろう。国民は世論調査の結果によって「天皇好きの自分」が多数派であることを絶えず確認し、それが安定した国民的共感を再生産し続けたのである。

自粛現象とXデイ報道

こうした世論天皇制の潜在的威力は、昭和天皇の「ご病状報道」(一九八八年九月から一九八九年一月まで)が引き起こした自粛現象において顕在化した。ベルリンの壁が崩れる一九八九年に昭和が終ったことは偶然だとしても、平成改元とともに輿論/世論の潮目が激変したことは間違いない。その一九八九年以後、東欧社会主義政権はドミノのように倒れてゆき、一九九一年にはソビエト連邦も消滅した。戦後日本を規定していた冷戦構造が瓦解し、改憲ストッパーだった社会主義政党は見る影もなく凋落した。そうした意味で、「昭和の終焉」は日本国民が「戦後」と訣別するターニング・ポイントだったといえるだろう。

だが、私自身は一九八七年三月から二年間ドイツに留学していたため、日本の出来事を体験することはできなかった。帰国がたまたま一九八九年二月二十四日「大喪の礼」と重なったため、ミュンヘン空港における成田便の手荷物検査が異様に厳しかったことは鮮明に記憶している。そのため、この期間の新聞・雑誌を読む作業は、いろいろな意味で新鮮だった。

一九八七年八十六歳の誕生日に昭和天皇は体調を崩して宴会を退席した。それでも、戦後巡幸で唯一残された未訪問地・沖縄で九月に開催される国体への臨席を目指して公務は続けられた。だが、九月十八日に腸の手術実施が発表され、天皇の沖縄訪問は結局中止となった。手術後、天皇は一時公務に復帰したが、一年後の一九八八年九月十九日、ソウル・オリンピック開会式の二日後に寝室で吐血し、そのまま重体となった。原因が癌であることが朝日新聞社・共同通信社などによってスクープされると報道は過熱した。翌二十日以降「天皇陛下のご容態」として、「体温三七・四・脈拍九〇・血圧一二八～六四・呼吸数二二（宮内庁発表）」のように報じられ、翌二十一日からは宮内庁の発表は一日三回（九時、十五時、十九時）となった。自粛は特にテレビで徹底していた。NHKは九月二十日未明から「ご容態」報道の二十四時間放送体制に入り、午前一時から朝六時まで荘重な音楽とともに二重橋の映像を流しつづけた。もちろん、「天皇崩御」のXデイに対応すべく新聞も予定稿の作成に追われていた。九月二十六日付の英字紙『マイニチ・デイリー・ニューズ』が次のような「予定稿」社説を誤まって載せたため、毎日新聞社長が宮内庁長官に謝罪する事態にまで発展した。

「深い悲しみとともに、天皇陛下に次の言葉を贈り、別れを告げよう。『陛下、あなたは激動の時代を生きぬいた』と」(24)

新聞記事がどのように製造されるか、その舞台裏を垣間見せた瞬間である。実際の「崩御」報道では、準備に十分な時間があったため各紙とも膨大に溜まった「予定稿」に推敲を重ねた。そのため、かえって画一的な紙面が出来上がったといえるだろう。

こうした初期報道を受けて日本社会に自粛ムードが広まり、さまざまなイベント中止が続いた。大正天皇の病床期にも歌舞音曲の自粛や当局による容態発表などがあったが、象徴天皇制の下での自粛現象に衝撃を受けた知識人は少なくなかった。例えば、栗原彬・杉山光信・吉見俊哉編『記録・天皇の死』（一九九二年）はこう書き起こされている。

本書の企ては、昭和天皇の病い篤し、と伝えられた一九八八年九月一九日を起点に、日本列島がにわかに自粛一色に染まっていくように見えたときの、編者たちのショックをまじえた怒りの感情——戦後民主主義四三年という時間は一体何だったのか——からはじまった。(25)

すでに九月二十日から新聞・テレビは、公的なお祭り行事や私的な披露宴などが各地で天皇の快復を祈念して「自発的に」中止、変更されたことを報じ始めた。九月二十四日にはテレビ各局がお笑い番組などをニュースに差し替える特別編成に入った。各局が競いあって「フライングぎみの編成」が行われ、九月二十六日民放労連は民間放送連盟に対し「過剰ともいうべき対応は、極めて問題が多い」との申し入れをおこなった。しかし、皇居前広場に大勢の見舞い客が記帳につめかけるシーンは連日報道され続け、それは全国各地の記帳所にも拡大した。警視庁発表の「自治体や神社が独自に実施した一般記帳者数」によれば、九月二十五日日曜日だけで四十五道府県九百十六個所で四十二万四千人、二十二日からの累計では九十七万二千人に達した。記帳者は二ヶ月有余で六百万人を超えていた。

写真14　皇居前で天皇の病気回復を祈る——日米開戦を報じた1941年12月８日、その終戦を報じた1945年８月15日の新聞各紙にも、同じポーズの写真が掲載されている。1988年９月20日撮影。（提供・毎日新聞社）

ソウル・オリンピック開催中の韓国では『中央日報』が九月二十八日、東京発特電として各種行事の自粛を「天皇の神格化」の動きと批判的に報じた。また、学校の運動会シーズンを前に、『朝日新聞』は十月一日付「天声人語」で次のような正論を展開している。

自粛は、かえって陛下が喜ばれないのではないか、といった表現もよくきく。陛下はどうお思いになるか、という言い方は昔もあった。陛下を利用したい人の論法だったように思う。だいじなのは、自分で考えてきめることである。[26]

この論法は当然ながら、富田メモの「私の心」報道にも当てはまるだろう。やはり当時も「お心」が問題となっている。十月八日、明仁皇太子の「自粛ムードの広がりご憂慮」も報じられている。富田の後任である藤森昭一宮内庁長官に、こう発言されたという。

「国民生活に深い影響が出ると、陛下の常々のお心に沿わないようなことになるのではないか。[27]」

この時も、陛下の「お心」は政治的な影響力を持っていた。同二十日の衆議院本会議で竹下登首相は各種行事は「粛々と行われなければならない」と改めて表明している。だが、この年の年賀状は大量に売れ残り、年末商戦に経済的影響を与えるほど自粛ムードは日本国内を覆っていった。にもかかわらず、当時の新聞紙面をめくると、自粛に対する批判の記事は想像以上に多かった。例年ならほとんどの日本人が忘却している「十二月八日=開戦記念日」にも、戦争責任論に関する関連記事が多く掲載されていた。また、在日外国人によって自粛ムードに「水を差す」企画も試みられている。「昭和末期ニッポン事情」(『朝日ジャーナル』十月二十八日号)は、こうした自粛批判の典型的なスタイルを提供してくれる。冒頭で英国BBCのW・ホーズレーは次のような発言をしている。

天皇自身についていろいろ意見を強く主張する人も少なくないんですけれども、全体としては、ぞっとするというのは言い過ぎかもわからないんですけれども、オーバーな反応があったことは確かです(28)。

「いろいろ意見」がありながら、全体として「オーバーな反応」になっているという指摘は、「輿論を世論が覆った」という印象だろうか。当時はイギリス・メディアの天皇批判論調が全体としてかなり突出していた。一九八八年九月二十一日付タブロイド紙の『ザ・デイリー・スター』が「鼻もちならぬ悪の帝王」、『ザ・サン』が「地獄は悪人『天皇』を待っている」と報じたため、駐英大使が両紙に抗議するという一幕も報じられている。両紙は読者に天皇批判記事の是非を問う電話世論調査を実施して、二十四日紙面で公開している。『ザ・サン』は八四%、『ザ・デイリー・スター』は九三%の読者が天皇批判記事を支持していた(29)。

だが、一方でドイツの『ハンデルスブラット』のA・ガンドウは、忙しい日本人にとって「理由やきっかけは別にして、自粛のときもあったほうがいいのではないか」、「ドイツ人としては、日本の歴史的な継続性が非常にうらやましい」とやや屈折したコメントをしている。天皇問題という微妙な問題で外国人記者のコメントが多用された理由は、日本のジャーナリストが空気に抗して発言する、つまり世論の中で輿論を唱えることに慣れていなかったためでもあろう。

ただし、それは日本社会の特殊性によるともいえない。どちらかといえば辛口な日本批判で知られていた『南ドイツ新聞』極東特派員G・ヒールシャーの談話は日本特殊論に距離を置いていた。

在位六十年を超える天皇だけに、敬意を表すために行事を中止することも理解できるような気がする。英国でも女王が重い病気になったら、似たような現象が起きるのではないか。ただ、天皇を敬愛するのは年寄りの人に多く、その人たちが社会を動かし、しかも人と違った行動で目立つのを嫌がるから、連鎖反応的に同じ行動に出る。六本木や青山で遊ぶ若い人たちに聞けば、意見は全く異なるはずだ(30)。

「人と違った行動で目立つのを嫌がるから、連鎖反応的に同じ行動に出る」というドイツ人の言葉を読みながら、私の脳裏には「沈黙の螺旋」理論が浮かんできた。

「沈黙の螺旋」と歴史認識

それはマインツ大学新聞研究所教授、国際世論調査協会会長などを歴任したドイツ屈指の世論研究者、E・ノエル＝ノイマン女史が、選挙の予測と結果を分析して導き出したメディアの強力効果論である。人間は「孤立への恐怖」を本能として持っているため、自分の意見が多数派だと思う場合は積極的に議論し、少数派と自覚するときは沈黙しがちになる。そのためマス・メディアが特定の意見を優勢と報じると、それと異なる意見をもつ人々の沈黙を生み出し、その沈黙がメディアの報じた情勢判断の正当性を裏づける。そのため、社会的孤立を恐れる人々は勝ち馬を追うようにマス・メディアの報じる優勢な見解に飛びついていく。こうして特定の意見が螺旋状に自己増殖してゆき、最初の多様な意見分布とは異なる圧倒的な画一的世論が作られていくことになる。この仮説からノエル゠ノイマンは次のような世論の定義を引き出している。

世論とは、論争的な争点に関して自分自身が孤立することなく公然と表明できる意見である。（略）世論という意見や行動は、孤立したくなければ口に出して表明したり、行動として採用したりしなければならない[31]〔強調は原文〕

「昭和の終焉」における自粛現象の世論形成にふさわしい定義のように思える。そこで、書架から『沈黙の螺旋理論――世論形成過程の社会心理学』を取り出し、その翻訳刊行年（原著一九八〇年）を確認した。一九八八年七月二十五日、つまり昭和天皇の危篤報道の約二ヶ月前である。当然ながら、同書が自粛現象を説明する枠組みを多くの日本人読者に提供したはずだと考えた。私が日本にいれば、当然発売と同時に読んだであろう、と。

まことに奇妙なことだが、今回各種データベースで確認しても、この名著の刊行当時の書評はまったく見当たらない。『沈黙の螺旋理論』というタイトルそのものが、自粛の対象になったかと思えるほどである。管見の限りでは唯一、五年後に亀ヶ谷雅彦「自粛現象の社会心理」（一九九三年）が「沈黙の螺旋」理論による解釈を試みているだけである。[32] 自粛現象の世論研究は、その不在によって何を示しているのだろうか。

もちろん、天皇制の世論研究そのものが少ない理由も指摘しておくべきだろう。「数値そのもの」は調査主体や設問方法で変わるので、世論とは厳密に言えば「数値の連続的変化」である。だとすれば、戦後六十年を通じて支持率がほとんど変化しない天皇制は世論調査の研究対象としては魅力がない。それ以上に重要なことは、前節の戦後世論成立史で確認したように世論調査と象徴天皇制があまりに密接不可分であるため、客観的分析に必要な距離が取れないのではないだろうか。つまり、個人が意見分布を認識する手段である世論調査によって、象徴天皇制は正統性を確認されてきた。それを「世論天皇制」と呼ぶ所以である。

昭和天皇崩御報道については、伊藤公雄の「〈からっぽ〉からの出発」（一九九二年）が「気分の政治」を鋭く指摘している。

〈天皇の死〉をめぐる一連の事態のなかで、僕たちが注目しなければならなかった新しい政治的出来事があるとすれば、それは、理念や利害からやってきたのではない。「損か得か」や「正義か不正義か」「善か悪か」というレベルを越えた、むしろ「好き／嫌い」「快／不快」といった〈気分〉をともなって、それはやってきた(33)。

いうまでもなく、善悪・損得を議論することから形成される public opinion が「輿論」であり、美醜・好悪に共感するところから生まれる popular sentiments が「世論」である。「理念の問題から気分の問題へ」という社会意識の流れは、本書で論じてきた「輿論の世論化」と同じだろう。その変化をマスコミは正しく理解していなかったと、伊藤は総括する。

〔この社会意識の変化〕にもかかわらず、保守的論者やマスコミは、「戦争責任なし」という首尾一貫性を欠いた、善悪の政治で人びとの心を水路つけようとした。このズレが、あれほどさまざまなメディアが動員されて天皇賛美が訴えられたにもかかわらず、〈天皇の死〉前後、結果として、「しらけた」「冷めた」雰囲気が醸成されることになった根底にあったのではないか(34)。

「善悪の政治」という輿論へのメディアの固執が、結果的に「冷めた雰囲気」という世論を醸成したと、伊藤は見ている。だが、私はこの時マス・メディアが行った輿論指導、すなわち戦争責任論へのこだわりには、一定の教育的効果があったのではないかと考えている。一九八八年九月から約四ヶ月間、日本国民の多くはそれまで直視してきたとはいえない天皇制、政教分離、戦争責任に関する多くの「意見《よろん》」に晒された。また、海外メディアの報道から近隣諸国では「戦後」がなお終わっていないことを改めて知ったはずである。現在の「昭和史」ブーム、あるいは歴史認識論争の起点もここにある。「冷めた世論」の中にこそ、公議輿論の可能性は存在している。

第十二章　空気の読み書き能力

いつたい輿論に相当する opinion といふ語は dogma といふ語と対照的な意味で元は使はれたと云はれてゐるやうに、輿論を喚起するといふのにはそれと対立する既成の独断的見解がなければならぬ。とすると、ジャーナリズムが輿論を喚起するといふことは、それ自体政治的な運動なのであると考へられる。従つて輿論といふものは科学的研究や社会調査が示すやうな客観的な意味内容をもつのだと云へぬわけである。（樺俊雄「政治とジャーナリズム」一九四二年[1]）

小泉劇場の歴史的教訓

二〇〇五年九月十一日の出来事は今だに脳裏から消えない。小泉純一郎首相が郵政民営化を争点に行った衆議院選挙の開票速報をテレビで見ようと、居間でグラスを傾けていた。まだ開票が始まって半刻とたってはいなかったが、出口調査の結果でテレビ・スタジオは興奮状態だった。自民党の歴史的大勝利の瞬間である。突然、新聞社系週刊誌の編集部からコメントを求める電話がかかってきた。

「ナチズム台頭をイメージさせる自民党の大勝ですが、ナチ宣伝と小泉首相のメディア操作の類似性をコメントしていただけますでしょうか。」

こうしたコメントを求める記者の気持ちも理解できる。強い衝撃を受けたとき、人は旧知の歴史と重ねて新しい事態を理解したつもりになる。そうした発想法に精神的な鎮静効果はあるだろうが、新たな現実を真面目に分析することとは別である。

そのため、私は小泉首相をヒトラー、日本の現状をワイマール共和国になぞらえることが見当違いであるばかりか危険でもあることを手短に指摘して受話器を置いた。ナチズム台頭の危機的社会状況を考慮に入れず、メディアを駆使すれば「絶対の宣伝」で何でも可能となるという幻想である。そうした一九四〇年代の弾丸効果パラダイムで思考を停止しているジャーナリストは予想外に多いようである。実際、私がコメントを拒否した週刊誌をはじめ、多くの雑誌で予想通り「ファシズム」が見出しに並んでいた。

むしろ、こうした危機予言の乱発こそがジャーナリズムの信頼性を損ない、メディア批判に躊躇のない小泉首相へ拍手喝采をもたらしたのではなかったか。もう半世紀以上も、選挙のたびに野党による「ファッショ化」への警鐘は繰り返されてきた。紋切型の危機予言は、誰でも容易に口にできる。社会が悪くなると予想する者は、つねに倫理的に「正しい」立場に立っており、悪いことが起こらなかった場合でも、自分の警告が流れを変えたのだとも強弁できる。つまり、危機予言は外れても歓迎されこそすれ責任を問われない絶対安全な予言である。そうした責任のない立場から危機を予言する者が、その深刻な表情にもかかわらず真剣に思考しているとは限らない。選挙の十日後、二〇〇五年九月二十一日『京都新聞』連載中のコラムで私は次のように書いている。

小泉改革に一票を投じた国民がいま、心配すべきことは紋切型の危機予言ではない。閉塞感を打破する糸口をテレビ仕立ての政治参加に求めた人々が、やがて陥るだろうニヒリズムである。政治参加は、消費活動と同様、満足を求めて行われるが、通常は失望と不満をもって終わる。政治の現実が期待を上回ることは稀であり、期待値をどれほど下方修正しても、政治から幻滅は除去できない。そもそも、達成された革命や改革で支持者に失望を生まなかったものがあったかどうか。また、自ら投じた一票とともに、自らの既得権を放棄する覚悟を決めている有権者は決して多くはないのである。

とすれば、危険なのはポスト小泉政権が支持率の低下を過度に恐れることである。テレビ時代の政治家はいつまでも人気者でいたいと願うだろう。しかし、政治に幻滅はつきものであり、支持率の低下は必然である。幻滅を生まない政治こそが本当は危険なのである。それこそ、絶え間ない熱狂を国民に強制したファシズムであり、永続革命を唱えて生贄を求め続けた共産主義であった。しばしば誤解されているが、こうした全体主義は国民を政治空間から排除したわけではない。ヒトラーもスターリンも「黙れ」と言ったのではなく、むしろ「叫べ」と言ったのである。つまり、指導者への熱烈な支持を定期的に叫ばせることで、国民全員が政治過程に参加する機会を提供したのである。

テレビ民主主義は、全体的な政治参加の効率性を芸術的な域に高めるが、同時に視聴者の政治的忍耐力も衰弱させる。テレビ政治の参加者は幻滅に耐えて、なおも改革を進めるリアリズムを保持できるだろうか。その先行きは楽観視できないように思える(2)。

その後の安倍晋三内閣、福田康夫内閣の迷走を見ると、残念ながらこのコラムに何の訂正も必要ないように感じている。以下は二〇〇七年九月末の福田政権成立直後に校了した『考える人』二〇〇七年秋号の原稿だが、二〇〇八年七月現在、支持率低迷とはいえ同内閣も存続しており、その内容に特に大きな修正の必要は感じていない。長い目で見れば、私自身の「空気の読み書き能力」が問われるわけだが、敢えて本章は最低限の字句修正にとどめておきたい。

（奇しくも本書を校了している二〇〇八年九月一日午後九時半、福田首相は突然に辞任を表明した。テレビ民主主義は、その視聴者よりも「世論」を読む政治家の忍耐力を衰弱させたというべきだろうか）。

世論が生んだ安倍内閣

政治とは皮肉なドラマである。そもそも、二〇〇六年九月二十日の自民党総裁選で、安倍晋三官房長官（当時）は「翌年の参院選の顔になれる」候補として選出された。自民党総裁選を半年後に控えた二〇〇六年五月、安倍は講演でこう語った。

「世論調査がなければ、私が今の段階で首相候補に挙がることは考えられなかった」[3]

実際、戦後最年少の首相就任であり、初当選からわずか十三年しか経ていない。十三年という数字は、近年の首相経験者、橋本龍太郎の三十二年、小渕恵三の三十四年、森喜朗の三十年、小泉純一郎の二十八年と比較して際立っている。派閥力学ではなく、世論調査が選んだ首相なのである。総裁選まで各種メディアで繰り返し報じられた世論調査は、実質的な「首相公選」を実現させた感さえあった。もちろん、派閥領袖が密室談合で総裁を決めるよりも、世論調査の支持率で決まる方が民主的に見える。しかし、漠然とした人気投票に過ぎない現状の世論調査の利用が、国益にそった指導者選出の方法として本当に相応しいものなのだろうか。安倍総裁誕生を解説した二〇〇六年九月二十二日付『朝日新聞』の政治面記事の書き出しは現在にいたる不安を予見している。

　親しみやすいが説明はあいまい、指導力には期待薄——。安倍官房長官の自民党総裁就任を受けて、朝日新聞社が実施した緊急世論調査からは、こんな「人気先行型」の人物像が浮かんでくる。(4)

実際、世論調査の高い人気に後押しされ、総裁選でも安倍晋三は六六・一％の支持を獲得した。この数字は五年前二〇〇一年の小泉総裁誕生の六一・六％を上回るが、これほど政見《よろん》が軽視された総裁選も稀だった。対抗馬だった福田康夫・元官房長官の不出馬も一因だが、むしろ福田が出馬できない状況を作り出したものこそ、世論《せろん》という雰囲気ではなかっただろうか。

一方、自民党広報本部長代理（当時）・世耕弘成は、安倍が世論調査の結果を睨みながら出馬表明のタイミングを計っていたことを示唆している。(5) 記者会見で安倍はこう述べている。

　「これだけご期待をいただいている以上、闘う政治家として引き下がれない(6)」

「ご期待」とは世論調査の数字であり、国民的人気に背中を押されての出陣という物語が演出された。確かに、世論調査の動きはそれを裏付けている。ここでは「ポスト小泉」世論調査をもっとも大々的に報道し続けた読売新聞社全国世論調査（面接方式、六月十七・十八日実施）から見てみよう。
◇小泉首相は、今年九月の自民党総裁の任期切れで、首相を辞任しますが、次の首相に最もふさわしいと思う人がいれば、一人だけあげて下さい。
「安倍晋三」四三・七％「福田康夫」一九・三％「麻生太郎」四・〇％「谷垣禎一」一・九％「山崎拓」〇・四％(7)

図11———5人の支持者がどのような印象を持っているか
敬称略。このほか、「調整能力」「説明能力」についても聞いた。（読売新聞2006年7月5日の記事をもとに作成）

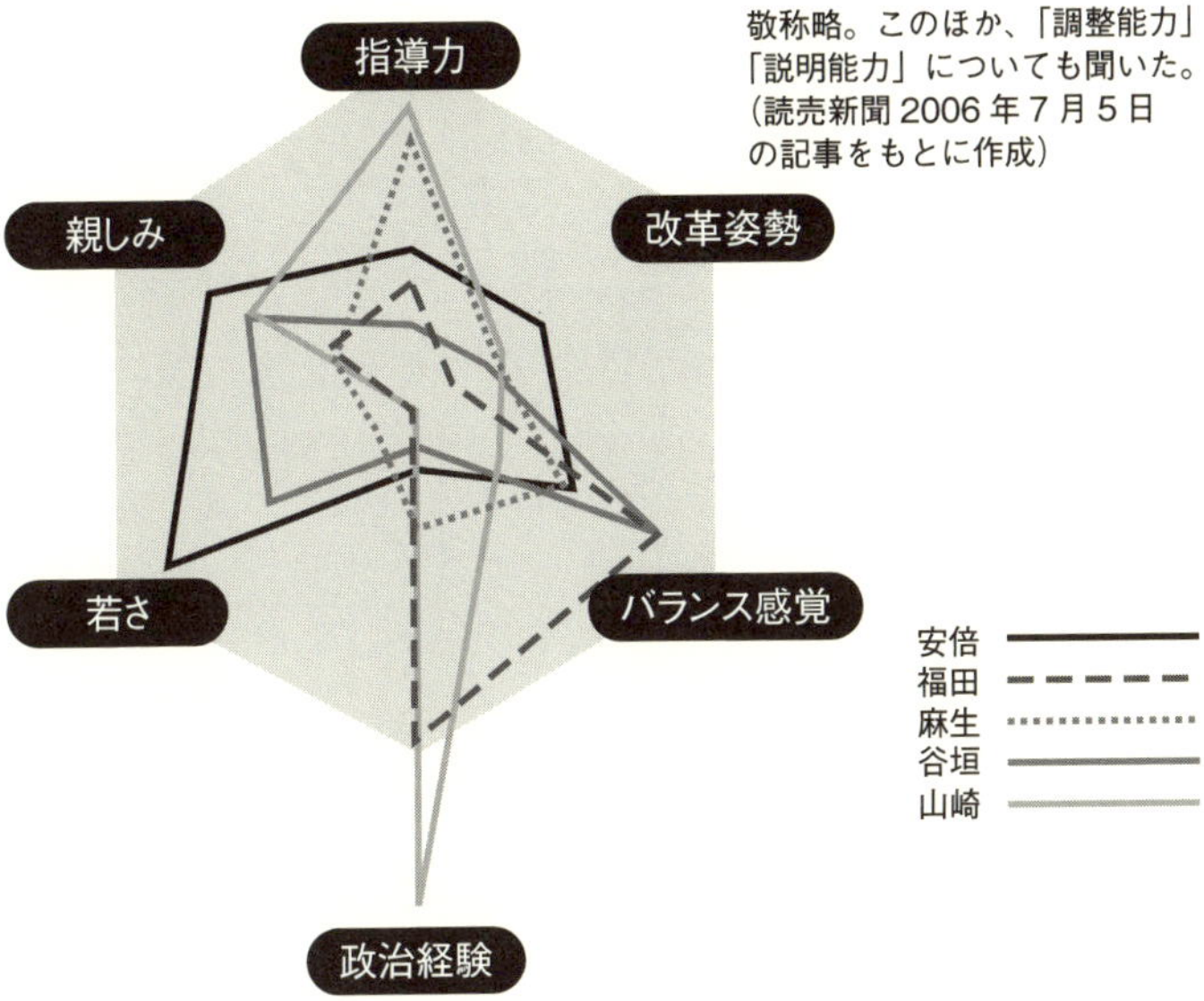

その他の回答として、「その他の人」、「いない」、「答えない」が計三〇・六%あるはずだが、新聞紙面でその内訳は省略されている。はたして、この段階で選択肢となる候補を五人に絞ったことに問題はなかっただろうか。ちなみに、七月二十四日付の毎日新聞社調査では河野太郎を加えた六人、同日付日本経済新聞社調査では九人、翌二十五日付朝日新聞社調査では候補は自由回答となっていた。日経の世論調査結果ではいずれも一%以下だが河野太郎、与謝野馨、額賀福志郎の名前があがり、民主党の小沢一郎が一三・九%で福田一二・一%を抜いて二位に、菅直人が三・七%で四位に食い込んでいた。「首相＝自民党総裁」が政治的現実であっても、この現実をそのまま世

論調査の前提とするべきかどうかは議論の余地があるだろう。少なくとも、メディア自身が「首相公選」プロセスに積極的に介入しようとしたという印象は残る。

この読売世論調査の発表当日（二〇〇六年七月五日）、北朝鮮が日本海に向けてミサイル発射を行ったため、同社はさっそく緊急全国世論調査（電話方式、七月六・七日）を実施している。福田も二一%と微増したが、安倍は四八%と過半数に迫り独走の流れが確定した。さらに、その翌日八・九日に実施された面接方式でも安倍四六%、福田一八%で両者の差は拡大している(8)。

こうした世論調査は他紙でも繰り返されたが、非自民支持者を含む回答者は各候補の政見や政策を考慮していただろうか。七月五日付『読売新聞』は「五人の支持者がどのような印象をもっているか」と題して、若さ、親しみ、指導力、改革姿勢、バランス感覚、政治経験を指標とするレーダー・グラフ（図11）が掲載されている。つまり、印象による人気投票であることは隠されてもいない。

こうした世論調査の結果が「政治経験」の山崎、「バランス感覚」の福田に出馬を断念させたことは否定できない。その後、八月十五日に小泉首相が靖国参拝を決行するが、それも総裁選の世論調査に大きな影響は与えなかった。八月十七日付『読売新聞』の緊急世論調査（電話方式）では、安倍五四%、谷垣一一%、麻生七%となっている。八月二十三日付『朝日新聞』の全国世論調査は、自由回答から読売新聞社と同じ選択式に切りかえており、安倍五三%、麻生一四%、谷垣一〇%、そのほかの人一四%となっている。基本的にはこの時期の世論調査動向が、一ヶ月後の総裁選挙に反映したといえるだろう。

安倍内閣は発足直後の世論調査によれば、小泉、細川内閣に次ぐ歴代三位の支持率となった（読売七〇％、毎日六七％、朝日六三％。日経七一％を採れば歴代第二位）。しかし、いかにも世論はうつろい易い。発足当初の世論の高揚感を記憶している国民は果たしてどれほどいるだろうか。この世論に押された「若さ」と「親しみ」の首相は支持率急落の中で一年も政権を保持できなかった。後任として派閥政治が選んだのは、「バランス感覚」と「政治経験」の福田康夫である。

「よろん」に関する世論調査

安倍を首相に押し上げたのが世論調査だとすれば、安倍を引きずり下ろしたのも世論調査といえるだろうか。二〇〇七年参院選の世論調査も、前年の自民党総裁選以上にすさまじかった。新聞各社とも毎週のように世論調査を繰り返したが、特に朝日新聞社は五月連休明けから「毎週」連続世論調査を実施していた。消えた年金問題、閣僚不祥事の連続の中で、内閣支持率は五月十九・二十日の第二回調査から四四％、三六％、三〇％と急落を続けた（図12）。それでも比例区では自民党がなお優位と予想されていたが、六月上旬実施の第五回調査で小沢一郎代表の民主党と安倍自民党の支持率は逆転する。通例ならば、「与党過半数割れの見込み」といった予測報道が自民党支持層や公明党組織の奮発を促し、最終的には大敗には至らない。いわゆるアナウンスメント効果があらわれるのだが、今回の「年金選挙」ではそれも起こらなかった。

争点の質としては、郵政と年金はよく似ている。いずれも有権者にとって身近な問題であり、イ

図12——安倍内閣の支持率(「その他・答えない」は省略)
(朝日新聞2007年7月23日の記事をもとに作成)

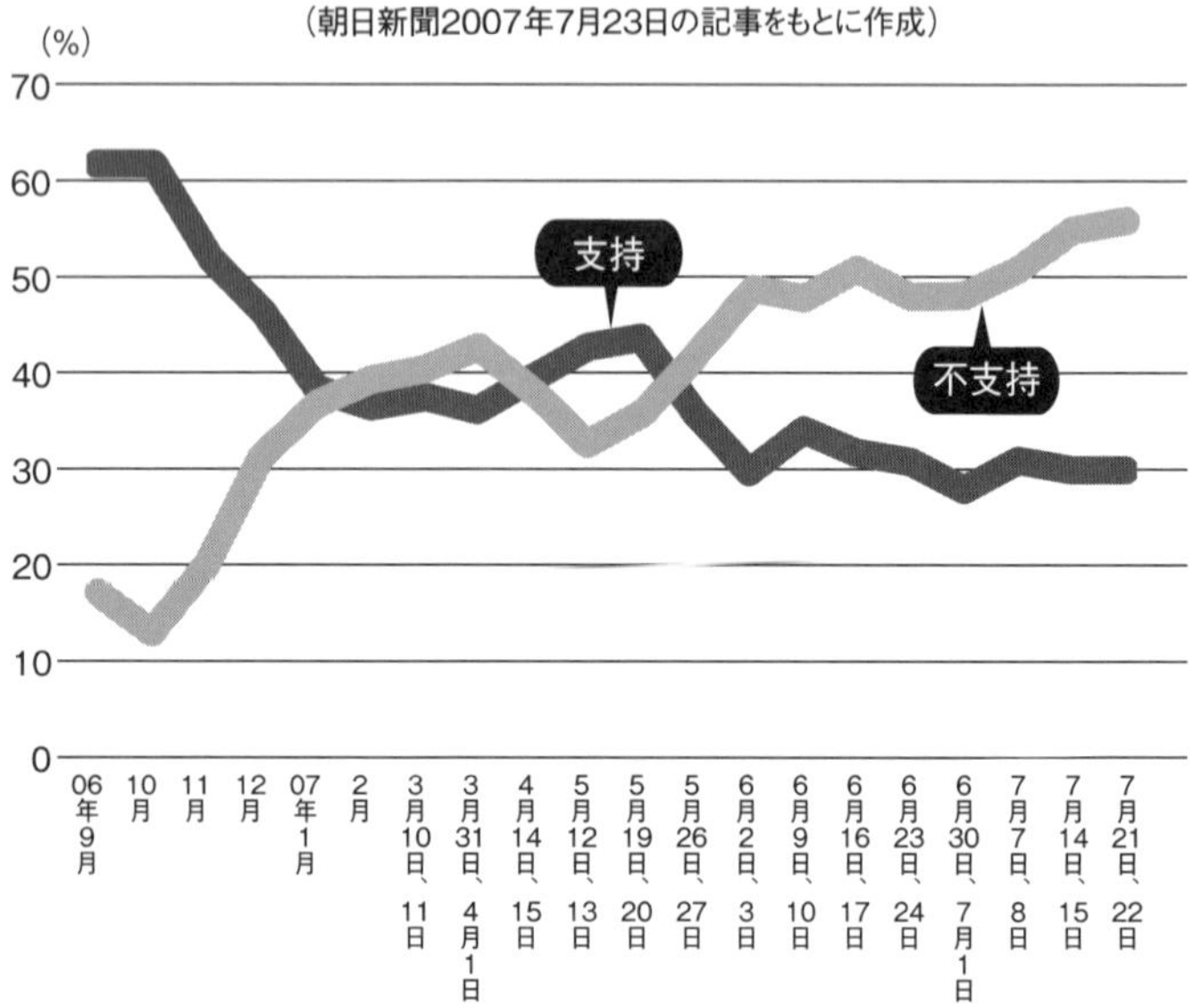

デオロギー色に乏しい。内心は郵政民営化に賛成の民主党議員もいたわけだが、年金問題でも自治労を支持団体として抱える民主党の政策が一貫していたとは言い難い。見かけ上は具体的な政策の争点があるように見えても、結局は首相の態度に対する信任・不信任のシンボルとして機能した。つまり、郵政民営化を主体的に争点化した小泉首相の決断に対して、年金問題という与党に不利な土俵に引きずりこまれた安倍首相の優柔不断が目立った選挙だった。

小泉元首相ならどうしただろう、と考えてみればよい。おそらく、年金問題での社会保険庁職員の不正・怠業の事例を並べあげ、こう宣言しただろう。「私は社会保険庁の即時民営化を断行する。この選挙は官公労の特権を打破する正義の戦いだ。公務員の腐敗堕落をこのまま野放しにしていいのか」。ポピュリズムの手法に忠実であれば、決して自民党の勝てない選挙ではなかったはずである。もちろん、それが正しい政治であるか、それで結果責任が果たせるかは別問題であるが。

この「年金選挙」の世論報道をリードしたのは、朝日新聞社である。読売新聞社の「継続全国世論調査」が六月から六回であるのに対して、朝日新聞社は五月から計十一回も繰り返している。すでに述べたように、この世論調査は見事に自民大敗を予測していた。特に興味深いのは、この連続世論調査の最中に行われた「政治意識」世論調査である。四月から五月にかけて層化無作為二段抽出法で選んだ三千人（回答率七二％）に郵送方式で行われ、六月二十四日付紙面に「本社世論調査に見る『世論』って」と題して大きく解説されている。冒頭のリード部分には、新聞紙面では珍しいことだが「世論調査」にわざわざ「よろん」のルビが付されている。

マスメディアによる世論《よろん》調査が盛んだ。内閣支持率が時に政界を揺るがすなど、「世論」の影響力は無視できない。調査が描き出す「世論」とはなにか。国民はどう受け止めているのか(9)。

この問題設定こそ、まさに本書の終着点を示すものでもある。だが、「マスメディアによる世論《よろん》調査が盛んだ」というとき、このマスメディアに「公的意見《よろん》の形成を指導する媒体」という含意はあるのだろうか。また、「内閣支持率が時に政界を揺るがす」というとき、その内閣支持率が示すものは「雰囲気（世論）」popular sentiments なのか「公的意見（輿論）」public opinion なのか。戦前まで使い分けられていた世論／輿論を混用する「戦後レジーム」の問題点を、この調査報告は実にみごとに示している。

◇世論調査に答える時、あなたの対応はどちらに近いですか。
「直感で答える方だ」　六〇%
「じっくり考えて答える方だ」三二%
郵送方式という古典的手法で行われた結果でさえ、これである。通常の電話（ランダム・ディジット・ダイヤリング）方式ならば、もっと極端な数字だっただろう。「直感」は若年層で高く、二十代男性で七二%、三十代女性では八〇%に達するが、六十代以上でも「考えて」は約四割にとどまる。「日々忙しく暮らすなかいきなり世論調査でふだん深く考えていないことを問われても、『直感』で答えざるを得ない――そんな本音がうかがえる」という分析は正しい。だが、こうした直感的な世論《せろん》――「よろん」とは到底呼べない――の調査をなぜ報道機関が自ら行うのか、という自己省察は不在である。
こうした「危うい」世論《せろん》を前提とするなら、次のような質問をすることも、その結果を報道することも、その意図が問われなければならないだろう。
◇内閣支持率が何%まで下がれば内閣の存続は危うくなると思いますか。
「五〇%以下」八%　「四〇%以下」二〇%
「三〇%以下」四〇%　「二〇%以下」一四%　「一〇%以下」三%
「内閣の存続と支持率は関係ない」九%
実際には六月三十日・七月一日実施の第八回調査で安倍内閣支持率は二八%となっている。もし、「三〇%割れで政局」六八%といった数字がこのまま独り歩きをすれば、直感的な「世論《せろん》」が政治を支配することになるだろう。それは議会制民主主義にとって好ましいことなのだろうか。政治家は人気調査の変動を絶えず睨みながら、国民の移り気な直感的「世論《せろん》」を追いかけていくだけにならないだろうか。ここでわずか半年前の安倍内閣支持率の高さを思い出して、自らの直感の不明を恥じた回答者はどのくらいいただろうか。

もちろん、この「世論《よろん》調査」でも、「世論《せろん》」が大衆感情なのか公的意見なのかは明確に定義されていない。それゆえ、以下の質問は意味をなさないが、それでも「輿論を作る」政治家よりも「世論に迎合する」政治家の方が多いだろうという人々の直感は正しい。

◇「いまの政治家は世論に迎合している」と思いますか。

「そう思う」三一％「そうは思わない」五四％

◇「いまの政治家は世論を作っている」と思いますか。

「そう思う」二〇％「そうは思わない」六四％

さらに、「政治家」に「マスメディア」を置き換えた同じ質問では、「迎合している」三九％、「作っている」五〇％となっている。マスメディアが作る「世論」も、公的意見なのか雰囲気なのかは不明である。だが、その次に来る質問を見ると、この調査において「世論を作る」と「空気を醸成する」が同義であることが判る。そうでなければ、なぜ「世論が誘導される」ことが危険なのか？

◇世論が誘導される危険を感じていますか。

「大いに感じている」一九％「ある程度感じている」四九％

「あまり感じていない」二〇%　「まったく感じていない」三%
◇（「大いに」「ある程度」感じていると答えた人に）誰に誘導されると思いますか。（複数回答）
「政治家」二五%　「官僚」一六%　「財界」一六%　「マスメディア（新聞・雑誌・テレビ）」五三%　「テレビのキャスター、コメンテーター」二八%　「学者や言論人」一三%　「インターネット」一二%　「国民の目には触れない実力者」一二%

民主政治において公的意見の形成に政治家なりメディアなりが指導的役割を引き受けることは必要なはずだが、ここでは危険性の有無だけが問われている。もし、「世論《よろん》」がルビ表記通りに公的意見（輿論）を意味するのであれば、それを誘導するのが主に新聞とテレビ、キャスターや言論人であるという結果は、言論機関にとって誇るべきことではないだろうか。

だが、この調査で最も興味深かった設問は以下である。前章で「世論天皇制」として論じたように、世論調査では「皇室に親しみをおぼえる」国民が大半である。国民は世論調査の結果によって「天皇好きの自分」が多数派であることを絶えず確認し、それが安定した国民的共感を再生産している。次の質問は、そもそも自らが多数派であると認識している「普通の国民」にとって意味のある問いとは思えない。

◇世論調査の結果、あなたの意見が少数派とわかったら、どうしますか。
「多数派に合わせて考えを変える」四%
「少数派であっても気にしない」　六七%

おそらく、大半の回答者は自分がマイノリティであるとは考えたことさえないのではなかろうか。たまたま、個別のテーマで少数意見とわかっても、マジョリティへの帰属意識があれば、「気にしない」と容易に答えることができる。だから、この結果を「大抵の人は『世論に流されない』と自負している」と解釈することはまちがいである。ここでも、くどいと言われるのを承知で指摘しておくが、「世論に流されない」と書く以上、世論には「せろん」のルビを振るべきである。「よろん」は担うべき意見であり、空気のように流れるものではない。

念のためにいえば、朝日新聞社の世論調査だけが問題なのではない。むしろ比較的に良質であるため、本書でも頻繁に取り上げた。逆に問題だと思ったのは、たとえば投票二日前の二〇〇七年七月二十七日付『読売新聞』の参院選継続全国世論調査である。そこでは安倍首相と小沢代表の似顔絵入りで、「小沢代表より首相が好印象」の見出しまで飛び出していた。

「六回とも安倍首相が小沢代表を上回っており、有権者の投票動向とは逆の結果となった。(10)」

選挙情勢分析のために「印象《せろん》」を調べることが悪いとはいわない。だが、その結果が報道に値するかどうかは別問題である。また、七月十六日付『朝日新聞』の「首相の印象『悪化』四五％」と比べれば、「印象」調査の結果など問い方でいかようにも誘導可能とわかるだろう。安倍首相のスローガン「美しい国」の内実の空疎さを批判する新聞メディアであれば、こうした「印象」報道は慎むべきだと考える。

メディア操作という神話

とはいえ、現実の選挙結果には「印象」が大きく作用したことはまちがいない。「テレビ選挙」と呼ばれるゆえんである。比較メディア論では新聞・雑誌のような活字メディアとラジオ・テレビのような電子メディアを次のように対照する。新聞がメッセージの内容や意図を「伝達する」メディアなら、テレビは登場人物の印象や状況を「表現する」メディアである。つまり、活字から読者は内容メッセージ（事実）を読み取り、放送から視聴者は関係メッセージ（印象）を受け取る。新聞は記号化された論弁型の情報を、テレビは身体的で現示的な情報を伝える。だから、文字情報は「真偽」を判定する公的な議論向きであり、具体的な映像情報は「好き嫌い」という私的な共感を呼び起こす。当然ながら、新聞の文章は制御可能で「タテマエ」に傾き、テレビの映像は無意識のうちにも「ホンネ」を露出しやすい。それゆえ、新聞ではどんな過激な内容でも冷静に分析できるが、テレビでは些細な印象——たとえば、赤城徳彦農水相（当時）のバンソウコウ——でも猛反発を呼び起こす可能性がある。だからこそ、活字の意見 published opinion が輿論 public opinion と同一視されがちなのであり、世論 popular sentiments の誘導にテレビが有効なのである。

とすれば、テレビ社会の選挙が輿論選挙でなく世論選挙となることは自明である。実際、有権者の多くは新聞ではなくテレビから投票の判断材料を得ている。図13は明るい選挙推進協会の全国調査から「有権者の（投票先決定に）『役に立った選挙媒体』」の上位五位を示している。一九九六年

図13———有権者の「役に立った選挙媒体」上位5位(1986〜2005)
(明るい選挙推進協会「衆議院議員総選挙の実態」調査報告より作成)

	第38回	第39回	第40回	1996 第41回		2000 第42回		第43回	第44回
	1986	1990	1993	小選挙区	比例代表	小選挙区	比例代表	2003	2005
第1位	b 26%	b 31%	b 20%	d 16%	b 25%	a 16.5%	b 23.4%	a 16.7%	a 35.6%
第2位	e 15%	a 21%	a 19%	a 14%	a 18%	d 16.2%	a 18.6%	d 16.7%	f 25.5%
第3位	a 13%	c 20%	e 11%	b 14%	f 10%	b 14.5%	f 12.1%	b 16.7%	b 24.0%
第4位	j 10%	f 11%	f 10%	e 10%	e 10%	f 11.4%	e 9.8%	h 9.5%	d 17.8%
第5位	i 8%	e 9%	c 10%	f 9%	g 8%	e 10.8%	c 8.9%	f 9%	e 12.4%

- a.——選挙報道(テレビ)
- b.——政党の政見放送(テレビ)
- c.——党首討論会(テレビ)
- d.——候補者の経歴放送(テレビ)
- e.——選挙公報
- f.——新聞の選挙報道
- g.——政党の新聞広告
- h.——政党のマニフェスト
- i.——個人演説会
- j.——家族の話し合い

の総選挙は現行の小選挙区比例代表並立制で実施された最初の選挙であり、小選挙区と比例代表に分けて質問されているが、比較的狭い区割りの選挙でもテレビが有用だったことがわかる。新聞とテレビだけの比較では、一九七二年衆院選を境に一貫してテレビの有用度が高くなっている[11]。二〇〇七年参院選については、開票直後の八月二日付『朝日新聞』の「緊急世論調査」がある。

◇今回の参院選で一番参考にしたメディアは何ですか。（択一）

「テレビ」五八％「新聞」三五％「インターネット」四％[12]

インターネットの選挙利用はまだ正式に解禁されていないわけだが、今回もテレビが圧倒的であったことは確認できる。日本BS放送報道・制作部長、鈴木哲夫の『政党が操る選挙報道』（二〇〇七年）が描く通り、各政党の選挙対策もほとんどテレビ対策だといえるだろう。同書は二〇〇五年「郵政選挙」を中心に扱ったものだが、「あなたの一票、巧みに操作されている！――選挙前の必読書」という帯の惹句で私も手に取った。

「あぁ。あの台詞？　全部こちらで考えて言わせたんですよ[13]」

二〇〇五年の総選挙で当選した「刺客」候補について、安倍内閣の広報担当補佐官・世耕弘成参院議員から引き出した証言は、確かに刺激的である。世耕が率いた自民党コミュニケーション戦略本部（通称・コミ戦）やPR会社プラップジャパンが果たした役割は伝説化している。NTT広報部報道担当課長から政界入りした世耕本人の『自民党改造プロジェクト650日』（二〇〇六年）から引用しておこう。

特に片山さつき、佐藤ゆかり両候補については、注目されている選挙区でもあり、徹底的なケアをおこなった。他の候補者についても、テレビで気になったところがあれば、コミ戦の会議で分析し、対策を考えた。「やっぱり服装が派手だよね」「喋り方が少し子供っぽいな」など、世間の人がどう見るかという視点で見ていった[14]。

候補の発言「内容」よりも「喋り方」、さらに髪形や服装こそがテレビの印象にとっては重要だった。もちろん、その効果は世論調査によってチェックされた。

テレビ番組の出演者選考と同時に、我々が非常に重視していたのが、世論調査のデータだった。数々の調査の中でも特に重視していたのが、党独自のデータだ。実は、私たちは毎日、簡単な世論調査を行っていたのだ。いつからかは知らないが、自民党には自動的に電話をかけて調査する便利なシステムがあった。これまでの選挙でも使われてはいたが、広報面ではあまり活用されていなかった。（略）そこで今回は、票を入れる候補者を問うのとは別に、政策を問う調査も行った。『あなたは何を基準に投票を決めますか』これを、定期的に聞き続けることにしたのだ。（略）実際に、日々あがってくるデータを見ると、日が経つにつれて郵政を基準に投票する人が減り、逆に年金問題への関心を示す人が増えていった[15]。

結果的には「郵政」を「年金」が追い越すまでに投票が行われた。だが、こうした争点設定で主導権を発揮できるか否かは、敢えて解散総選挙に踏み切った小泉と時間稼ぎで国会会期を延長した安倍、その政治的決断力の差とも言えるだろう。

それにしても、「コミュニケーション戦略」という言葉は誤解を招くものである。世耕チームの活躍が喧伝されたが、その政党メディア戦略とは地道なデータ収集、効果のフィードバック、危機管理という常識的な広報実践に尽きる。優良な民間企業なら普通にやっていることだろう。その意味では、自民党の政治運動がようやく経済活動の合理性に近づいたといえる。また、そうした選挙宣伝の戦略化は一九七〇年代躍進期の共産党においてもすでに指摘されていたし、民間PR会社の利用では民主党が先行していた。二〇〇三年総選挙で民主党はPR会社フライシュマン・ヒラード・ジャパンをスタッフに加えている。このときは「政権公約」のイタリア語「マニフェスト」を連呼する新鮮さがうけて民主党が勝利を収めた。とすれば、二〇〇七年参院選も年金問題の争点化、自ら退路を断った引退覚悟の小沢発言など、民主党のメディア戦略が冴えていたということになるが、実際はそうでもないだろう。

参院選直後に実施された前出の朝日新聞社緊急世論調査では、自民党大敗の原因として「一番大きな理由」を選ばせると、「年金の問題」四四%、「大臣の不祥事」三八%、「格差の問題」一二%の順で並んだ。争点の年金問題だけでなく、閣僚の失言などが大きかったことがわかる。それは、小泉内閣で守られた危機管理の広報原則「できるだけ早く、事実関係を明らかにする」が、安倍内閣では機能しなかったことを意味している。また、民主党の躍進理由は「自民党に問題がある」八一%が圧倒的で、「政策に期待できる」九%や「小沢代表がよい」四%は極端に少ないことから、民主党の勝利は敵失によるものだったことがうかがえる。

あるいは、次のように解釈するべきだろう。自民党大敗という選挙結果は有権者がバッファー・プレイヤーとして「合理的」選択を行った結果である、と。蒲島郁夫はバッファー・プレイヤーを次のように説明している。

基本的に自民党政権を望むが、政局は与野党の伯仲状態がよいと考え、与野党の伯仲状況（バッファー）を考慮に入れて投票行動を行う有権者のことである。[16]

いずれにせよ、どの政党も実際には戦略的な報道操作などできなかったようである。それは小泉内閣時代の選挙についても言えることだ。池田謙一『政治のリアリティと社会心理』（二〇〇七年）は、二〇〇一年参院選から二〇〇五年衆院選まで行なわれた全国パネル調査を使って「平成小泉政治のダイナミックス」を分析している。メディアの強力な「弾丸効果」を信じている読者には是非、一読していただきたい。池田は、結果としてメディアが投票態度に直接的影響を与えたというデータは確認できないという。あの「刺客」報道でさえ、報道量では「造反組」がまさっていた。また、「メディアは政府に批判的である」という自民党の常套句も実証的な裏付けを欠いている。池田は同書を次のように結んでいる。

分析全般を通じて、マスメディア変数の持つ説明力は概して小さく、他の外生的な変数であるデモグラフィック変数〔年齢、性別、教育レベル、居住地域など人口統計学的特性〕や投票義務感などの心理変数の方が、はるかに大きな説明力を持っていた。しかし人の投票義務感のような心理的要因は目に映るものではなく、社会の構造的要因も容易には動かしようのない変数である。そうであればこそ、よく目に付き「しろうと理論」的にも納得しやすいメディアの強力な効果が取りざたされる理由も理解できよう。（略）血液型と性格の関係がいかに根拠がなくとも、ひとたび確立された世間の血液型信仰はなくならないように、私たちのリアリティはメディアが微力であることを容易に受け付けないものなのかもしれない。[17]

ちなみに小泉純一郎は獅子座・B型だと思い込んでいたが、「意外にも」山羊座・A型である。安倍晋三は「なるほど」、乙女座・B型であり、福田康夫は蟹座・A型である。メディアの効果は、ときには「なるほど」と思わせる程度に強力だといえるだろう。

一人からはじまる輿論

こうした「メディア強力効果の神話」以上に有害なのは、「巧みな世論操作」という惰性的な権力観である。「巧みな世論操作」への批判は政治的に正しいが、それを糾弾する声には何がしか責任逃れの色合いが感じられる。それは「国民は大本営発表に騙されていました」、あるいは「新聞や雑誌は言論弾圧で何も書くことができませんでした」という「日本人民」の戦争（無）責任論とも通底している。世論操作の被害者としてそれを告発する者に、輿論とは個人が担う意見であるという自覚はあるのだろうか。世論に流されるだけなら、責任ある主体とは言えない。敗戦後、輿論と世論、公的な意見と世間の雰囲気の区別を消し去ったことが、輿論を担う主体の責任を曖昧化してきたのである。

こうした無責任のレトリックを支えてきた「世論《よろん》」観を「戦後レジーム」だというのであれば、私もまた戦後レジームの打破を叫びたい。世間の空気に対して、たった一人でも公的な意見を叫ぶ勇気こそが大切なのである。

では、具体的にどうするか。十九世紀の市民ならば新聞に投書したであろう。しかし、今日の新聞投書欄は日本型「世論《よろん》」の荒廃状況の象徴である。その大半は新聞社説に迎合した感傷の吐露であり、そうした内容が採用されることを熟知した投稿者による馴れ合いの作文である。そこにあるのは空気への付和雷同であって、責任ある個人の意見は稀である。購読者をなるべく広汎に求めたい新聞社は「中立公正」を掲げているので、社説より投書欄に好都合な主張を載せようとする。つまり、自社の責任において公表する社説でホンネを語らず、投稿者の責任においてそれを代弁させている。各紙の投書を読み比べれば判ることだが、個性がないといわれる日本の新聞において投書欄は社説以上に各社の立場を反映している。「輿」の字の使用制限とともに、「輿論指導」という使命を放棄した戦後新聞の病理ともいえるだろう。民主主義とポピュリズムの境界に目を凝らすためには、「輿論＝公論」と「世論＝私情」を意識的に使い分け、「輿論の世論化」に抗することがまず必要なのではあるまいか。

もちろん、公論と私情とは現実には入り混じっており、きれいに腑分けすることは不能である。にもかかわらずというより、だからこそ、いま目の前にあるものを輿論と書くべきか、あるいは世論と書くべきかを絶えず自らに問いかける思考の枠組みが不可欠なのである。確かに、五画の「世」より十七画の「輿」が筆記には三倍も手間どるかもしれない。しかし、自らの責任で支持する意見を担うことは、周囲の空気を読むことより何倍、いや何十倍も骨の折れる作業である。それだけの時間と労力が輿論を生み出すためには必要なのであり、人々がその自覚をもつ限りで「輿論は民主主義の基礎」となるだろう。

まず世論を「よろん」と読まないことが、易きに流れる「輿論の世論化」に抗する第一歩である。

さらに輿論を復権させるために、「感情の言説化」にひたすら努めることが必要だろう。その上ではじめて、私たちは世間に漂う気分、世論を批判する足場を見出せるはずである。それは記録が残る新聞の時代よりも、いつでも改変可能なインターネットの時代においてこそ喫緊の課題となるだろう。

この点からすれば、二〇〇七年参院選の最大の出来事は各党がなし崩し的であれ公示後のホームページ更新に踏み切り、ネット選挙に突入したことである。およそ時代錯誤的な規定だが、現行の公職選挙法第一四二条には、選挙運動のために使用する文書図画ははがきやビラ以外頒布できない、とあり、選挙期間中のウェブサイトや電子メールの利用は禁止されてきた。世耕議員も自著でネット解禁を支持しており[18]、正式な公選法改正も近いだろう。

「一人からはじまる輿論」として、ホームページやブログなど「ネット輿論」にも可能性はあるにちがいない。もちろん、インターネットを利用した新しい公共圏でネット市民の政治的熟慮が促される、などという白昼夢は論外である。しかし、現実のネット上で直情的な発言の応酬が圧倒的であればあるほど、反時代的な「公議輿論」と「不惑世論」は輝きを増すはずである。ある発言を前にしてそれが輿論か世論かと悩むことで、民意のリテラシーは向上する。世論に流されず輿論を担うだけのリテラシーを獲得した上であれば、意見表明、情報収集の手段としてインターネットには無限の可能性が開けている。しかも、ウェブ上では「輿」の使用は自由であり、私たちは堂々と「輿論」を常用できる。今回の新常用漢字表への追加には間に合わないとしても、私たちは積極的に「輿論」を語り続けるべきではないだろうか。

あとがき――よみがえれ、輿論！

本書は、『考える人』二〇〇五年夏号から同二〇〇七年秋号まで十回、足掛け三年にわたり連載した「セロンに惑わず、ヨロンにもかかわらず――日本的世論の系譜学」を基にしている。ちょうど、小泉純一郎内閣の郵政選挙から安倍晋三内閣退陣まで、激動の政局を睨みながらの連載だったため、流動的な政局などにもしばしば言及したが、改稿にあたり時事的な話題はおおむね省略した。その代わり、私がこれまで輿論 public opinion と世論 popular sentiments の区分について執筆した別稿をまとめて第二章と第三章を新たに加えた。この二つの章はやや専門的な論文をベースにしているため必ずしも読みやすくはないが、「なぜ輿論が世論になったのか」、さらに「なぜ世論とは別の輿論を取り戻すべきなのか」、それを検討する上で避けて通れない重要な前提だと考えている。

このため、本書の構成は大きく第一部（第一章から第三章までの原理編）と第二部（第四章から第十二章までの歴史編）に分かれている。つまり戦前・戦中期に生じた「輿論の世論化」を時系列的に考察した後、第四章以下では「輿論と世論の使い分け」によって戦後史がどのように読み解けるか、思考実験を試みた。その問題意識を一言で表現すれば、戦時動員された与論、すなわち「ヨロンと読まれる世論」を、いかにして討議可能な輿論に復員するかという問いである。

そして実際、輿論の復権こそ、今まさにアクチュアルなテーマだと私は考えている。本書の改稿中、二〇〇八年五月十二日に新聞発表された「常用漢字表の追加案」に関連して、同月二十六日付『信濃毎日新聞』に寄稿した拙文を敢えてここに再録させていただきたい。内容は重複しているが、本書全体のオピニオンを要約したものになっているはずである。

五月一二日、文化審議会国語分科会漢字小委員会は、常用漢字表に追加する可能性のある二二〇字を発表した。すでに新聞記事で確認済みの読者も多いことだろう。だが、新著『輿論と世論』を執筆中の私ほど素案リストを熟読した者は少ないはずである。

素案が純粋な使用頻度であれば、妖艶の「艶」や淫乱の「淫」など週刊誌系の語彙が多いのはやむを得ないことだろう。だが、そもそも頻度調査は公正中立だろうか。当用漢字表により使用を厳しく制限された漢字には、現在の頻度が下位だから重要度が劣るとはいえないものがある。その筆頭が、輿論の「輿」である。

日本世論調査協会は「世論《せろん》と書いてヨロンと読む」と苦しい説明をしているが、これこそ戦後の文化的混乱の象徴である。そもそも、世論と輿論はまったく別の言葉であった。輿論は伝統的な中国語だが、世論は明治日本の新語である。初出例として福澤諭吉『文明論之概略』（一八七五年）が引かれることが多いが、福澤は世上の雰囲気（世論）と責任ある公論（輿論）を区別していた。明治天皇の用例がわかりやすい。維新のスローガン公議輿論は五箇条の御誓文で「広く会議を興し、万機公論に決すべし」と表現された。輿論とは尊重すべき公論だった。

一方、軍人勅諭の「世論に惑はず、政治に拘らず」が示す通り、世論とは暴走を阻止すべき私情である。

もちろん、一九二五年普通選挙法成立に至る「政治の大衆化」の中で、理性的な討議より情緒的共感を重視する「輿論の世論化」が生じた。一九二三年関東大震災は流言蜚語による朝鮮人虐殺を引き起こしたが、芥川龍之介はその翌年に発表した「侏儒の言葉」でこう書いている。

「輿論は常に私刑であり、私刑は又常に娯楽である。たとひピストルを用ふる代りに新聞の記事を用ひたとしても。」

なるほど、今日のメディア報道被害を連想させる文章である。だが、芥川がこのアフォリズムで批判したのは、世論と輿論を混同する現実ではなかったか。その後の昭和史は理性的輿論が感情的世論に飲み込まれていった過程である。

敗戦後、当用漢字表で「輿」が制限漢字となったとき、毎日新聞社からの照会に対して、内閣参事官・吉原一真はこう回答した。

「全く逆の建設的なニュアンスだから問題だとは思うが、いま輿の字がなくなると、よろんという言葉は後世に残らなくなるだろう。新聞が世論の文字を使えばその宣伝力で世論が普遍化するのではないか。十年の歳月をへれば、世間では世論をせろんとよむだけでなく、よろんとよむ人ものこるだろう。」

毎日新聞社は朝日新聞社と協議し、「輿論」を「世論」に置き換える処置が採用された。しかし、この結果、私たちは世間に漂う気分を批判する足場を失ったのではないだろうか。神輿《みこし》という言葉が示すように、輿とは担ぐものである。個人が担う意見こそが、尊重されなければならない。

だとすれば、KY（空気が読めない）という若者言葉を批判するためにも、空気（世論）に流されず責任ある意見（輿論）を自ら担う覚悟が必要である。私が敢えて自覚的に輿論と世論を峻別することを主張する所以である。その第一歩は、「輿」の字の常用化である。まず、新聞が積極的に「輿」を論ずるべきなのではなかろうか。

本書をまとめながら個人的な研究の歩みを振り返ってみると、私のメディア史研究には最初から「輿論―世論」問題が内在していたことがわかる。博士論文『大衆宣伝の神話』（弘文堂・一九九二年）におけるブルジョア的公共圏とファシスト的公共圏の対比については、本書の第一章で言及した。第二作目の『現代メディア史』（岩波書店・一九九八年）では、マス・コミュニケーション研究における「輿論から世論への変化」を次のように書いている。

占領政策の一環として世論調査を必要としたGHQは、『戦時宣伝論』（一九四二年）の小山栄三を所長として国立世論調査所（一九五四年廃止）を設立させた。戦時の宣伝研究を輿論研究に横倒しした小山の『輿論調査概要』（一九四六年）、戦時中に執筆された小野の『新聞原論』（一九四七年）など、戦時のナチ新聞学は戦後のアメリカ流マス・コミュニケーション研究へと、ほとんど抵抗なく移行できた。それは、ファシズムであれニューディールであれ戦時動員体制に由来する行政管理的な研究パラダイムの同一性による。やがて輿論は世論と表記されるよう

になり、宣伝は商業化され、情報は産業化された。（十七頁）

同書は「北京大学世界伝播学経典教材」として中国語訳されているが、諸葛蔚東訳『現代伝媒史』（北京大学出版社・二〇〇四年）には次の訳注が付けられている。

「日本語の〝輿論〟には二種類の漢字表記がある：輿論と世論である。」（十七頁）

もちろん、現代中国語で「よろん」に対応する言葉は「輿論」である。なお、世論調査には「民意調査」が一般に使われているが、「民意」の方がヨロンかセロンか不明な「世論」よりはるかに適切な言葉と言えるだろう。中国の現状でも調査で民意を測るというよりも、調査によって測られたものが民意とされているわけだが。

私は二〇〇一年に国際日本文化研究センターに移り、若手研究者を集めて「輿論と世論」の共同研究を行った。その成果が『戦後世論のメディア社会学』（柏書房・二〇〇三年）である。そこに収めた拙稿「戦後世論の古層——お盆ラジオと玉音神話」はやがて『八月十五日の神話』（ちくま新書・二〇〇五年）に発展した。また共同研究者による「輿論—世論」概念を使った研究も公刊された。宮武実知子「『世論』（せろん／よろん）概念の生成」（津金澤聰廣・佐藤卓己編『広報・広告・プロパガンダ』ミネルヴァ書房・二〇〇三年）、福間良明『「反戦」のメディア史——戦後日本における世論と輿論の拮抗』（世界思想社・二〇〇六年）などである。

本書は現在までの私の「世論」研究を集約したものであり、特に以下の拙稿を大幅に利用した。

「あいまいな日本の〝世論〟」、拙編著『戦後世論のメディア社会学』柏書房・二〇〇三年

「〈プロパガンダの世紀〉と広報学の射程――ファシスト的公共性とナチ広報」、津金澤聡廣と共編著『広報・広告・プロパガンダ』ミネルヴァ書房・二〇〇三年

「戦後世論の成立――言論統制から世論調査へ」『思想』二〇〇五年十二月号

「連続する情報戦争――〝15年戦争〟を超える視点」、テッサ・モーリス－スズキほか編『岩波講座　アジア・太平洋戦争　第三巻』岩波書店・二〇〇六年

「言葉にならない〝世論〟から対話可能な〝輿論〟へ」『論座』二〇〇六年二月号

「日本型〝世論〟の成立――情報宣伝から世論調査へ」、岡田直之・佐藤卓己・西平重喜・宮武実知子『輿論研究と世論調査』新曜社・二〇〇七年

それぞれ執筆でお世話になった編集者の方々に心より感謝を申し上げたい。

最後に、『考える人』連載から本書刊行まで新潮社出版部の疇津真砂子さんには四年間にわたり大変お世話になった。ありがとうございました。

佐藤卓己

二〇〇八年初夏

註

第一章

(1) 戸坂潤「輿論の考察」『唯物論研究』第二号、一九三二年、六〇-六一頁。
(2) 国会会議録検索システム 参議院予算委員会―六号、二〇〇三年三月五日。
(3) 今日出海「日本的世論」『静心喪失』東京美術、一九七〇年、二三四頁。
(4) 同書、二四八頁。
(5) 山本七平『「空気」の研究』文春文庫、一九八三年、二二一-二二三頁。
(6) P・ブルデュー「世論なんてない」、田原音和監訳『社会学の社会学』藤原書店、一九九一年、二八七-二八八頁、二九二頁。
(7) NHK放送文化研究所編『NHKことばのハンドブック』日本放送出版協会、一九九二年、三五六頁。NHK放送文化研究所世論調査部編『世論調査事典』大空社、一九九六年、一六頁。
(8) 宇野隆保『新しい日本語の系譜』明治書院、一九六六年、一六一頁。
(9) 文化庁編『言葉に関する問答集2』大蔵省印刷局、一九七九年、一四頁。
(10) 高島俊男『お言葉ですが…』文春文庫、一九九九年、二七〇-二七一頁。
(11) 米川明彦『新語と流行語』南雲堂、一九八九年、四三-四四頁。
(12) 宮武実知子「『世論』(せろん/よろん)概念の生成」津金澤聡廣・佐藤卓己編『広報・広告・プロ

パガンダ』ミネルヴァ書房、二〇〇三年。
(13) TBSブリタニカ編集部編『万機公論に決すべし――小泉純一郎首相の「所信表明演説」』阪急コミュニケーションズ、二〇〇一年。
(14) 原田政右衛門編『大日本兵語辞典』成武堂、一九一八年、二九八頁。
(15)『福澤諭吉全集』第四巻、岩波書店、一九五九年、一四頁。
(16) 有山輝雄『「中立」新聞の形成』世界思想社、二〇〇八年、六二頁。
(17) 住友陽文「近代日本の政治社会の転回」『日本史研究』第四六三号、二〇〇一年、七三―七四頁。
(18) 三宅雄二郎「曲学阿官と曲学阿民」『想痕』一九一五年、至誠堂書店、一〇三〇頁。
(19) 宮武実知子「〈帝大七博士事件〉をめぐる輿論と世論――メディアと学者の相利共生の事例として」『マス・コミュニケーション研究』第七〇号、二〇〇七年も参照。
(20) 河合栄治郎「明治思想史の一断面――金井延を中心として」『河合栄治郎選集』第九巻、日本評論社、一九四一年、三二六頁。戦後の全集版でも同箇所の「輿論」と「世論」は区別されている。
(21) 芥川龍之介「猿蟹合戦」『芥川龍之介全集』第六巻、岩波書店、一九七八年、五六頁。
(22) 芥川龍之介「侏儒の言葉」『芥川龍之介全集』第七巻、岩波書店、一九七八年、四〇八頁。
(23) ウォルター・リップマン、中島行一・山崎勉治訳『輿論』大日本文明協会事務所、一九二三年、一一二頁。
(24) 高根正昭ほか訳『世論』(世界大思想全集二五)河出書房新社、一九六三年、および掛川トミ子訳『世論』上・下、岩波文庫、一九八七年。なお、リップマンの翻訳では河崎吉紀訳『幻の公衆』柏書房、二〇〇七年がPublic Opinion＝輿論、public opinion＝世論の訳を使い分けている。
(25) リップマン『輿論』、四八頁。

(26) 喜多壮一郎「輿論とヂャーナリズム」『綜合ヂャーナリズム講座』第二巻、内外社、一九三〇年、一一一二頁。
(27) 宮武実知子「戦間期ドイツにおける世論研究の試み――テンニース『世論批判』の再検討――」『京都社会学年報』第七号、一九九九年。
(28) 植村和秀編『蓑田胸喜全集』第四巻、柏書房、二〇〇四年、四八頁。
(29) 国会会議録検索システム　衆議院本会議―二三号、一九四八年一一月二八日。
(30) 国会会議録検索システム　参議院本会議―五号、一九四八年一二月七日。
(31) 戸坂潤「輿論の考察」、六四頁。
(32) 拙稿「ファシスト的公共性――公共性の非自由主義モデル」大澤真幸ほか編『岩波講座　現代社会学・第二四巻　民族・国家・エスニシティ』岩波書店、一九九六年。また、拙著『『キング』の時代――国民大衆雑誌の公共性』岩波書店、二〇〇二年も参照。
(33) 中野好之訳『エドマンド・バーク著作集2　アメリカ論・ブリストル演説』みすず書房、一九七三年、二〇三頁、二〇七頁。

第二章

(1) ウォルター・リップマン、河崎吉紀訳『幻の公衆』柏書房、二〇〇七年、一三六頁。
(2) 朝日新聞社学芸部編『あいまいな言葉』有紀書房、一九五七年、一九二-一九三頁。
(3) 宮武実知子「『世論』(せろん／よろん)概念の生成」、七一頁。
(4) 佐藤正晴「戦時下日本の宣伝研究――小山栄三の宣伝論をめぐって」『メディア史研究』第五号、一九九六年、三浦恵次「小山栄三の広報＝ＰＲ政策について」『明治学院論叢　社会学・社会福祉学研究』第九八号、一九九六年、三浦恵次・岩井義和「小山栄三の世論研究史について」同、第一〇一号、一九九七年、吉見俊哉「メディアをめぐる言説――両大戦間期における新聞学の誕生」『内破する知』東京大学出版会、二〇〇〇年、などを参照。

（5）難波功士『「撃ちてし止まむ」――太平洋戦争と広告の技術者たち』講談社選書メチエ、一九九八年。

（6）拙稿「第三帝国におけるメディア学の革新――ハンス・A・ミュンスターの場合」『思想』第八三三号、一九九四年。

（7）小山栄三「輿論形成の手段としてのマス・コンミュニケーション」『東京大学新聞研究所紀要』第二号、一九五三年、四四頁。

（8）ヴィリー・ミュンツェンベルク、星乃治彦訳『武器としての宣伝』柏書房、一九九五年、一六頁。

（9）拙稿「〈プロパガンダの世紀〉と広報学の射程」津金澤聡廣・佐藤卓己編『広報・広告・プロパガンダ』ミネルヴァ書房、二〇〇三年。

（10）拙稿「ナチズムのメディア学」『岩波講座　文学2』岩波書店、二〇〇二年。

（11）小山栄三『宣伝技術論』高陽書院、一九三七年、一頁。

（12）同書、四頁。

（13）小山栄三『戦時宣伝論』三省堂、一九四二年、三頁。

（14）同書、二九七頁。

（15）同書、三一四頁。

（16）Tessa Morris-Suzuki, Ethnic Engineering: Scientific Racism and Public Opinion Surveys in Midcen-

tury Japan, in:Positions 8-2 (2000)。
(17) 米山桂三『思想闘争と宣伝』目黒書店、一九四三年、六八頁。
(18) 同書、七五頁。
(19) 同書、一〇五－一〇六頁。
(20) 同書、一二一－一二三頁。
(21) 同書、二二〇－二二一頁。
(22) 同書、二五三頁。
(23) 同書、二四〇頁。
(24) 同書、二六八頁。
(25) 小山栄三「世論調査・日本でのことはじめ」『日本世論調査協会報』第二〇号、一九七二年、二頁。小山による同様な回想は「日本世論調査機関の沿革」同・第一六号（一九七〇年）、「世論調査の陣痛期」同・第四九号（一九八二年）などがあるが、記述は微妙に異なる。
(26) 塚原俊郎「世論調査よ、永遠なれ！」『日本世論調査協会報』第五号・一九六六年、一頁。
(27) George Gallup / Saul Forbes Rae, The Pulse of Democracy : the public-opinion poll and how it works. Greenwood Press, 1940＝大江専一訳『米国の輿論診断』高山書院、一九四一年。なお、敗戦直後に刊行されたE・タッパー／G・E・マックレイノールヅ『アメリカの対日輿論』（大雅堂・一九四六年）は、戦前に同じ辻重四郎編訳で『勃興日本と米國の輿論』（外務省情報局・一九三九年）として公刊されている。
(28) 松本潤一郎『社会理論』日光書院、一九四二年、一九三－一九四頁。
(29) 今村誠次『世論調査の基礎知識』国民図書刊行会、一九五一年、一一九頁。

（30）和田洋一・園頼三・臼井二尚「小山栄三氏提出学位論文審査要旨」（同大第二七号）一九五六年、同志社大学学事課所蔵。
（31）米山桂三『輿論と民主政治（民主主義講座Ⅰ）』目黒書店、一九四六年、五八－五九頁。
（32）ナンシー・スノー、福間良明訳『情報戦争』岩波書店、二〇〇四年。
（33）川島高峰「戦後世論調査事始――占領軍の情報政策と日本政府の調査機関」『メディア史研究』第二号、一九九五年、四九頁。
（34）井川充雄「敗戦とメディア」、有山輝雄・竹山昭子編『メディア史を学ぶ人のために』世界思想社、二〇〇四年、二七九－二八三頁。
（35）林知己夫「巻頭言」『日本世論調査史資料』日本世論調査史編集委員会、一九八六年、一頁。
（36）**Irving Crespi, Poll, in: Erik Barnouw ed., International encyclopedia of communications, Oxford University Press 1989. p.328.**
（37）安田敏朗『国語審議会――迷走の60年』講談社現代新書、二〇〇七年、二六頁。日本の世論調査成立史としては、松本正生「輿論調査の登場」『政治をめぐって』第五号、一九八六年も参照。
（38）馬場恒吾「輿論を知る方法」『読売新聞』一九三九年五月二八日。
（39）「〝支那に同情〟へ盲進」『読売新聞』一九四〇年二月一七日。
（40）「〝日本こそは第一の敵国〟米の輿論調査」『読売報知』一九四三年二月二六日。
（41）「〝日本抹殺〟を輿論化――憎悪骨身に徹す　知れ！敵の強烈な敵愾心」『読売報知』一九四四年二月二三日。
（42）「陣影」、『読売報知』一九四五年三月八日。
（43）H・I・シラー、斎藤文男訳『世論操作』青木書店、一九七九年、一三六－一三七頁。

(44) Paul F. Lazarsfeld, Some Problems of Organized Social Research, in: The Behavioral Science: Problems and Prospects, Boulder 1964, p.11.

(45) George Gallup, The Challenge of Ideological Warfare, in: John Boardman Whitton ed., Propaganda and the Cold War : a Princeton University Symposium, Washington, D.C. 1963, p.56.

(46) 拙稿「ナチズムのメディア学」を参照。

(47) もちろん、戦前日本の世論調査について先行研究がないわけではない。実際、東京放送局の一九二五年「慰安放送番組嗜好調査」や文藝春秋社の一九三二年「現代思想調査」などを嚆矢とする記述もある。勝田渡「世論調査史編集のための活動中間報告」『日本世論調査協会報』第四六号、一九八〇年、四－一八頁。

(48)「国民はかう思ふ――輿論調査」『文藝春秋』一九四〇年新年号、一五〇頁。

(49)「本社の輿論調査」『東京日日新聞』一九四〇年五月一八日。

(50)「第三回本社輿論調査――戸主選挙制の可否」『大阪毎日新聞』一九四〇年一二月二八日。

(51) 藤原勘治『新聞紙と社会文化の建設』下出書店、一九二三年、一五八頁。

(52)「日米戦争も辞せず――輿論に叫ぶ〝護れ蘭印〟」『読売新聞』一九四〇年七月六日。全国大学教授聯盟輿論研究会は「近衛さんに何を望む？」など他にも大規模調査を行っている（『読売新聞』一九四〇年七月一八日）。

(53) 正木ひろし『近きより』弘文堂、一九六四年、一五八頁。ただし、この版では「輿論」が「世論」に書き改められている。

(54)「『週報』輿論調査――銀ブラ党に〝通行税〟　断然、強力政治を要望」『朝日新聞』一九四一年七月二五日。

（55）「蔣政権下の民衆　和平を渇望——注目すべき輿論調査」『朝日新聞』一九四一年六月一八日。
（56）太田昌宏「太平洋戦争期の〈輿論調査〉——情報局資料などから見えるもの」『放送研究と調査』二〇〇四年八月号、一二七-一二八頁、一三七頁。この調査の存在は早くから知られており、『日本放送史　上』日本放送出版協会、一九六五年、六三九頁でも紹介されていた。
（57）「児童は叫ぶ　叩き壊せ『青い眼の人形』——〝どうするか？〟の試問に答へた敵愾心」『毎日新聞』（大阪）一九四三年二月二〇日。

第三章

（1）阿閉吉男「輿論とイデオロギー」、社会学研究会編『輿論の社会学』同文館、一九四八年、一四九頁。
（2）吉原一真「黎明期のひとびと——世論調査協議会の開催」『日本世論調査協会報』第五号、一九六六年、七頁。
（3）「情報局廃止——各省へ分割移譲」『朝日新聞』一九四五年一二月三〇日。
（4）高月東一「戦後世論調査秘史」、『望星』一九七九年一一月号、一三二頁。
（5）米山桂三「民主政治と輿論指導」、時事通信社調査局編『輿論調査』時事通信社、一九四六年、一三二頁。
（6）小山栄三『輿論調査概要——輿論をどうしてつかむか』時事通信社、一九四六年、一一〇頁。
（7）塚原俊郎「結言」、『輿論調査』、一四七-一四八頁。
（8）小山栄三「米国の輿論調査法」、『輿論調査』、三三頁。

(9)吉原一真「輿論調査の任務と課題」、『輿論調査』、一〇三頁。
(10)塚原俊郎「世論調査よ、永遠なれ!」、『日本世論調査協会報』第五号、一九六六年、二頁。
(11)小山栄三所有のCIE局長ニューデント中佐署名の覚書、牧田弘「世論調査の発展過程——戦前・戦後の変遷をたどって」、『政経研究』第一九巻三号、一九八二年、一四六頁。
(12)吉原一真「輿論調査の任務と課題」『輿論調査』、一一〇頁。
(13)松田郁三「『世論』の読みの混乱について」『言語生活』第二七一号、一九七四年、七六-八〇頁。
(14)「漢字を廃止せよ」、『読売報知』一九四五年一一月一二日。
(15)安田敏朗『国語審議会——迷走の60年』講談社現代新書、二〇〇七年、五四頁。
(16)舟橋聖一「国語問題と民族の将来」『中央公論』一九六一年五月号、四七頁。塩田良平・宇野精一編『国語の伝統——正しい国語国字を知るために』雪華社、一九六五年に再録。
(17)吉原一真「黎明期のひとびと」、一二一頁。
(18)毎日新聞一三〇年史刊行委員会編『「毎日」の三世紀』別巻、二〇〇二年、三八頁。
(19)今井正俊「朝日新聞世論調査の半世紀(上)」『朝日総研リポート』第一二三号、一九九六年、一〇三頁。
(20)『「毎日」の三世紀』別巻、三八頁。
(21)松田郁三「『世論』の読みの混乱について」、七八頁。
(22)文化庁編『言葉に関する問答集2』大蔵省印刷局、一九七六年、一三頁。
(23)「新聞の新なる使命」、『朝日新聞』一九四五年一一月七日。
(24)文部省『民主主義』上、教育図書、一九四八年、一〇九頁。
(25)「本社輿論調査」、『毎日新聞』一九四五年一〇月二〇日。

(26) 井川充雄「メディアとしての世論調査」岡田安功ほか編『情報社会の見える人、見えない人』公人社、二〇〇〇年、二〇七頁。
(27)「輿論調査の検討」、『朝日新聞』一九四五年一一月一九日。
(28)『日本における統計学の発展　23巻　H・パッシン』、統計数理研究所図書室蔵。
(29)「輿論調査協議会議事速記録」『日本世論調査協会報』第五号、一九六六年、二九－一一二頁。
(30) 輿論科学協会編『輿論科学協会二十五周年誌』一九七〇年、九－一一頁。
(31) 波多野誼余夫・山下恒男編『教育心理学の社会史──あの戦争をはさんで』有斐閣、一九八七年、七五－八六頁、佐藤健二『流言蜚語──うわさ話を読みとく作法』有信堂高文社、一九九五年、四〇－一一二頁。
(32) 牧田稔「世論調査事始め──満20周年の輿論科学協会」『日本世論調査協会報』第四号、一九六六年、六八頁。
(33) 牧田弘「世論調査の発展過程」、一四三－一四五頁。
(34) Herbert Passin,Opinion Research and the Democratization of Japan, in: The Public opinion quarterly,1950, No.4, p. 842 f. なお、H・パッシン「日本世論調査の発展」『日本世論調査協会報』第五一号、一九八三年も参照。
(35) 児島和人「世論調査の半世紀と今日的課題」『東京大学新聞研究所紀要』第四四号、一九九一年、四七頁。
(36) 小山栄三「世論調査・日本でのことはじめ」『日本世論調査協会報』第二〇号、一九七二年、三頁。
(37) CIEの命令による調査の詳細は、朝日新聞世論調査室編『朝日新聞世論調査20年史　第7冊　世論調査事始め』一九七四年、九二－一二二頁。

(38) 朝日新聞世論調査室編『朝日新聞世論調査20年史　第1冊　調査20年の歩み』一九六六年、二頁。
(39) 今村誠次『世論調査の基礎知識』、八頁より重引。
(40) 上杉正一郎「世論調査のはなし」『産業月報』第二巻第七・八号、一九五三年、四七－四八頁。
(41) 労働調査協議会「総選挙にあたつての政治意識與論調査の提唱」『労働調査時報』一九五五年一月一五日号、二頁。
(42) 坂東慧「調査・世論調査・意識調査――調査と組織・教宣活動に関連して」『労働調査時報』一九五八年九月二一日号、三頁。
(43) 今村誠次『世論調査の基礎知識』、五〇頁。

第四章

(1) ウィリアム・M・ジョンストン、小池和子訳『記念祭／記念日カルト――今日のヨーロッパ、アメリカにみる』現代書館、一九九三年、七七頁。
(2) 本章の詳しい資料については、拙著『八月十五日の神話』ちくま新書、二〇〇五年、佐藤卓己・孫安石編『東アジアの終戦記念日――敗北と勝利のあいだ』ちくま新書、二〇〇七年を参照。
(3) 「片山首相放送」『朝日新聞』一九四七年八月一四日。ただし、この「ポツダム宣言受諾の記念日」の記事には「あす終戦二周年」の見出しも付けられている。
(4) 下村海南『終戦記』鎌倉文庫、一九四八年、一六二頁。
(5) 川島高峰『流言・投書の太平洋戦争』講談社学術文庫、二〇〇四年、三一〇頁。
(6) 藤田信勝『敗戦以後』プレスプラン、二〇〇三年、二九頁。

(7) 拙稿「戦後世論の古層——お盆ラジオと玉音神話」『戦後世論のメディア社会学』柏書房、二〇〇三年。
(8) 受田新吉『日本の新しい祝日』日本教職員組合出版部、一九四八年、三六頁。
(9) 同書、六、三八－三九頁。
(10) 総理府国立世論調査所編『世論調査報告書』第一巻、日本広報協会、一九九二年、一一二頁。
(11) 同書、九八頁。
(12) 同書、一〇〇－一〇一頁。
(13) 受田新吉『日本の新しい祝日』、五〇頁。
(14) 同書、五一頁。
(15) 同書、一七八頁。
(16) 国会会議録検索システム 参議院文化委員打合会—一号 一九四八年二月一九日。
(17) 「本社世論調査 新しい祝祭日 根強い民族行事の華」『読売新聞』一九四八年一月二七日。
(18) 「祝祭日に関する世論調査」(昭和二三年二月)『時事通信占領期世論調査』第六巻、大空社、一九九四年。
(19) 総理府国立世論調査所編『世論調査報告書』第一巻、一〇三頁。
(20) 同書、一〇四頁。
(21) 受田新吉『日本の新しい祝日』、六七－六八頁。
(22) 同書、六八頁。
(23) 同書、五一頁。

第五章

（1）フェルディナント・ラサール、森田勉訳『憲法の本質・労働者綱領』法律文化社、一九八一年、七六頁。
（2）フェリックス・トポースキー「ギャラップ・ポリズム」『読売新聞』一九五四年八月五日。
（3）「〝九条変えない〟 世論戻る——朝日新聞社世論調査」『朝日新聞』二〇〇八年五月三日。
（4）「世直し気分と歴史の重さ——改憲論議を考える」『朝日新聞』二〇〇五年五月三日。
（5）「編集手帳」『読売新聞』二〇〇五年五月三日。
（6）自民党「新憲法草案」http://www.jimin.jp/jimin/shin_kenpou/shiryou/pdf/051122_a.pdf
（7）「憲法問題に関する全国世論調査」『毎日新聞』二〇〇五年一〇月五日。
（8）『朝日新聞世論調査史　民意40年の流れ』朝日新聞世論調査室、一九八六年、一〇七頁。
（9）同書、一〇九頁。
（10）同書、四–五頁。
（11）同書、一〇九、五頁。
（12）風早八十二「日本労働者のイデオロギー論序説」『潮流』一九四八年六月号、九、一一頁。
（13）上杉正一郎「世論を迷わす世論調査」『マルクス主義と統計』青木文庫、一九五一年、一六七頁。
（14）田沼肇「世論調査と科学」『思想』一九五二年四月号、八四–八五頁。
（15）上杉正一郎「世論を迷わす世論調査」、一七四–一七七頁。
（16）『朝日新聞世論調査史』、一〇七–一〇八頁。

(17)「再軍備問題と世論の動向」『読売新聞』一九五一年三月二七日。
(18)「再軍備どうあるべき?」『読売新聞』一九五一年三月二六日。
(19)上杉正一郎「世論を迷わす世論調査」、一七八頁。
(20)林周二「危機における〝世論〟」『自然』一九五二年七月号、一五頁。
(21)「科学界一年の回顧」『朝日新聞』一九五一年一二月二七日。
(22)国会会議録検索システム　衆議院内閣委員会―二三号　一九五五年六月一六日。
(23)清水伸『日本の世論』憲法調査会事務局、一六七頁。
(24)「〝10年内に改憲〟予測54%」『毎日新聞』二〇〇五年一〇月五日。
(25)「改憲　なお半数　〝現実的〟」『朝日新聞』二〇〇八年五月三日。

第六章

(1)岸信介『岸信介回顧録――保守合同と安保改定』廣済堂出版、一九八三年、六三八頁。
(2)『詳説日本史　改訂版』山川出版社、二〇〇七年、三六六―三六七頁。
(3)「安保改定をどう思う――本社の全国世論調査」『毎日新聞』一九五九年八月二六日。
(4)「賛成15%、反対10%――安保改定、政府の世論調査」『読売新聞』一九五九年一〇月九日。
(5)原彬久編『岸信介証言録』毎日新聞社、二〇〇三年、二四五―二四六頁。
(6)日高六郎編『一九六〇年五月一九日』岩波新書、一九六〇年、二頁。
(7)P・ティリッヒ、京極純一「東西知識人論」『中央公論』一九六〇年八月号、二〇三―二〇四頁。
(8)拙著『大衆宣伝の神話』弘文堂・一九九二年、終章「シンボルの黄昏」を参照。

(9)『一九六〇年五月一九日』、四六頁。
(10)香山健一「都市民の壮大なるイベント――〝安保闘争〟とは何であったか」『証言の昭和史9 〝ニッポン株式会社〟出帆す』学習研究社、一九八二年、四三－四四頁。
(11)『一九六〇年五月一九日』、二六八頁。
(12)山田一成「心のなかの〈個人と社会〉――世論調査と社会学的想像力」、児島和人編『個人と社会のインターフェイス』新曜社、一九九九年、一七六－一七七頁。
(13)小関順平「政治家と世論」『中央公論』一九六〇年七月号、二〇二－二一一頁。
(14)「新安保、衆院採決をどうみるか――本社全国世論調査」『朝日新聞』一九六〇年六月二日、「安保阻止行動について」『毎日新聞』一九六〇年八月一三日。
(15)岸信介「日米安保条約と私」『証言の昭和史9』学習研究社、一九八二年、四八－四九頁。
(16)信夫清三郎『安保闘争史――三五日間政局史論』世界書院、一九六一年、四四五頁。
(17)樺俊雄「全学連に娘を奪われて――羽田空港事件で東大生の娘を検挙された父親の手記」『文藝春秋』一九六〇年三月号、二〇四頁。
(18)樺俊雄「全学連に娘を奪われて」、二〇七頁。
(19)樺俊雄「嵐の議事堂に消えた娘――運命の六・一五」『文藝春秋』一九六〇年八月号、一一二頁。
(20)ホセ・オルテガ・イ・ガセット、樺俊雄訳『大衆の蜂起』創元社、一九五三年、二五五頁。
(21)樺俊雄「戦争とファシズム」『歴史は繰り返すか――現代史エッセー』勁草書房、一九七九年、二頁。
(22)樺俊雄「輿論の発見」『日本評論』一九四〇年四月号、三六〇－三六一頁。
(23)樺俊雄「政治とジャーナリズム」、堀真琴編『現代日本政治講座・第六巻 現代政治の課題』昭和書房、一九四二年、二七八―二七九頁。
(24)樺俊雄「輿論の社会学」、社会学研究会編『輿論の社会学』同文館、一九四八年、一八―一九頁。
(25)樺俊雄「輿論・公衆・大衆」『神戸大学文学会研究』一九五三年、一頁。
(26)同論文、一頁。
(27)同論文、六頁。
(28)樺俊雄「体験的新聞批判」『中央公論』一九六〇年八月号、一二八頁。
(29)樺俊雄「新聞と輿論」『現代社会学』創文社、一九六二年、一六〇頁、一六八頁(初出は『中央大学文学部紀要』一九六二年)。
(30)樺俊雄・小山弘健編『反安保の論理と行動』有信堂、一九六九年、一六頁。
(31)磯田光一『戦後史の空間』新潮選書、一九八三年、一五一頁。
(32)同書、一五〇頁。

第七章

(1)石川達三『風にそよぐ葦』前編、新潮文庫、一九五五年、一二九頁。
(2)「石原都知事会見詳報」『産経新聞』二〇〇八年四月二五日。
(3)東京オリンピック基本構想懇談会「東京オリンピックの実現に向けて」(報道発表資料　二〇〇六年二月掲載)http://www.metro.tokyo.jp/INET/OSHIRASE/2006/02/20g2h501.htm
(4)『新編　新しい社会6　上』東京書籍、二〇〇五年、一一二、一一三頁。
(5)杉本苑子「あすへの祈念」(一九六四年一〇月一〇日・共同通信社配信)、講談社第一編集局学芸図書第一出版部編『東京オリンピック　文学者の見た世紀の祭典』講談社、一九六四年、三一頁。
(6) 同書、三三頁。
(7) 石川達三「開会式に思う」『朝日新聞』一九六四年一〇月一一日。
(8) 大江健三郎「七万三千人の《子供の時間》」(『サンデー毎日』一〇月二五日号)『東京オリンピック』、四二一-四二三頁。
(9) 石原慎太郎「遺書とオリンピック」『読売新聞』一九六〇年一〇月二一日。
(10) 獅子文六「開会式を見て」『東京新聞』一九六四年一〇月一一日。
(11) 石川達三「開会式に思う」『朝日新聞』一九六四年一〇月一一日。
(12) 三島由紀夫「東洋と西洋を結ぶ火」『毎日新聞』一九六四年一〇月一一日。
(13) 小汀利得「安易な迎合やめよ」『朝日新聞』一九五九年五月二七日。
(14) 藤竹暁「東京オリンピック――その五年間の歩み」『東京オリンピック』NHK放送世論調査所、一九六七年、一六一-一七頁。
(15) 同書、一七頁。
(16)「五輪態勢仕上げの年」『朝日新聞』一九六三年一月一一日。
(17) 藤竹暁『東京オリンピック』、三八頁。
(18) 同書、二二頁。
(19) 同書、三五頁。
(20) 同書、七六頁。
(21) カート&グラディス・ラング「テレビ独自の現実再現とその効果・予備的研究」、W・シュラム編、学習院大学社会学研究室訳『新版　マス・コミュニケーション――マス・メディアの総合的研究』

東京創元新社、一九六八年、三三五頁。
(22) 小林秀雄「オリンピックのテレビ」『朝日新聞』一九六四年一一月一日。
(23) 中野好夫「オリンピック逃避行」『朝日新聞』一九六四年一〇月一六日。
(24) 藤竹暁『東京オリンピック』、八四頁。
(25) 三島由紀夫「彼女も泣いた、私も泣いた」『報知新聞』一九六四年一〇月二四日。
(26) 藤竹暁『東京オリンピック』、二〇一－二〇二頁。
(27)「東京五輪や〝日の丸〟どう思うか」『読売新聞』一九六三年四月一六日。
(28) 山口瞳「ツブラヤ君、有難う」『報知新聞』一九六四年一〇月二二日。
(29) 内閣総理大臣官房広報室『世論調査報告書　オリンピック東京大会について』一九六五年四月。
(30) 小田実「〝世紀の祭典〟五輪の現実」(『時』一二月号)『東京オリンピック』、三〇〇頁。
(31) 遠藤周作「祭のあと」『朝日新聞』一九六四年一〇月二四日。
(32) 林房雄『新訂　大東亜戦争肯定論』浪曼、一九七四年、三四四頁。
(33) 大江健三郎「お祭りの教訓は現実生活では役にたたない」(『サンデー毎日』一一月八日号)『東京オリンピック』、一七八－一八〇頁。

第八章

(1) W.Phillips Davison, Public Opinion Research as Communication, in: Public Opinion Quarterly, Autumn 1972, p.314.
(2)「全共闘時代用語の基礎知識」http://www.asahi-net.or.jp/~gr4t-yhr/zenkyoto_ya.htm

(3) 高橋義孝「新聞・投書・世論」『新聞研究』一九六八年一〇月号、一二頁。
(4)「法学部研究室封鎖——共闘会議派」『毎日新聞』一九六八年一二月二四日。
(5)「わが国学生運動の現状」『調査月報』一九六九年一一月号、八頁。
(6) 児島和人「大学問題をめぐる世論の諸相」『年報社会心理学』一九六九年、一一三頁。
(7) 柳井正『一勝九敗』新潮文庫、二〇〇六年、二七頁。
(8) S・M(新堀通也)「教授と学生のコミュニケーションについて」『調査月報』一九六九年二月号、六二頁。
(9) 児島和人「大学問題をめぐる世論の諸相」、一〇一-一〇七頁。
(10) 同論文、一〇八頁。
(11) 永嶺重敏『東大生はどんな本を読んできたか——本郷・駒場の読書生活130年』平凡社新書、二〇〇七年、二四七頁。
(12) 島泰三『安田講堂 1968-1969』中公新書、二〇〇五年、七九頁。
(13) 世界編集部編「東大闘争と学生の意識」『世界』一九六九年九月号、六五頁。
(14) 同論文、七〇頁。
(15) 新堀通也『学生運動の論理』有信堂、一九六九年、八六頁。
(16) 竹内洋『学歴貴族の栄光と挫折』中央公論新社、一九九九年、三一九-三二〇頁。
(17) 毎日新聞社社会部安保学生班編『安保 激動のこの10年』文藝春秋、一九六九年、一四四頁。
(18) 世界編集部編「東大闘争と学生の意識」、六六頁。
(19) エーリッヒ・フロム、佐野哲郎・佐野五郎訳『ワイマールからヒトラーへ』紀伊國屋書店、一九九一年、六二一-六三頁。

(20) 井上清「若者たちの愛国心」『社会教育』一九六八年八月号、五八頁。
(21) 島泰三『安田講堂』、一一一－一一二頁。
(22) 内閣総理大臣官房広報室「学生運動に関する世論調査」『厚生補導』第三六号、一九六九年五月号、六二、七二頁。
(23) 毎日新聞社社会部安保学生班編『安保　激動のこの10年』、二八－二九頁。
(24) 木村毅『大衆文学十六講』中公文庫、一九九三年、四三頁。
(25) 遠山茂樹・今井清一・藤原彰『昭和史』岩波新書、一九五五年、八九頁。新版（一九五九年）では当該箇所削除。
(26) 毎日新聞社社会部安保学生班編『安保　激動のこの10年』、三〇頁。
(27) 内閣府政府広報室「警察の警備活動に関する世論調査」http://www8.cao.go.jp/survey/s43/S44-02-43-19.html
(28) 内閣調査室「大学生の意識」『調査月報』一九七〇年六月号、七一頁。
(29) 内閣調査室「大学生の意識――クロス分析結果」『調査月報』一九七一年三月号、五二頁。
(30) 内閣調査室「大学生の意識」、七二頁。
(31) 内閣調査室「わが国学生運動の現状」『調査月報』一九七〇年一〇月号、五九－六〇頁。
(32) 富永健一「『新左翼』運動の理念と現実」『自由』一九七〇年一月号、一四頁。
(33) 「参考資料　新左翼　時事通信社」『月刊世論調査』一九七〇年三月号、七九頁。
(34) 中島みゆき『愛が好きです』新潮文庫、一九八二年、一五〇頁。
(35) 『全共闘白書』新潮社、一九九四年、四一九－四二〇頁。
(36) 中島みゆき『愛が好きです』、一五〇頁。

第九章

(1) 京極純一「輿論の政治」日本人研究会編『日本人研究』第四号、一九七六年、一二三頁。
(2)「戦後日本発展の功労者　トップは田中元首相――読売新聞社世論調査」『読売新聞』二〇〇五年四月二四日。
(3) 五十嵐幸雄「〝政治〟の底流をつかむ意識」『新聞研究』一九七五年二月号、四七頁。
(4)「編集だより」『文藝春秋』一九七四年一一月特別号、四二六頁。
(5) 石原慎太郎「君 国売り給うことなかれ――金権の虚妄を排す」『文藝春秋』一九七四年九月号、九九頁。
(6) 同論文、一〇〇頁。
(7) 神戸四郎『NHK社会部記者』朝日新聞社、一九八六年、二四〇頁。
(8) 早坂茂三『田中角栄回想録』集英社文庫、一九九三年、二七二―二七三頁。
(9)『朝日新聞世論調査史　民意40年の流れ』朝日新聞世論調査室、一九八六年、二九〇頁。
(10) 藤竹暁『日本人のスケープゴート』講談社、一九七八年、七八頁。
(11) 同書、八二頁。
(12) 児島和人「『米・中』像の変容と停滞」『新聞研究』一九七二年一月号、三五頁。
(13) 早坂茂三『田中角栄回想録』、二〇三頁。
(14) 毛里和子『日中関係』岩波新書、二〇〇六年、八三頁。
(15) 西平重喜「日本人の中国観変遷」『自由』一九八二年二月号、五一頁。

(16) 同論文、五七頁。
(17) 中嶋嶺雄『「日中友好」という幻想』PHP新書、二〇〇二年、一七〇頁。なお、引用部の初出は一九七六年度外務省委託研究「『日中国交』を繞る内政と外交——政策形成過程とその環境」(未公開)。
(18) 高橋正則「世論の操作についての一考察——朝日新聞の日中問題世論調査にみる」『駒澤大學法學部研究紀要』第三二号、一九七四年、一〇五頁。
(19) 「中国政策　すぐ正常化交渉を　63%」『朝日新聞』一九七一年九月二一日。
(20) 内閣調査室「日中問題をめぐる最近の論調」『調査月報』一九七二年三月号、七四頁。
(21) 真鍋一史『社会・世論調査のデータ解析』慶応通信、一九九三年、二〇五頁。
(22) 「対日意識調査〝日本に親しみを感じず〟が過半数」『人民網日本語版』二〇〇四年一一月二五日
http://j.people.com.cn/2004/11/25/jp20041125_45487.html
(23) 内閣府大臣官房政府広報室「外交に関する世論調査」
http://www8.cao.go.jp/survey/h19/h19-gaiko/index.html
(24) 福田赳夫「なぜ蔵相を辞めたか」『文藝春秋』一九七四年九月号、一一三－一一四頁。

第十章

(1) ユルゲン・ハーバーマス、細谷貞雄訳『公共性の構造転換』未来社、一九七三年、二六三頁。
(2) 総理府広報室「学校教育と週休二日制」『月刊世論調査』一九八七年一月号、四六－四九頁。
(3) 国会会議録検索システム　衆議院予算委員会—一一号　一九八四年二月二五日。

(4) 総理府広報室「教育」『月刊世論調査』一九八三年四月号、三頁。同「教育問題（学歴）」同、一九八五年八月号、三頁。
(5) 仲衛「中曽根諮問行政の思想的背景と世論」『法律時報』一九八六年一月号、七六頁。
(6) 同総理府広報室「教育問題（学歴）」『月刊世論調査』一九八五年八月号、五頁。
(7) 「『'87・12 くらしと政治』調査」『放送研究と調査』一九八八年二月号、六六頁。
(8) 国会会議録検索システム 衆議院内閣委員会―一五号 一九八四年六月二二日。
(9) NHK放送文化研究所編『現代日本人の意識構造（第四版）』NHKブックス、一九九八年、一一一、一一五頁。
(10) 「解剖!! 中曽根康弘 イメージ・ファシズム」『朝日ジャーナル』一九八五年一一月一日号、一三頁。
(11) 加藤典洋「『世論』が少数意見になるとき」『朝日ジャーナル』一九八五年一一月一日号＝「中曾根政治と世論調査」『君と世界の戦いでは、世界に支援せよ』筑摩書房、一九八八年、二四八―二四九頁。
(12) 前田壽一「国民世論とマスコミ世論――中曽根内閣下の朝日新聞における世論調査結果と社説」『慶応義塾大学新聞研究所年報』第三〇号、一九八八年。
(13) 山腰修三「〈新自由主義〉に関するメディア言説の編成――朝日・読売両紙における電電改革報道（一九八二・十一―一九八五・四）を事例として」『マス・コミュニケーション研究』六七号、二〇〇五年。
(14) 宇治敏彦「視点」『東京新聞』一九八四年六月一一日。
(15) 仲衛「中曽根諮問行政の思想的背景と世論」、七六頁。

(16)頸城守門「中曽根式『世論』政治の技法と思想」『朝日ジャーナル』一九八五年一一月一日号、一六頁。
(17)同論文、一六頁。
(18)「首相と民意　頻繁にマル秘世論調査」『朝日新聞』一九八六年六月一一日。
(19)頸城守門「中曽根式『世論』政治の技法と思想」、一七―一八頁。
(20)仲衛「中曽根諮問行政の思想的背景と世論」、八三頁。
(21)宇野隆保『新しい日本語の系譜』明治書院、一九六六年、一六一頁。
(22)NHK放送文化研究所世論調査部編『世論調査事典』大空社、一九九六年、一六頁。
(23)加藤典洋「中曾根政治と世論調査」、二五二頁。
(24)臨時教育審議会第二次答申。「文部省第一一四年報」(昭和六一年度)。

第十一章

(1)山本七平「『空気』の研究――西欧では克服された『空気』は今や日本特産」『文藝春秋』一九七五年一二月号＝『「空気」の研究』文春文庫、一九八三年、七三頁。
(2)「昭和天皇、A級戦犯靖国合祀に不快感」『日本経済新聞』二〇〇六年七月二〇日。
(3)「天皇が世論を左右する現実」『朝日新聞』二〇〇六年七月二九日、「声」欄。
(4)「改憲論議　党を超え　憲法・本社全国世論調査から」『朝日新聞』二〇〇四年五月一日。
(5)西平重喜「世論からみた天皇制と第九条」『自由』一九六二年五月号、五六―五七頁。
(6)「改憲論議」『朝日新聞』二〇〇四年五月一日。

(7)「昭和天皇・マッカーサー会見録〈全文〉」『朝日新聞』二〇〇二年一〇月一七日。
(8)今村誠次『世論調査の基礎知識』国民図書刊行会、一九五一年、二三一-二三三頁。
(9)寺崎英成、マリコ・テラサキ・ミラー編『昭和天皇独白録　寺崎英成・御用掛日記』文藝春秋、一九九一年、七一頁。
(10)吉原一真「黎明期のひとびと」『日本世論調査協会報』第五号、一九六六年、一七頁。
(11)「人民の声は何を叫ぶ」『読売報知』一九四五年一二月九日。
(12)清水伸「天皇への輿論」、日本輿論調査研究所編『天皇』天皇アルバム刊行会、一九五二年、二九八頁。
(13)「新憲法草案への輿論」『毎日新聞』一九四六年五月二七日。
(14)米山桂三「輿論の統計的・状態的分析」『法学研究』第二一巻八号、一九八四年。
(15)「天皇制について――本社世論調査」『読売新聞』一九四八年八月一五日。
(16)「天皇の権限強めよ　高年者に多い復古調」『読売新聞』一九五二年四月一六日。
(17)「『退位説』に終止符――お言葉　御決意を表明」『朝日新聞』一九五二年五月三日。
(18)西平重喜『世論調査による同時代史』ブレーン出版、一九八七年、二〇三-二〇四頁。
(19)松下圭一「大衆天皇制論」『中央公論』一九五九年五月号。
(20)斎藤道一「世論調査にみる天皇観」『現代の眼』一九六六年二月号、一六一頁。
(21)石田あゆう『ミッチー・ブーム』文春新書、二〇〇六年、二四九頁。
(22)「皇太子結婚と世論」『前衛』一九五九年五月号、一四一頁。
(23)斎藤道一「世論調査にみる天皇観」、一七一頁。
(24)「全国縦断ドキュメント　過ぎゆく〝昭和〟の光景」『朝日ジャーナル』一九八八年一〇月七日号、

一七―一八頁。
(25) 栗原彬・杉山光信・吉見俊哉編『記録・天皇の死』筑摩書房、一九九二年、一頁。
(26)「天声人語」『朝日新聞』一九八八年一〇月一日。
(27)「自粛ムードの広がりご憂慮　皇太子殿下」『朝日新聞』一九八八年一〇月八日。
(28)「座談会　昭和末期ニッポン事情――在日外国人特派員がみた不気味な天皇イズム」『朝日ジャーナル』一九八八年一〇月二八日号、二六、二九頁。
(29)「ロンドンの天皇報道――『あのころのヒロヒトを忘れるな』」『朝日ジャーナル』一九八八年一〇月七日号、一九、二二頁。
(30) G・ヒールシャー談話「年寄り主導　目立つのを嫌う」『朝日新聞』一九八八年九月二四日。
(31) E・ノエル＝ノイマン、池田謙一訳『沈黙の螺旋理論――世論形成過程の社会心理学』ブレーン出版、一九八八年、六八―六九頁。
(32) 亀ヶ谷雅彦「自粛現象の社会心理」『学習院大学大学院政治学研究科政治学論集』第六号、一九九三年。
(33) 伊藤公雄「〈からっぽ〉からの出発」『記録・天皇の死』、二二九頁。
(34) 同論文、二三〇頁。

第十二章

(1) 樺俊雄「政治とジャーナリズム」『現代政治の課題』昭和書房、一九四二年、二七二頁。
(2) 拙稿「ファシズム予言の賞味期限」、全文は『メディア社会――現代を読み解く視点』岩波新書、二〇〇六年、一五一－一五二頁に再録。
(3)「自民'06総裁選――独走の底流　上――人気第一　まるで公選」『朝日新聞』二〇〇六年八月二四日。
(4)「安倍氏　まずは人気先行」『朝日新聞』二〇〇六年九月二一日。
(5)世耕弘成「安倍ブレーンが明かすメディア戦略の舞台裏」『論座』二〇〇六年一一月号、九二頁。
(6)同前。
(7)「〝ポスト小泉〟支持者はこう考える」『読売新聞』二〇〇六年七月五日。
(8)「ポスト小泉　読売新聞社世論調査」『読売新聞』二〇〇六年七月一一日。
(9)「本社世論調査に見る『世論』って」『朝日新聞』二〇〇七年六月二四日。この調査の詳しいデータは、佐々木毅監修『政治を考えたいあなたへの80問――朝日新聞3000人世論調査から』朝日新聞社、二〇〇七年に収載されている。
(10)「参院選継続世論調査――民主　無党派でリード」『読売新聞』二〇〇七年七月二七日。
(11)平林紀子「テレビ報道と政治の〈祝祭〉」、児島和人編『個人と社会のインターフェイス――メディア空間の生成と変容』新曜社、一九九九年、一六二頁。
(12)「参院選直後　緊急世論調査」『朝日新聞』二〇〇七年八月二日。
(13)鈴木哲夫『政党が操る選挙報道』集英社新書、二〇〇七年、三頁。
(14)世耕弘成『自民党改造プロジェクト650日』新潮社、二〇〇六年、一二一頁。
(15)同書、一〇七－一〇九頁。
(16)蒲島郁夫『政治参加』東京大学出版会、一九八八年、一七一頁。
(17)池田謙一『政治のリアリティと社会心理――平成小泉政治のダイナミックス』木鐸社、二〇〇七年、二八八－二八九頁。

(18) 世耕弘成『自民党改造プロジェクト650日』、一二八頁。

新潮選書

輿論《よろん》と世論《せろん》——日本的民意《にほんてきみんい》の系譜学《けいふがく》

著　者………………佐藤卓己《さとうたくみ》

発　行………………2008年9月25日
6　刷………………2022年12月15日

発行者………………佐藤隆信
発行所………………株式会社新潮社
〒162-8711 東京都新宿区矢来町71
電話　編集部 03-3266-5611
　　　読者係 03-3266-5111
http://www.shinchosha.co.jp
印刷所………………錦明印刷株式会社
製本所………………株式会社大進堂

乱丁・落丁本は、ご面倒ですが小社読者係宛お送り下さい。送料小社負担にてお取替えいたします。
価格はカバーに表示してあります。

ISBN978-4-10-603617-0 C0331

反知性主義
アメリカが生んだ「熱病」の正体
森本あんり

民主主義の破壊者か。平等主義の伝道者か。米国のキリスト教と自己啓発の歴史から、反知性主義の恐るべきパワーと意外な効用を鮮やかな筆致で描く。《新潮選書》

不寛容論
アメリカが生んだ「共存」の哲学
森本あんり

「不愉快な隣人」と共に生きるにはどうすればいいのか。植民地期のアメリカで、多様性社会を築いた偏屈なピューリタンの「キレイごとぬきの政治倫理」。《新潮選書》

戦後日本経済史
野口悠紀雄

奇跡の高度成長を成し遂げ、石油ショックにも対処できた日本が、バブル崩壊の痛手から立ち直れないのはなぜなのか？　その鍵は「戦時経済体制」にある！《新潮選書》

逆立ち日本論
養老孟司
内田樹

風狂の二人による経綸問答。「ユダヤ人問題」を語るはずが、ついには泊りがけで丁々発止の議論に。養老が「〝高級〟漫才」と評した、脳内がでんぐり返る一冊。《新潮選書》

自由の思想史
市場とデモクラシーは擁護できるか
猪木武徳

自由は本当に「善きもの」か？　古代ギリシア、啓蒙時代の西欧、近代日本、そして現代へ……経済学の泰斗が、古今東西の歴史から自由社会のあり方を問う。《新潮選書》

歴史認識とは何か
戦後史の解放Ⅰ
日露戦争からアジア太平洋戦争まで
細谷雄一

なぜ今も昔も日本の「正義」は世界で通用しないのか——世界史と日本史を融合させた視点から、日本と国際社会の「ずれ」の根源に迫る歴史シリーズ第一弾。《新潮選書》